中央大学社会科学研究所研究叢書……21

現代資本主義と国民国家の変容

一井　　昭
渡辺俊彦　編著

中央大学出版部

まえがき

現代資本主義は戦後最大の経済危機のさなかにある。二〇〇七年七月に顕在化したサブプライムローン危機は、いまや金融危機を超えて実体経済を巻き込んだ世界的規模での経済混乱を引き起こしており、その解決のためには、IMF出資総額の増強、投機資金や格付け会社に対する監視・監督の強化といったドル体制温存の枠内での技術的な規制強化についての金融サミット（G20）の処方箋（〇八年一一月、「合意宣言」）だけではなく、さらに元凶たる基軸通貨ドル支配体制に踏み込み、そのもとでの変動相場制そのものの再検討を含む広範なグローバル化の機構とメカニズムを抜本的に改革することが求められているように思われる。

本書は、中央大学社会科学研究所の共同研究チーム「現代国家と経済のグローバル化」の成果をとりまとめたものである。振り返れば、本研究チームは二〇〇一年三月までの三年間の研究期間を経て研究成果のとりまとめに移り、ようやく本書が成るという経過をたどってきた。難産であった。原稿締切期限終盤で、予定されていた幾つかの原稿が収録できなかったことも残念である。本書のタイトルは『現代資本主義と国民国家の変容』としたが、執筆者の問題意識は多様であり、結果として論文集の様相がなくもない。しかし、編著者としては、戦後の世界政治経済秩序の形成や資本主義のダイナミックな変遷と国民国家間の相互依存関係の強化についての認識は、執筆者間にほぼ共有されている、と考えている。

編集に当たっては、最初に、総括的な論考を配した。鶴田満彦「現代国家の将来」、一井昭「グローバル化と国民国家―国家独占資本主義論の有効性―」、中谷義和「グローバル化と現代国家」である。ついで、やや各論的な趣を残すが、それゆえに専攻領域を深めている日髙克平「多国籍企業とグローバル・シティー」、徳重昌志「グローバル化と構造改革」、笹原昭五「わが国のインフレ目標政策論―その反歴史性と伝統性―」、渡辺俊彦「中国とハンガリーの政治―グローバル化における『近代化』―」を配した。

「まえがき」の通例として、つぎに各章の要旨を紹介しておくことにする。

第一章「現代国家の将来」（鶴田満彦）は、現代国家がグローバル化のなかで危機に陥っているという認識のもとに、資本主義における国家の役割を再考して、資本主義と国家との矛盾という問題を仮設することによって、そこから資本主義国家の将来のあり方を考察するとともに、社会主義を含めた未来社会における国家のあり方全般を検討したものである。グローバル化のなかで、国家形態が「シュンペーター主義的勤労型脱国民的レジーム」に変質すると主張するボブ・ジェソップに対しては、国家が供給サイドに介入して推進する技術革新というイメージは、シュンペーター主義的とはいえないといって批判し、福祉国家の変質ないし解体を説く加藤栄一に対しては、人間の歴史において人権や生存権はある程度までは不可逆性にのっとっているとして批判している。マルクスの「国家の死滅テーゼ」に関連しては、未来社会において階級抑圧機関としての国家は死滅するが、生産過程の指揮者としての国家は残存するとしている。

第二章「グローバル化と国民国家―国家独占資本主義論の有効性―」（一井昭）の主たる目的は、現代資本主義をグローバル化と並進する資本主義の現段階を七〇年代半ばまでのケインズ主義的政策とその後の市場原理主義的政策を含めて、ともに国家独占資本主義論のなかに位置づけようとするものである。したがって、いわゆる資本主義の多様化論ないし類型化論からは、必要な内実を批判的に吸収しつつも、段階規定の重要性を踏まえなければ、その意義は希薄化すると主張する。ただ、従来の国家独占資本主義論も「国民国家」論の展開が（ジェソップのいうNation-

State から National-State への展開、ガヴァメントとガヴァナンスとの関連など）未展開の論点を残しており、その限りで、国家独占資本主義論の基本的枠組みのなかで鍛え直す必要を説いている。この章では、前叢書の成果と限界について概括したうえで、グローバル化をめぐる論点では、ハースト／トンプソンの見解に親近性を見いだしているが、近時のサブプライムローン問題にみられる信用・金融危機は、一九七〇年代半ばの変動相場制移行に構造的枠組みが据えられ、同時にドル基軸通貨体制が強化されたことが主たる原因であるとし、実体経済と金融活動との遊離が進行しているが、急激な破綻の回避・抑制策をアメリカなど「国民国家」が依然強力に掌握していることを強調している。

第三章「グローバル化と現代国家」（中谷義和）は、グローバル化状況のなかで、現代の資本主義国家がどのような変容過程にあるかという問題に視線を注ぎ、（一）グローバル化をめぐる諸議論を踏まえたうえで、「グローバル化」とは経済社会関係の国境横断的深化過程であり、「時空間の圧縮と拡延」の過程であるとすると、「国民国家」の伝統的理解の再検討を迫ることになるわけであるから、（二）資本主義国家の伝統的な基本的枠組みを設定したうえで、グローバル化のなかで（三）この枠組みがどのように変容しているかを論ずるとともに、（四）グローバル化状況における「国民国家」の位置と民主政の現代的課題について論じている。本章の特徴は、国家のボーダーレス化という理解を批判し、グローバル化に占める国家の役割とその〝変容〟について論ずることで、現代国家の歴史的様態と「グローバル民主政」の現代的課題について検討するための糸口を提示しようと務めていることにある。

第四章「多国籍企業とグローバル・シティー」（日高克平）は、つぎのような問題意識から執筆されている。すなわち、一九七〇年代以来、多国籍企業研究のなかで都市と多国籍企業論の関係が論じられてきた。他方、経済地理学等の分野においても、一九八〇年代のジョン・フリードマン（John Friedman）等の世界都市研究の成果を経て、一九九〇年代以降、現代のグローバリゼーション研究と関連させながら、サスキア・サッセン（Sasukia Sassen）の「グローバル・シティー論」等が注目を集めている。グローバル・シティーとは、多国籍企業や国際金融業務の管理中枢を担う都市機能に着目した概念である。本章では、このような都市研究の理論的系譜に依拠しながら、「グローバリゼーションと多国籍企業の関係」についての考察を深めている。つまり、都市に注目する理由は、現代グローバリゼーションが内包する諸問題（環境、人権、貧困等）が集中して現れる場としての都市を研究することにより、グローバリゼーションと多国籍企業の関連性がより明確になると考えられているからである。

第五章「グローバル化と構造改革」（徳重昌志）では、小泉構造改革の問題点を批判的に検討し、グローバリゼーションのもとで小泉構造改革が果たした役割を明らかにしている。二〇〇一年四月に成立した小泉政権は、「改革なくして成長なし」をスローガンに掲げ、構造改革の推進を政権の最大の目標として取り組んできた。その改革構想は、新自由主義的な思想に依って立ち、市場競争原理を政策の判断の基準におき、結果として、競争力の弱い企業、地域、個人の社会的淘汰を推進してきた。グローバル化経済のなかで、日本経済をどのように展開していくのか。小泉改革は、この問題に対するひとつの解を提供したというべきであろう。小泉政権において特筆されるべきことは、経済財政諮問会議の重用である。この会議の設置自体は、橋本政権の行政改革の一環として設置が決まったものであるが、文字どおり、経済財政政策の司令塔として機能するのは、小泉政権になってからである。日本を代表する大企業としての多国籍企業が、グローバル化した経済において強力な国際競争力を確立すること、このために、どのような経済政策が必要なのか、経済財政諮問会議の政策基準はこの一点に絞られる。社会的格差の拡大は、構造改革のひとつの結果でもあることが強調されている。

第六章「わが国のインフレ目標政策論―その反歴史性と伝統性―」（笹原昭五）では、わが国で高唱されたインフレ目標政策論を批評の対象としている。同政策論はアメリカなどの諸外国でも多くの論者を得、これに依拠する措置を採用した中央銀行も存在するほどの状況に立ち至っているのであるが、遅くとも二一世紀早々には本邦においてもそれを公然と標榜する学者・評論家が幾多、輩出され、マスコミなどでも騒がれる有様となった。当時は長引く景気低迷のなかでデフレ傾向が目立ちはじめた時期にあたっており、当然の成り行きとしてそうした事態に対する妙法として喧伝されたが、景気不振自体は、経済のグローバル化に便乗した伝統的、ないしはマネタリズム型自由化政策によって誘起された経済危機に端を発するものであった。とすればかような状況にたいして責めを負う施策の基礎論理にかんし当該論説は如何ような吟味をほどこしたか、という点が問われて然るべきであろう。本章では、こうした問題意識に基づき代表的なインフレ目標政策論者の論理の内実を解明しようとしている。批評対象として選ばれているのは、岩田規久男教授を中心とする研究者集団と伊藤隆敏教授である。前者は、戦間期に実施されたわが国の不況、あるいは恐慌対策やこの間における諸家の論説から現下の指針を得ようとしている点が特徴になっているし、後者においては理論、さらには統計分析の結果を論拠にして自説の妥当性を主張していることが注目される。しかし、これらの主張が論拠としている事実認識や論理展開には、筆者は強い不満を表明し、結論としてインフレ目標政策論はせいぜい、経済混乱を助長させた現下の政策を糊塗するものにしかなりえない、と論断している。

第七章「中国とハンガリーの政治―グローバル化における『近代化』―」（渡辺俊彦）では、グローバル化の現状を帝国主義の時代と近代の危機、あるいは「近代の再編」の時代を示すものとしてとらえ、そのもとに中国の「市場化」経済重視の政治がハンガリーの政治と対比して検討される。そこに一貫する問題意識はつぎのように明快である。資本主義は成長の限界点に達しており、中国の目下のまさに「大躍進」は、近代が経験してきたこの「資本主義」の最終過程へのまれに見る強行軍であった。それはまた他方では、「近代の再編」期に起きた出来事であり、さらには「社会主義的蓄積」のうえに金融資本主義を展開するという未知の分野を進むことでもあった。これらの観点から、中国の「市場化」の意味はどのようにとらえられるのか、またそれは国家にどのような変質を迫るのだろうか。そこにはこれまでと異なる中国的特質を帯びた権威主義的国家からある種の「帝国主義国家」への変貌が現れてくるであろう。

これまで述べてきた各章の概略の紹介からも推察されるように、さきに触れた共有視点以外は各執筆者の自由な筆致に示されているように、問題提起は実に豊かである。それだけに、読者各位の忌憚のないご批判を大いに期待しておきたい。

想えば本書は、中央大学社会科学研究所長の内田孟男経済学部教授の暖かくも粘り強い励ましをはじめ、研究所合同事務室の新橋雅敏事務長、社会科学研究所担当の鈴木真子さん、中央大学出版部の平山勝基担当部長、編集担当の小川砂織さんの大変丁寧なお力添えによって、やっと出版されることになった。改めて、これらの皆様に執筆者を代表して心から厚くお礼を申し上げる次第である。

二〇〇八年一一月

一井　昭
渡辺俊彦

目次

第三章　グローバル化と現代国家

中谷義和

第一章　現代国家の将来

鶴田満彦

はじめに

資本主義とは、自己増殖する価値の運動体としての資本が、人間の生存に不可欠な生産活動を担当する社会システムにほかならないが、資本は、けっして自律的・完結的に生産を行いうるものではない。資本は、もともと商品貨幣流通の表層に発生したものであって、自然と人間との物質代謝過程としての歴史貫通的な生産過程を十分には包摂しうるものではなかったからである。流通形態である資本が生産過程を包摂するためには、なによりもまず、国家による支援を必要とする。その理由は、たとえば、社会システムとしての資本主義は、労働力の商品化を前提条件とするが、労働力商品を創出するためにも、それを再生産・保全するためにも、国家という各個別経済主体に対して強制力をもっている機関を必要とすることをあげるだけでも明らかであろう。

もちろん、資本主義が国家を必要とするといっても、資本主義が国家をつくり出したわけではない。マルクス主義のいわゆる原始共同体社会、自然法思想あるいは功利主義が想定する自然状態にあっては、国家は存在しなかったのであり、これは、古代史研究によっても裏づけられている。マルクス主義の通説に従うならば、人間社会のなかに非和解的な対立が発生したときに、その対立を調整・解消するとともに、もともと社会の共同業務として行われていた公的業務を併せて担当する特殊な機関として国家が発生したのであった。

したがって、資本主義国家以前にも、古代都市国家、アジア的専制国家、地方的封建国家など、さまざまな国家形態が存在している。一九七〇〜八〇年代ドイツにおいて盛んに行われたヨアヒム・ヒルシュらによる国家導出論争は、論理的に資本が国家をいかに必要とし、その意味で国家を生み出すかという主題をめぐるものであるが（ボブ・ジェソップ『資本主義国家』第三章参照）、その進行のなかで論理と歴史の混同が生じ、あたかも歴史的にも資本が国家を生み出したかのような一面をもつに至ったことは否定できない。

実際には、資本主義は、既成の国家を受容し、改造し、利用したのである。すなわち、封建制後期に成立した絶対主義国家は、国富の増進のために封建的秩序を再編成・強化しようという政策主体者の意図にもかかわらず、重商主義政策をつうじて初期産業資本を勃興させ、残酷な労働者法や団結禁止法をつうじて、資本に順応する労働力の陶冶に貢献した。資本主義成立期の絶対主義国家は、封建的勢力と資本家的勢力の均衡に立ちつつ一面では中央集権的封建国家であり、他面では初期資本主義国家だったのだ。

初期資本主義国家の一面をもつ絶対主義国家が資本によってつくり出されたものではないのと同様に、いわゆる国民国家も、資本によってつくり出されたものではない。国民国家において、国家が先にあって国民がつくられるのか、国民が先にあって国家がつくられるのかは、難問であるが、国民というのは、単なる民族でも地域住民でもないのだから、国家を前提すると考えるべきであろう。すなわち、初めに国家が成立し、なんらかの形でその国家領域に帰属する人間が国民とされるのである。人間にとって、社会や民族は自然発生的なものであるが、国家は、人間社会が非和解的な対立を包含するなど、一定の特質をもつに至ったときにつくり出される人工的な機関である。本質的には人工的な機関でありながら、あたかも自然的な機関であるかのような形態をもっていた方が、合法的に強制力を行使する特殊な機関としての正統性を得やすい。したがって、民族、言語、宗教、習慣等を共有する集団を国民として成立する国民国家が、資本主義を含む近代社会においては、比較的に普遍的になったのである。しかし、国家の本質はその人工性にある。その点は、アメリカ合州国のような多民族国家や南北朝鮮のような同一民族二国家をみれば明らかであろう。

人工的なものでありながら一定の特質をもった社会には必要とされる国家は、将来、どのような運命をたどるか。この点に関して、私は、かつて二〇世紀末から二一世紀初頭の現実にもとづいて次のように述べた。「ほんらい、近代資本主義とともに形成された国民国家は、利害を異にするさまざまな国民諸集団を権力的に統合しながら、公共財の供給など一般的共同社会的業務を果たすことにより、市民社会を総括してきた。国家社会主義と国家独占資本主義における国家の総括は過剰であったのに対し、市場の暴走を許すグローバリゼーションの現代にあっては、国家は、市場によって拘束され、国民の期待に応えることもできず、国家による総括は形骸化しつつある。もとより、こうした状況がただちに現代国家を死滅に導くとは思われない。しかし、現代国家が現在の市民社会を十分には総括しきれなくなっていることは確かであって、そこから現代国家の危機の諸様相が生じ、NGO・NPOその他のさまざまな国家代替物が形成されているのである」（鶴田・渡辺編著『グローバル化のなかの現代国家』、二一－二二頁）。

情報化・金融化・アメリカ化を伴う現代グローバリゼーションのなかで国家が危機に陥っているという認識には、現時点においても変わりはない。しかし、前論文においては、現代グローバリゼーションに対応する限りでの比較的に狭い範囲の国家について問題にしたに過ぎず、したがって問題とするタイム・スパンも比較的に短いものであった。本章においては、資本主義における国家の役割を再考することにより資本主義と国家の矛盾という問題を仮設し、そこから資本主義国家の将来におけるあり方を考えるとともに、社会主義を含めた未来社会における国家のあり方全般を検討することとしたい。

1　資本主義における国家の役割

周知のように、マルクスは、『資本論』のなかには国家についての特定の編や章を設けていないが、「原資本論」といってよい『経済学批判要綱』には、「国家」を含むいくつかの経済学批判体系プランを提示していた。その代表的な一つは、次のようなものである。「篇別は明らかに次のようにされるべきである。一・一般的・抽象的諸規定、したがってそれらは多かれ少なかれすべての社会諸形態に通じるが、それも右に説明した意味でである。二・ブルジョア社会の内部的仕組みをなし、また基本的諸階級が存立する基礎となっている諸範疇。資本、賃労働、土地所有。それら相互の関係。都市と農村。三大社会階級。これら諸階級間の交換。流通。信用制度（私的）。三・国家の形態でのブルジョア社会の総括。それ自体との関係での考察。「不生産的」諸階級。租税。国債。公信用。人口。植民地。移住。四・生産の国際的関係。国際的分業。国際的交換。輸出入。為替相場。五・世界市場と恐慌」（『経済学批判要綱』①二〇頁）。

いわゆる経済原論や経済学原理のなかに国家を位置づけるという方法は、けっしてマルクスに特有なものではない。スミスの『国富論』、リカードの『経済学および課税の原理』、J・S・ミルの『経済学原理』など、当時の経済原論や経済学原理を代表する著作は、すべて国家、財政、貿易をも取り扱っていたのであって、マルクスのプランは当時の常識に従っていたのである。

したがって、必ずしもプランのすべてをカバーしたものではない現行『資本論』においても、国家は、再三再四登場している。たとえば、第一巻第三章第一節における法による貨幣度量標準の規制の記述、同第二節における「強制通用力をもつ国家紙幣」の規定、同第八章における国家による労働日の制限の規定、同第二四章の本源的蓄積における国家権力の役割に関する記述、第三巻第二七章における株式会社の形成が「国家の干渉を呼び起こす」との規定、同第三九章における差額地代が国家に帰属するとの仮定等々。だから、マルクスにもとづいて経済原論あるいは経済学原理を構成する場合には、けっして国家を排除すべきではない。国家を抜きにした完全に自生的・自律的な市場経済あるいは資本主義というのは、空想の産物でしかないのである。

いわゆる唯物史観の公式によれば、「生産諸関係の総体は社会の経済的機構を形づくっており、これが現実の土台となって、そのうえに、法律的、政治的上部構造がそびえたち、また一定の社会的意識諸形態は、この現実の土台に対応している」（『経済学批判』、一三頁）といわれる。通説的には、国家は当然にもこの「法律的、政治的上部構造」に属するものと考えられ、「現実の土台」のメカニズムを記述する経済原論の世界からは排除されていたのであった。しかし、国家とはある特質をもった社会がつくり出した機関であり、機関は制度といいかえてもいい。学校や教会や株式会社が制度であるのと同様に、国家も一種の制度である。国家の機能のすべてではないが、すくなくともその一部は経済的なものであり、「現実の土台」のメカニズムの一環をなしていると考えられる。この限りでの国家は、当然に経済原論の世界の一プレイヤーになる。もとより、国家についての経済的分析が経済原論のレベルだけで十分というわけではない。宇野経済学のいう段階論のレベルでも、国家の役割の歴史的変化・地域的偏差がより具体的に明らかにされねばならないであろうが、これは、けっして国家への原理的規定を不必要とするものではない。

では、原理的に考えて、資本主義における国家の基本的役割はいかなるものか。

いうまでもなく、資本主義は、市場経済＝商品経済が最高度に発展し、労働力や土地をも商品化した社会システムであって、社会の欲望に応じた生産手段と労働力の配分および労働生産力の向上のための自動的・内的メカニズムを備えている。いわゆる市場メカニズム、すなわち、価格の自動調節機構と景気循環がそれである。しかし、価格の自動調節機構や景気循環が、ある程度正常に機能するためには、一定の制度的前提が必要であって、この制度的前提を創出し、維持するためには、実は国家という社会のすべての成員に対して合法的に強制力を行使できるような機関が必要なのである。この点は、一九九〇年代以降のロシア・東欧といった旧社会主義国において、国有・国営を廃絶し、市場を自由化しただけでは、必ずしも資本主義が成長しなかったことによっても再認識されている。

第一に、市場自体が正常に機能するためには、所有や契約や貨幣に関するルールが存在し、守られなければならない。市場のもっとも基礎的な機能は、貨幣を媒介とする商品の交換であるが、交換という人間行為が成り立つためには、商品所有者が確定されていなくてはならない。交換と所有とは、ある程度まで相互規定的であり、交換によって所有も明確になるという面もあるが、交換が安定的に行われるためには、所有権の確立、いいかえれば非所有者の強制的排除が必要である。これは、かなりな程度まで習慣や倫理によっても可能であるが、最終的には、社会に承認された合法的な強制力によるしかない。

さらに、いかなる商品を貨幣商品とするかは、商品所有者たちの社会的共同行為によるのであるが、貨幣商品のいかなる分量を貨幣＝価格の一単位とするかは、一般的妥当性を必要とする制度的ルールの問題である。ある個人や一部の集団が決めたルールは、それだけでは社会的・一般妥当性をもちえない。合法的な強制力をもつ国家が法律で規定することによって、貨幣の度量基準は有効なものとなる。また、商品経済の発展とともに不可避的に増加するさまざまな貨幣代理物（紙幣・銀行券・預金通貨等）は、本来の貨幣以上に貨幣制度の産物であり、制度を支援する国家の強制力を不可欠なものとする。資本主義のもとでは、鋳貨や紙幣の偽造は、同種の犯罪のなかではもっとも重く罰されるのが通例である。

第二に、資本主義を支える基軸は労働力商品にほかならないが、その労働力商品を創出し、再生産し、保全するためには、国家の強制力を必要とする。労働力が商品化するためには、生産手段からも自由で、身分的・人格的にも自由ないわゆる「二重の意味で自由な労働者」の存在を前提するが、このような二重の意味で自由な労働者を創出する過程が本源的蓄積であり、そこには国家をはじめとする多くの強制力が作用していたことはいうまでもない。明治期日本の本源的蓄積を推進した諸契機、すなわち秩禄処分、地租改正、松方デフレなどは、いずれも国家が深くかかわっていたものである。

労働力という商品の特性は、個人や家族の生活をつうじて、非資本主義にしか再生産されないところにある。工業生産物など普通の商品であれば、不足した場合は資本が投入されて増産され、過剰な場合は資本が引き揚げられて減産されるという形で、需要の増減に調節されるのであるが、労働力の場合は、そうはいかない。貨幣賃金率の上昇が労働人口の増大、その低下が労働人口の減少に結びつくとは必ずしもいえないし、仮にいえたとしても一五－二〇年というかなりのタイム・ラグを伴うからである。そこで資本主義は、産業予備軍を形成し、それを利用しうる限りは蓄積をすすめ、それが枯渇して利用できなくなると蓄積を減衰させるという景気循環で対応することになる。したがって、資本主義は、好況期のピークには産業予備軍という失業者・半失業者群がゼロになるとしても（実際にはゼロにはなりえないが）、平均的にはプラスの産業予備軍が存在するということになり、この産業予備軍をだれの負担でいかに維持するかが、問題となる。

賃金率は労働力の再生産費を基準として決定されるといっても、かなりフレキシブルなものだから、現実には失業者や半失業者は、就業中に形成した貯蓄や親戚や友人からの支援で自己の生活を維持し、労働力を再生産しているのであろう。しかし、原理的に考えれば、資本が賃金労働者に貯蓄や他人への支援を許すような賃金率を支払う必然性はない。したがって、産業予備軍の維持が社会的総資本にとって必要である以上、資本の利潤の一部が再配分されて産業予備軍の維持のために当てられるほかないのであるが、個々の資本にとっては、産業予備軍の維持のために利潤の一部を拠出する必然性は存在しない。この場合には、国家が個々の資本から強制力をもって利潤の一部を徴収し、産業予備軍の維持のために充当することになる。

資本主義成立期や自由主義段階の救貧制度は、右のような根拠にもとづいて成立したものと考えられる。この制度は、労働者階級の力量が増大し、社会の同権化がすすむと、帝国主義期の社会政策、さらには現代資本主義における社会保障に発展する。

産業予備軍の維持とはやや違うが、就業労働者の労働力の保全を目的とする工場法も、共通の性格をもっている。個々の資本は、「あとは野となれ山となれ」式に、個々の労働者との契約が許す限り、最長の労働時間、最大の労働強度を労働者に押しつけようとするし、急速な機械化が進展して、労働力の需給関係が労働者にとって圧倒的に不利な産業革命期などには、労働者はこれを受け入れざるをえない。このような状態を放任しておくならば、労働時間の延長と労働の強化がすすみ、労働力の再生産が不可能になるか、萎縮された形でしか労働力が再生産されないことになるが、競争に制約される個々の資本のなかには、この傾向を停止させる力はない。そこで、国家が強制力を行使することになるのである。

かつて大河内一男氏は、工場立法は社会的総資本による労働力保全策であるとして、これをいわゆる大河内社会政策学の主要命題とした（同氏『社会政策（総論）』参照）。労働力保全策であるとする点は、そのとおりだと思われるが、個別資本と区別された社会的総資本というのは、やや曖昧な存在である。大河内氏は、マルクスの「資本は、労働者の健康と寿命にたいしては、それを顧慮することを社会から強制されるのでなければ、何ら顧慮しない」（『資本論』第一巻、三五三頁）という文章を引いて、「ここに『社会から強制されることのないかぎり』という場合の『社会』とは明らかに、個別資本にたいする社会的総資本の立場をいうのであり…」（前掲書、二七頁）といっているが、この解釈は、疑問とせざるをえない。個別資本にせよ、社会的総資本にせよ、資本に労働者の健康や寿命について顧慮することを強制する「社会」とは、マルクスのことばでいえば、「かれら［労働者たち］が資本家との自由意志的契約によりかれら自身およびかれらの同族を売って死滅と奴隷状態に至らしめることを防止する力強い社会的防止手段」（『資本論』第一巻、三九七頁）のことであり、むしろ国家と解すべきであろう。もちろん、国家には、資本の利害や意思も反映されているが、労働者のそれも反映されているのである。国家の強制力によらない限り、資本は、労働者の健康や寿命については考えようとしないのであって、このことは、過度労働の場合にたいしてのみならず、環境破壊にたいしても妥当する。

第三に、資本主義は、人間社会の存続に必要な財の多くを市場をつうじて生産するが、いわゆる公共財のように市場をつうじては生産できないものもあり、それらの公共財は、国家のような非市場部門によって生産されるほかないのである。公共財とは、道路や港湾や公園のように、人間社会にとって必要でありながら、非排除性と非競合性をもっているために、市場で取引される商品にはなりえないものをいうが、本来の財のみならず、司法制度、貨幣制度、安全保障といった制度にまで拡張されて理解されている。私的にたいする公共とは、「だれにたいしても無差別に」といった程度の意味であろう。言葉の真の意味での公園は、だれもが無差別に利用することができ、利用者が増えても一人あたりの満足が減少することのない施設である。フェンスで囲い込んで入場料を支払った者だけを入場させる「公園」は、もはや公共財としての公園ではなく、ある程度まで市場財である。

アダム・スミスは、市場の「見えざる手」が経済活動全般を制御すると説いたが、にもかかわらず、非市場的な国家のなすべき事業として国防と司法と公共事業をあげた（『国富論』第五篇）。これらはまさに非排除的であるところに意義があり、受益者にとっては非競合的であって、公共的性格をもっている。私的資本は、公共的性格をもった財やサービスや制度を提供できないのである。

もちろん、公共財は、国家によってのみ供給されるわけではない。コンピュータのある種のソフトウエアやネットワークは、無料で開放されている限り、公共財である。ローカルマネー・地域通貨も、ある程度まで公共的性格をもっている。人間生活には、公共空間が必然的に伴っており、資本主義の内部においてもむしろ増大する傾向にある。しかし、市場で供給されない公共財（サービスや制度を含む）は原則として国家によって供給されるほかない。むしろ、国家は、公共財の供給をつうじて単なる私的機関ではなく、公共的な機関であることを国民に印象づけるのであり、その結果みずからの公共性を強めてゆくのである。

2　資本主義と国家の矛盾

以上にみてきたような資本主義における国家の役割から、資本主義と国家との間には、ごく基礎的なレベルで考えても、ある種のズレ、あるいはやや大袈裟にいえば矛盾が存在することが明らかであろう。

すなわち、国家は、国民国家にせよその他の国家形態にせよ、資本によって発明されたのではなく、資本は、資本の原理に従って社会を編成する際に既成の国家を利用し、再構築したのである。この限りでは、国家は資本にとっての道具である。しかし、国家は、単なる道具ではなく、国民を統合する正統性をもったある程度まで自律的な機関であり、そのためにこそ社会に承認された強制力をもっている。したがって、資本の原理が国民の健康や生存、自然環境の保全を危うくする場合には、国家が資本の原理を拘束することになる。しかも、国家は、市場では供給されない公共財を供給することをつうじて次第に公共性を強め、資本にとっての単なる道具としての存在とは乖離を広げてゆく。

周知のように、『共産党宣言』は、「近代的国家権力は、単に、全ブルジョア階級の共通の事務をつかさどる委員会にすぎない」（『共産党宣言』、四一頁）といって、国家道具説の主要な起源となった。確かに、一九世紀半ばにおける代議制国家においては、所得・財産制限や性差別のために労働者や女性がその代表者を国家の意思決定機関＝議会に送ることはほとんど不可能であった。その限りでは、当時の国家は、地主階級や貴族層をも広義のブルジョアに含めれば、「全ブルジョア階級の共通の事務をつかさどる委員会」にほかならなかった。しかし、資本主義のもとで重工業化がすすみ、労働者がより多数となり、労働組合等をつうじて組織化されてくると、議会から労働者の代表を排除することは、きわめて困難となるばかりか、国家の正統性に疑念を抱かせることとなった。とくに、帝国主義期のように、国家と国家が総力戦という形で政治的・軍事的に衝突する場合には、国民の多数を占める労働者階級を政治的にも総動員することは不可欠である。かくして、多くの先進資本主義国では、第一次世界大戦を契機として男子の普通選挙制が確立し、第二次世界大戦を契機として女性の参政権が確立した。公正な普通選挙制のもとで、社会のあらゆる階級・階層がその代表者を国家の意思決定機関に送ることができるようになると、このような国家は、もはや「全ブルジョア階級の共通の事務をつかさどる委員会」とはいえなくなる。

もちろん、このような民主主義的な代議制国家が、資本主義のもとであらゆる階級・階層に対して中立的な機関となったというわけではない。資本家、あるいは資本家機能を果たす人々は、平均をはるかに上回る資産と所得をもち、企業や報道機関を支配していることが多いので、議会への代表者の選出にあたっては、大きな影響力を行使できる。国家を構成する他の機関、行政機関や司法機関の職員は、選挙によるのではなく、能力試験によって選抜されるのが普通であるが、基本的には既存の秩序・体制を維持しようというイデオロギーをもつ者が選抜される傾向がある。ここでイデオロギーというのは、主義・思想といった程のものではなく、「思い込み」の程度のものであるが、資本主義のなかで生きている人々の大部分は、どのような階級・階層の人々であろうと、資本主義を成り立たせている秩序・制度、すなわち、所有、交換、貨幣、市場、企業、雇用、国家などは当然（自然）のものであり、半永久的に続くという思い込み（イデオロギー）にとらわれている。このイデオロギーがすべていわゆる虚偽意識だとはいえないにしても、人間には、過去にあったことが将来も続くと思い込むことである種の安心感をもつ傾向があり、この傾向にもとづく意識である限りは、イデオロギーにほかならないのである。

このように、国家は、階級支配の機関という本質を全人民のための公共的機関という表層でカバーし、さらに現存の制度が半永久的に続くというイデオロギーによって防御されている。国家の階級支配機能を最終的に保障するのは、軍事力・警察力といった武装装置であるが、それらが表面に出たときの国家は、むしろ弱体化した国家である。強い国家は、公共性と体制維持イデオロギーのみによって十分に存続しうるのである。

以上のように、資本主義と国家の間には、ごく基礎的なレベルで考えても、一種の矛盾が存在し、その矛盾を国家の表層的な公共性と体制維持イデオロギーによって隠蔽しているのであるが、二〇世紀の二つの世界大戦を経た後のいわゆる現代資本主義においては、この矛盾は、いっそう激化して現れることとなった。

第二次世界大戦後の現代資本主義は、一九五〇年代から七〇年代にかけて、ソ連型社会主義が世界体制化するという危機を前にして、国家が経済過程に大規模かつ広範に介入することによって、軍事力強化と経済成長と階級宥和をともにはかるという意味で、国家独占資本主義ないし福祉国家資本主義という性格をもった。ボブ・ジェソップは、「ケインズ主義的福祉型国民的国家」といっているが（『資本主義国家の未来』第二章）、おおよそ同じ内容であろう。

第二次世界大戦後、しばらくの間、資本主義国家において支配的となったケインズ政策は、管理通貨制にもとづき、国家が需要を創出して遊休設備と失業者を稼働させ、主として大企業に利潤を保障して蓄積を促進させ、その結果、被雇用者所得をも増大させるということを本質としている。その限りでは、ケインズ主義国家は、資本主義とも、労働者階級とも親和的であった。しかし、ケインズ政策の結果として、失業率が低下し、労働者の拮抗力が増大し、最低賃金制・雇用保障・年金制度・医療保障等の形で社会保障制度が整備され、単なるケインズ主義国家が福祉国家化してくると、資本と国家との間の矛盾は、再びクローズ・アップされてくる。

加藤栄一氏は、「元来、福祉国家は資本主義と相性がよいものではない」（『現代資本主義と福祉国家』、二七八頁）と書いた。確かに、国家の需要創出による雇用増大や最低賃金制などは、「二つの意味で自由な労働力」の商品性を弱めるものであり、資本による労働力支配を不完全にする。もとより、現代資本主義における福祉国家化といっても、米国・南中欧・北欧・日本などにおいてそれぞれ異なっているのであるが、程度の差はあれ福祉国家化したのは紛れもない事実である。「相性」が悪いはずの福祉国家と資本主義が、第二次世界大戦後の一時期に両立したのはなぜか。

第一には、なんと言っても、第二次世界大戦後の資本主義と社会主義とのきびしい体制間対抗であろう。大戦をつうじて、ソ連型社会主義はその支配領域を東独を含む東欧に広げただけでなく、中国、ヴェトナム、北朝鮮などが、資本主義領域から離脱し、社会主義を目指し始めた。これらの諸国の社会主義なるものが、マルクスが構想していた本来の社会主義（アソシエイショニズム）とは似て非なるものであったことは、大谷禎之介氏（同氏編『二一世紀とマルクス』他）や小松善雄氏（「資本主義から社会主義への移行過程―古典家たちはいかに捉えていたか」他）らの研究が明らかにしているとおりであろう。しかし、ソ連型社会主義を国家資本主義だとするのは、資本主義の拡大解釈というほかない。ソ連型社会主義は、生産手段の国有と国家・党官僚の独裁にもとづく経済開発体制でもあるが、利潤原理や競争原理に拘束されていない限りでは、一種の社会主義だといってもいいのである。このソ連型社会主義が、内実はともかく、完全雇用・教育費や医療費や年金の国家負担を標榜して、戦後の一時期までは重工業優先の高度成長をとげたのだから、米国をはじめとする資本主義の側にはかなりのインパクトを与え、資本主義の側としても、国民統合のためにもソ連型社会主義に劣らぬ福祉国家を構築する必要に迫られたのである。

第二には、第二次世界大戦後の資本主義におけるめざましい生産力発展である。大戦中に主として米国で開発された軍事技術に関連した、核・電子・宇宙を含む新鋭重化学工業技術が西欧や日本に普及し、ソ連圏にも影響を及ぼした。アンガス・マディソン『経済統計で見る世界経済二〇〇〇年史』によると、一九五〇～一九七三年期における一人当たり実質GDP平均成長率は、先進資本主義国平均で三・七二％で、他の時期に比べて突出して高い。とくに、キャッチ・アップ効果が作用した西欧と日本は、それぞれ四・〇八％と八・〇五％で、先進資本主義国平均を大きく上回っている。生産力が急速に上昇している場合には、労働者の実質賃金を引き上げながら、企業利潤も増大させ、国家の軍事支出や福祉関係支出をも増大させることが可能である。この時期について、前掲のマディソンは、「資本主義の黄金時代」と呼び、レギュラシオン派は、フォーディズムと呼んでいるが、国家の形態からいえば、米国に代表される対冷戦軍事国家と北欧に代表される福祉国家が両立できた幸福な時代だったといえるだろう。西欧諸国と日本は、程度の差はあれ、対冷戦軍事国家的要素と福祉国家的要素とを併せもっていたと考えられる。

しかし、「資本主義の黄金時代」といっても、資本主義と国家との間の矛盾が解消したわけではない。この時期における矛盾の代表的な表現形態は、多国籍企業とユーロダラー市場である。多国籍企業（あるいは超国籍企業）は、一九六〇年から用いられ始めた新造語であるが、実際には、一九五〇年代後半から活動していたものと考えられる。多国籍企業は、世界中に事業拠点を有し、企業内分業を世界的に展開する巨大独占企業であって、とくに先進資本主義諸国間で活発に行われた水平的資本輸出の企業形態である。もちろん、多国籍は無国籍を意味するのではなく、拠点なり本社法人は、特定国（例えば米国）に存在するのであるが、生産や販売の事業所は、必ずしも当該国（例えば米国）に存在するとは限らない。したがって、例えば米国政府が、米国系の多国籍企業に発注したとしても、現実の生産と雇用の増加は外国で行われる可能性があり、利潤やそれに対する税収の増加も米国内で生ずるとは限らないのである。さらに、多国籍企業は、本社と在外子会社との取引価格を操作して、もっとも税の安い地点で利潤が生じたように見せかける傾向をもっているから、多国籍企業は、本国政府の庇護を受けながらも、相応の税金を支払わないことが多いのである。

このような多国籍企業から生み出されながらも、本国には還流しない利潤の主要な受入れ先となったのが、一九五〇年代末頃から発生したロンドンを中心とするユーロダラー（あるいはユーロカレンシー）市場である（ユーロダラー市場については、高田太久吉『グローバル金融を読み解く』第二章を参照）。もちろん、多国籍企業以外の法人や企業もこの市場を利用できるが、最大の利用者は、多国籍企業であった。ユーロダラー市場においては、米国はもちろん、英国を含むいかなる国の金融規制からも比較的に自由にドル形態のまま運用あるいは調達できる。例えば、米国系の多国籍企業がロンドンの伝統的市場でポンドを借入れ、それをドルに替えてユーロダラー市場で運用するとすれば、ポンドが切り下げられた場合は、為替差益を得ることができる。あるいは、米系多国籍企業が、ユーロダラーで、ロンドン金市場から金を買うこともできる。第二次世界大戦後の初期IMF体制下においては、為替の経常取引の自由化は原則とされていたが、資本の自由化については各国の裁量に委ねられており、各国は、とりわけ投機資金の移動に関してはきびしい規制を設けていた。このような規制の空白地帯をなしたのが、ユーロダラー市場であり、これは一九八〇年代以降のオフショア市場とも一体をなし、この市場を飛び交う投機資金が、グローバル資本主義の主役の一つとなるのである。国家の規制に従わないマネーの増大と市場の拡大は、資本主義と国家との亀裂を暗示するものであった。

3　グローバル資本主義下の国家と経済

第二次世界大戦後の「資本主義の黄金時代」に終止符を打ったのが、一九七〇年代前半の初期IMF体制の崩壊とそれに関連した第一次石油危機である。初期IMF体制は、米国が原則として金一オンス＝三五ドルでの対外公的機関との交換を保障し、これを基礎に固定レート制を維持するという一種の金為替本位制であった。米国による金・ドル交換が米国財務省の裁量権限にもとづいて、取引対象が外国の政府や中央銀行に限られている点で疑似的なものであったが、疑似的であったにせよ、米国をはじめとする諸国の財政金融政策にある程度の節度を要求するものであった。しかし、同時に、この制度は、もともとサステイナビリティを欠くものであった。なぜならば、米国と西欧・日本との経済力格差が縮小して、米ドルの対外流出が継続し、「過剰ドル」が形成されると、それらの一部は公的機関をつうじて米国保有の金との交換に向かって米国の公的金保有量を減少させ、他の一部はユーロダラー市場に流入して投機資金となり、「基礎的不均衡」を理由として固定レートを変更しようとする通貨当局に一方的な損失をもたらしたからである。折しも、一九六〇年代の米国は、ベトナム戦争が主たる原因になって対外支出が増大し、歴代政権の金利平衡税などのドル防衛策や西欧諸国との協調による金プール制にもかかわらず、金・ドル交換を維持するための公的金保有を減少させた。こうして一九七一年八月に、米国は、いわゆるニクソン・ショックによって金・ドル交換の停止を宣言したのである（井村喜代子『日本経済―混沌のただ中で』序章参照）。

他方、一九五〇～六〇年代の先進資本主義国の持続的高成長は、比較的に低廉な資源価格、とくに一バレル当たり二～三ドルにすぎなかった低廉な原油価格に負っていたのであり、その末期には次第に資源や労働力の不足感を生み出していたのであるが、金・ドル交換の停止は、金による歯止めを失ったドルの節度なき流出を予想させ、インフレ期待を一挙に高めることとなった。こうした事情を背景に、一九七三年勃発の第四次中東戦争とも関連して、原油価格が約四倍に上昇し、石油消費国（その大部分は先進資本主義国）に大きな打撃を与えたのである。これが、第一次石油危機である。

実際、一九七五年の世界経済の一人当たり実質GDP成長率は、第二次世界大戦後初めてマイナスとなった（マディソン前掲書、三七九頁）。原油価格の急激な上昇は、石油消費（輸入）国にとっては、所得の一部が石油輸出国に移転して、国内需要の減退による不況が生ずることを意味し、同時にコストプッシュによるインフレーションが生ずることを意味した。かくして一九七〇年代半ばから後半にかけては、先進資本主義諸国を中心にスタグフレーション（不況とインフレの同時進行）が襲うこととなった。単なる不況であれば、ケインズ的需要創出政策によって克服することも可能なのであるが、他方ではインフレを伴っているために、総需要を抑制せざるをえない。このディレンマのために、米国や西欧諸国の多くは、ケインズ主義的福祉政策を放棄して、インフレ抑制に重点をおくマネタリズムに向かった。日本は、国債増発による不況対策を行いつつも、全体として総需要抑制政策をつうじて集中豪雨的輸出ドライブを強め、近隣窮乏化によって不況からの脱却を図り、ある程度まで成功した。雇用を維持しつつも、賃金（とくにボーナスや残業手当て）を伸縮的に調整することによって輸出を拡大したことが、一方では「ジャパン・アズ・ナンバーワン」（エズラ・ヴォーゲル）と賞賛されるとともに、他方ではいわゆる「ジャパン・バッシング」を呼び起こす誘因となったのである。

一九七〇年代における金・ドル交換の停止、第一次石油危機そしてスタグフレーションは、第二次世界大戦後の現代資本主義の発展における分水嶺となった。これらを契機にして、とくに先進資本主義国においては、産業構造は重化学工業中心から軽薄短小の情報技術関連産業中心に転換し、雇用・労働のあり方も個別分散的・伸縮的となり、変動相場制の採用による金融の自由化・資本移動の自由化によって経済の金融化がすすみ、経済政策もケインズ主義的需要管理政策から新自由主義が主流を占めてくるのである。このような変質を遂げた現代資本主義の新たな局面をわれわれは、ジョージ・ソロス（『グローバル資本主義の危機』や馬場宏二氏（『もう一つの経済学』第一四章参照）らとともに、「グローバル資本主義」と呼んでいるが（鶴田満彦編著『現代経済システム論』第四章参照）、ここでの問題は、「グローバル資本主義」というネーミングそれ自体ではなく、既述のような新たな特質をもった資本主義に適合的な国家形態をどのように把握するかである。

一方では、スーザン・ストレンジのように『国家の退場』を説く論者もいれば、他方では、小松善雄氏のように「ケインズ型国家独占資本主義」から「新自由主義的な国家独占資本主義」への転換を説く論者もいる（同氏「現代資本主義にとって国家の役割はどうなったか」、『経済』二〇〇四年五月号）。もとより、グローバル化のなかでただちに「国家の退場」を主張するのは、短絡的であろう。グローバル資本主義のもとでむしろ頻発するようになった通貨・金融危機の際に、「最後の貸し手」として登場するのは、国家、あるいは国家を背景にした中央銀行であるし、福祉国家体制もスリム化したとはいえ、消滅したわけではない。しかし、多くの先進資本主義諸国において、交通、郵便、通信、教育といった公益事業においてまで民営化（プライヴァティゼーション＝私有化）がすすんでいる現状を基本的に「国家独占」資本主義の継続と見るのも、無理があるように思われる。

そこで、ここではボブ・ジェソップの議論を取り上げることにしよう。ジェソップは、一九七〇年代までの資本主義国家をケインズ主義的福祉型国民国家（ＫＷＮＳ）と特徴づけ、それ以降のグローバル化やポスト・フォーディズムに対応する統治形態をシュンペーター主義的勤労型脱国民的レジーム（ＳＷＰＲ、邦訳書『資本主義国家の未来』では、「シュンペーター主義的勤労福祉型脱国民的レジーム」と訳されているが、Work–fare には福祉という意味は含まれていないので、ここでは福祉を省略した）と名付けている。

ジェソップによるＳＷＰＲの理念型は次のようなものである。①「供給サイドに介入することで、それなりに開かれた経済に恒常的イノベーションとフレキシビリティをよぶとともに、関連経済空間の構造的で体系的な、あるいはいずれかの競争力をできるだけ強化しようとするものであるかぎり、シュンペーター主義的でもある」（邦訳前掲書三五五頁）。②「労働力を擬制商品として再生産するための条件の維持という固有の機能からすると、ＳＷＰＲは、社会政策よりも経済政策の要求を重視するものであるかぎり…、勤労型レジームである」。「勤労型は、また、公的支出の下方圧力と結びついている。…その可能性が最も高くなるのは、社会支出の対象が労働力の（潜在的に）活動的成員ではなかったり、すでに、その役を終えた人々に、あるいは、いずれかの状況にある人々に向けられている場合である」（同、三五六–三五七頁）。③「経済管理と社会政策の供与という点で国民的規模が中心であったことに比べると、ＳＷＰＲは、脱国民的（ポストナショナル）である。この趨勢は他の空間的規模と活動の地平の意味が大きくなるなかで起こったことであるだけに、国民的経済へ実効的なマクロ経済管理に服しがたくなる」（同、三五八頁）。

④「経済・社会政策の実施様式という点からすると、ＫＷＮＳが国家主義的（ステイティズム）であったのに対し、ＳＷＰＲはレジーム型の方向にある。これは、市場の失敗や国家支援型経済・社会政策の実施の不十分さを補うという点で、非国家型メカニズムの重要性が高まっているということをうかがうことができる。すると、（見掛け倒しのところがあるにせよ）国民的国家の「空洞化」という別の現象の重要性が、つまり、国家活動の全レベルにおよぶ公私ネットワーク（ローカルなパートナーシップから超国民的なネオコーポラ主義的な編制に及ぶ）の重要性の高まりという問題が浮上することになる」（同、三六〇頁）。

ここでジェソップが「理念型」といっているのは、一般的定義と解してもよいであろうが、このＳＷＰＲの定義では、一九八〇年代以降のグローバル資本主義の時期の国家・統治形態の特質が比較的にうまく表現されている。すなわち、①ではケインズ的需要創出政策の無効化が、②では福祉国家の後退ないし消滅が、③では国民経済および国民経済政策の解体が、④では国民国家に代わるローカルな、あるいは超国民的な組織・制度の重要性の高まりが、端的に、まさに「理念型」的に示されている。

「理念型」や一般的定義は、現実自体を記述したものではないが、その点を十分に考慮したとしても、ジェソップのＳＷＰＲ概念には、次のようなコメントを加えておく必要があるように思われる。

第一に、①のケインズ主義に代わるシュンペーター主義に関してである。グローバル資本主義下において、確かに各国政府は、多かれ少なかれ累積国債の重圧のために、財政をつうじての需要管理は実行しにくくなっているが、だからといって放任しているわけではなく、金融における公定歩合操作、オペをつうじたマネー・サプライ管理政策は実行しているのであって、ケインズ主義が放棄されたわけではない。さらに、シュンペーター主義という場合、「創造的破壊」による景気の自動回復力を強調した初期シュンペーター（『経済発展の理論』）と、大企業経営者による技術革新の自動化をつうじての資本主義の安楽死を強調する後期シュンペーター（『資本主義・社会主義・民主主義』）では、位相がまったく違ってくる。ジェソップは、「供給サイドに介入」（誰が介入するかは、明言されていないが、おそらく国家あるいは政策当局であろう）することで「競争力をできるだけ強化」することをシュンペーター主義と把えており、現実においても、国家的プロジェクトとして、さまざまな技術革新が図られているが、「国家が介入し、推進する技術革新」というイメージは、およそシュンペーター主義的とはいえまい。しかし、グローバル資本主義の場合、需要創出政策を行っても、所得の外国への漏れが大きくなって実効が限られるので、経済政策が、供給サイドに向けられる傾向があるのは、事実であろう。

第二に、福祉国家の解体に関してである。日本でも、加藤栄一氏が、一九七〇年代央以降の高度経済成長の終焉、少子高齢化と家族解体、社会主義体制の崩壊とイデオロギーの転換、資本主義のグローバル化を主な論拠として福祉国家の変質ないし解体を主張した（同氏『現代資本主義と福祉国家』第九章参照）。確かに、ジェソップや加藤氏が指摘するように、現実には社会政策から経済政策へのシフトが生じており、Wellfare から Workfare への転換が見られるのは事実である。その理由は、おそらく加藤氏があげているような根拠によるものであろう。しかし、人間の歴史において、人権とか生存権は、かなりな程度不可逆性をもっている。人間が一度得た福祉国家を解体ないし根本的変質をするとすれば、民主主義が保障されている限り、国家あるいは統治レジームは正統性をもちえなくなるだろう。先進資本主義諸国における福祉国家体制は、スリム化するとしても、解体にまでは至らないのではないか、というのが筆者の見通しである（岡本英男『福祉国家の可能性』参照）。

第三に、国民経済および国民国家の解体に関してである。確かにグローバル化の重圧は、福祉国家体制の維持のみならず、法人税や利子・配当課税の引上げ、主食を含めた食料の国産化を困難にしている。グローバル資本主義下においては、自立的国民経済、あるいは国民的再生産構造を構想することすら空想的であるように思われる。しかし、冒頭で述べたように、資本が生産過程を包摂するためには、国家のような各個別経済主体に合法的に強制力を発揮できるような機関を必要とするのであって、これは、グローバル資本主義においても変わりはない。グローバル資本主義においては、各国の国家意思により、低率の法人税や利子・配当課税、農産物を含めた貿易の自由化が合意されているのだ。ジェソップは注意深く、ポスト・ナショナル・ステイトとはいわずに、ポスト・ナショナル・レジームといっているが、これは、ＥＵのような超国家連合、国連・ＩＭＦ・世界銀行のような国際組織、あるいは地域コミュニティを念頭に置いているからであろう。確かに、国連が各個別国家に強制力を発揮できる世界政府のような組織となり、ＩＭＦ・世界銀行が世界貨幣発行権（したがって信用創造力）をもった世界中央銀行になれば、ポスト・ナショナル・レジームといっていいだろう。だが、現実のグローバル資本主義が直面しているのは、頻発する通貨・金融危機、食料・資源の不足、さらに環境破壊（地球温暖化）等であって、当面、これらの諸問題の解決にあたっているのは、国民国家なのである。ジェソップのいうポスト・ナショナル・レジームが形成されるのは、むしろ世界人民がグローバル資本主義を超克したときであろう。

最後に、グローバル資本主義下でめざましい発展をとげた中国のいわゆる社会主義市場経済について触れておこう。中国は、先進資本主義諸国が一九七〇年代央の変質を経てグローバル資本主義の路線をとり始めた頃、改革・開放をつうじて農業改革・輸出志向工業育成に乗り出し、経済特区新設、外資導入、国営企業改革（株式会社化）等をつうじて実質ＧＤＰを八〇年代に倍加し、九〇年代にもさらに倍加した。二一世紀初頭には、中国経済は、規模の点では、米国、日本に次ぐ経済大国になっており、二〇三〇年には、米国と並ぶ経済大国になるものと予想されている。経済成長という点では、中国は、グローバル化の利益を最大限に享受したともいえよう。

この中国の社会主義市場経済なるものが、開発独裁下の国家資本主義的発展なのか、国家管理下の一種の社会主義的発展なのかは、難しい論争点である。いうまでもなく、中国では、市場化が、商品のみならず、労働力・金融・外国為替・不動産にまで及んでいるが、市場化と資本主義化とは同義ではない。市場は、古代奴隷性社会、中世封建社会にも共存したのだから、社会主義、とくに発展途上の社会主義とも共存して不思議はない（伊藤誠『市場経済と社会主義』参照）。しかし、現実の中国経済が、「ひとりひとりの自由な発展がすべての人々の自由な発展にとっての条件である」（『共産党宣言』、六九ページ）ような未来社会への過渡としての社会主義の一種であると見るには、余りにも国家の管理力が強すぎ、個人の自由が制限されすぎているように思われる。中国が、経済力の向上のなかで、言論・結社の自由、移住・職業の自由等、各種の市民的自由を拡大してゆくならば、社会主義への志向性もはっきりしてくるであろう。

4　むすび――国家の死滅？

現代国家の将来を論ずる以上は、マルクスとエンゲルスの国家の死滅テーゼに触れないわけにはいかないだろう。マルクスの同意のもとに、エンゲルスが述べた国家の死滅テーゼは、次のような記述によって代表される。すなわち、「資本主義的生産様式は、大規模な社会化された生産手段の国家的所有への転化をますます押しすすめることによって、この変革をなしとげる道をみずから示す。プロレタリアートは国家権力を掌握し、生産手段をまずはじめには国家的所有に転化する。だが、そうすることで、プロレタリアートは、プロレタリアートとしての自分自身を揚棄し、そうすることであらゆる階級区別と階級対立を揚棄し、そうすることで国家としての国家をも揚棄する。……国家が真に全社会の代表者として現れる最初の行為―社会の名において生産手段を掌握すること―は、同時に、国家が国家として行う最後の自主的行為である。社会関係への国家権力の干渉は、一分野から一分野へとつぎつぎによけいなものになり、やがてひとりでに眠りこんでしまう。人に対する統治に代わって、物の管理と生産過程の指揮とが現れる。国家は『廃止される』のではない。それは死滅するのである」(『反デューリング論』、二八九―二九〇頁)。

ここでは、プロレタリアートが国家権力を掌握し、国家が生産手段を所有することによって、社会関係への権力的な干渉は不要になるから、国家が死滅するという単純な筋書きが示されているのであるが、全生産手段の国有化をつうじての社会主義という道は、社会主義への唯一の道ではない。二〇世紀ソ連の経験は、生産手段の国有化が、社会主義や国家の死滅に繋がるどころか、国家権力の肥大化した官僚的システム(筆者は、これをも広い意味での社会主義に含めているが)を生み出すことを示した。マルクスは、むしろ生産協同組合の協同をつうじて社会主義を実現しようと考えていたようである(小松善雄「資本主義から社会主義への移行過程―古典家たちはいかに捉えていたか―」等を参照)。また株式市場を含めた市場を利用することにより社会主義を実現しようという構想もある(J・ローマー『これからの社会主義』等)。

二〇世紀ソ連の悲劇を経験した人類は、おそらく一国一工場的な社会主義を将来においても建設するとは考えられない。資本主義に代替する社会主義としては、協同組合によるにせよ、株式会社によるにせよ、その他の企業形態によるにせよ、生産に関する決定が、生産者自身によって分散的に自由に行われるものである必要があろう。資本主義の特質が、生産に関する決定が生産手段を所有する(あるいは所有するとみなされる)一部の人々によって行われ、生産者(労働者)は、生産物を賃金によって買い戻すほかないのに対し、社会主義では、原則として生産者自身が生産に関する決定を行い、生産者(労働者)は、生活の必要と生産に対する貢献に応じて生産物の分配にあずかるのである。

このように個別・分散的に生産に関する決定が行われる社会主義においては、どの程度計画を利用し、どの程度市場を利用するにせよ、社会保障の維持とか公共財の供給とか環境保全といったマクロの目標のもとに、ミクロの計画とマクロの計画を調整したり、市場の公正性や透明性を確保したり、税制をつうじて平等性を実現する国家に相当する公的機関を必要とするであろう。もとより、この国家は全社会を代表するものであり、その勤務員はなんら特権をもつべきではなく、任期制や交替制が採用されてもいい。

ここで注目されるのは、さきの「国家の死滅テーゼ」のなかの「人にたいする統治に代わって、物の管理と生産過程の指揮とが現れる」という一節である。階級抑圧機関としての国家は死滅するが、広義の生産過程の指揮者としての国家は残存するというのが、筆者の理解する限りでの国家の将来である。

参考文献

・伊藤誠『市場経済と社会主義』平凡社、一九九五年
・井村喜代子『日本経済―混沌のただ中で』勁草書房、二〇〇五年
・F・エンゲルス「反デューリング論」『マルクス・エンゲルス全集』第二〇巻、大月書店、所収
・エズラ・ヴォーゲル『ジャパン・アズ・ナンバーワン』広中和歌子・木本彰子訳、TBSブリタニカ、一九七九年
・大河内一男『社会政策（総論）』有斐閣、一九四九年
・大谷禎之介編『21世紀とマルクス』桜井書店、二〇〇七年
・岡本英男『福祉国家の可能性』東京大学出版会、二〇〇七年
・加藤栄一『現代資本主義と福祉国家』ミネルヴァ書房、二〇〇六年
・加藤栄一『福祉国家システム』ミネルヴァ書房、二〇〇七年

・鎌倉孝夫『国家論の科学』時潮社、二〇〇八年
・柄谷行人『世界共和国へ―資本＝ネーション＝国家を超えて』岩波新書、二〇〇六年
・北原勇・鶴田満彦・本間要一郎編『現代資本主義』有斐閣、二〇〇一年
・小松善雄「現代資本主義にとって国家の役割はどうなったか」『経済』二〇〇四年、五月号、新日本出版社
・小松善雄「資本主義から協同社会主義への移行過程」上・中・下、「パリコンミューン期の移行過程論」、「晩年期のマルクスの移行過程論」『立教経済学研究』第六〇巻四号～第六一巻四号、二〇〇七年三月～二〇〇八年三月
・柴垣和夫『現代資本主義の論理』日本経済評論社、一九九七年
・ボブ・ジェソップ『資本主義国家』田口・中谷・加藤・小野訳、御茶の水書房、一九八三年
・ボブ・ジェソップ『国家理論』中谷義和訳、御茶の水書房、一九九四年
・ボブ・ジェソップ『資本主義国家の未来』中谷義和監訳、御茶の水書房
・J・A・シュンペーター『経済発展の理論』塩野谷祐一・中山伊知郎・東畑精一訳、岩波文庫
・J・A・シュンペーター『資本主義・社会主義・民主主義』中山伊知郎・東畑精一訳、東洋経済新報社、一九五一～五二年
・スーザン・ストレンジ『国家の退場』岩波書店、一九九八年
・ジョージ・ソロス『グローバル資本主義の危機』日本経済新聞社、一九九九年
・高田太久吉『金融グローバル化を読み解く』新日本出版社、二〇〇〇年
・田口富久治・鈴木一人『グローバリゼーションと国民国家』青木書店、一九九七年
・鶴田満彦・渡辺俊彦編著『グローバル化のなかの現代国家』中央大学出版部、二〇〇〇年
・鶴田満彦編著『現代経済システム論』日本経済評論社、二〇〇五年
・馬場宏二『もう一つの経済学』御茶の水書房、二〇〇五年
・アンガス・マディソン『経済統計で見る世界経済二〇〇〇年史』金森久雄監訳・政治経済研究所訳、柏書房、二〇〇四年
・マルクス・エンゲルス『共産党宣言』大内兵衛訳、岩波文庫
・マルクス『経済学批判要綱』高木幸二郎監訳、大月書店

・マルクス『経済学批判』武田・遠藤・大内・加藤訳、岩波文庫
・マルクス『資本論』、新日本出版社版
・J・ローマー『これからの社会主義』伊藤誠訳、青木書店、一九九七年

第二章　グローバル化と国民国家
――国家独占資本主義論の有効性――

一井　昭

はじめに

私たちの共同研究チームは、これまでの研究成果のうえに立って、新しい課題に挑戦してきた。そこで、まずは直近の研究成果を整理しておくことから本章の叙述を始める。ついで、これらに触発されつつも、その後の関連文献の検討に歩を進めて、グローバル化と並進する資本主義発展の「類型化と段階性」[1]に関する諸論者の認識についての考察を行う。その結果、先進資本主義諸国発展の類型化の究明（それ自体は国民国家各々の経済政策の具体像の解明にとっては一定の重要な意味を有するが）よりもむしろそれら類型の差異を超えて共通する今日的な発展の段階性の認識をより重視しつつ、「超国家的機構」と称されているものの内実把握のためにもその土台をなす国民国家体系の枠組みを廃棄することなく、現代的に厳然と維持＝再編している国家機能を明らかにすることによって、国家独占資本主義論が依然として現代資本主義を構造的に分析できる基礎理論たることを提示することが、本章の目的である。

1　前叢書の理論的到達点

二〇〇〇年一一月に刊行された中央大学社会科学研究所の研究叢書8（鶴田満彦・渡辺俊彦編著『グローバル化のなかの現代国家』）には、ここでの主題「グローバル化と国民国家」に関連する考察（とりわけ、鶴田満彦論文と中谷義和論文がそれである）が収録されている。そこで、以下の行論の展開のためにも、改めて論点をやや詳しく紹介しておくことにしたい。

(1)　叢書全体の課題設定

鶴田満彦氏は、同叢書「まえがき」のなかで、つぎのように述べている。「二〇世紀の最後の時期の世界を特徴づけている最も重要な政治経済的現象の一つは、グローバル化である。九〇年代初頭のソ連崩壊以後、旧社会主義国はもとより中国やヴェトナムといった現存社会主義国の市場経済化もすすみ、市場経済と民主主義こそが、現代世界の普遍的原理であるとして、多分にアメリカ合州国の主導のもとに、世界システムの一体化・統合化が推進されている」（ⅰ頁）。「現代グローバル化は、すでに七〇年代に凋落したかにみえたパックス・アメリカーナを情報と金融と軍事を梃［子］として再構築しようとするアメリカ合州国の死活の努力の過程でもあ」り、また「現代のグローバル化は、生産力的必然性をもちながらも、情報化・金融化・アメリカ化の側面で無視できない特殊性をもち、そのためにとくに既存の社会システムとの間にさまざまな矛盾や軋轢を生み出している。現代グローバル化の及ぼしている影響のうちの最大のものは、国民国家を基盤とした現代国家を危機に陥れていることであろう」（ⅱ頁）。

ここには、現代のグローバル化の特質が、情報化・金融化・アメリカ化という特殊的な側面に注目されている。これらには、アメリカによる湾岸戦争主導の性格規定を含めて賛同するところが多い。ただし、「資本主義にとっての新たな内延的拡張の場」（ⅰ頁）の創出が「生産力的必然性」と「国民国家の危機」にあるという指摘には、さらに十分な検討が必要とされるであろう。

(2) 鶴田満彦論文の提起

この論文（「現代国家の危機」）では、つぎのように二〇世紀における「国家の受難」が指摘される。「…二〇世紀において社会システムにおける国家の比重は、先進諸国、いわゆる社会主義諸国、発展途上諸国によってさまざまな状況を見せているにせよ、ある時期までは増大していた。ところが、一九九〇年前後には、ソ連型の国家社会主義体制は崩壊し、先進諸国の国家独占資本主義＝福祉国家体制も、七〇年代末以降になると、規制緩和・民営化の潮流の中で顕著に後退してゆく。さらに、時期はやや遅れるが、一九九〇年代後半には、『東アジアの奇跡』の主役をなした東アジア諸国が通貨・金融危機の波に飲み込まれて、その国家主導のシステムを解体されてゆく。／この意味で、世紀の転換点の現代は、国家受難の時代であるといえる」（七－八頁）。

そのうえで、鶴田氏は「現代国家の危機の様相はどのようなものか？　危機の原因は何か？　現代国家はどこへ行こうとしているのか？　これらを明らかにすることが、この小論の目的である」と述べられ、「国家社会主義の崩壊」、「福祉国家の後退」、「東アジア国家の凋落」について、それぞれの危機の様相を探られる（八頁以下）。最後に提起された結論は以下のとおりである。「ほんらい、近代資本主義とともに形成された国民国家は、利害を異にするさまざまな国民諸集団を権力的に統合しながら、公共財の供給など一般的共同社会的業務を果たすことにより、市民社会を総括してきた。国家社会主義と国家独占資本主義における国家の総括は過剰であったのに対し、市場の暴走をゆるすグローバリゼーションの現代にあっては、国家は、市場によって拘束され、国民の期待に応えることもできず、国家による市民社会の総括は形骸化しつつある。もとより、こうした状況がただちに現代国家を死滅に導くとは思われない。しかし、現代国家が現在の市民社会を十分には総括しきれなくなっていることは確かであって、そこから現代国家の危機の諸様相が生じ、NGO・NPOその他のさまざまな国家代替物が形成されているのである」(二一一二二頁)。

もちろん、鶴田氏は現代国家の危機の様相や原因を一律に論じているわけではなく、個々の論点には評価すべきものが多い。とはいえ、鶴田氏が国家の市民社会総括の過剰から危機を導出されている点は疑いえないだろうし、この点では賛同しえない。

(3) 中谷義和論文の提起

この論文(「グローバル化・国民国家・民主政」)では、つぎの点が注目される。「『グローバル化』は生成過程にあるだけに、その理解には多様なものがある」としながらも、「『グローバル化』の現状と理論状況の整理および分析枠組みの設定という点で、オープン大学(英)の『グローバル・トランスフォーメーションズ』グループの作業には注目すべきものがある」(二七頁)としている。そこで、中谷義和氏は、同著者グループによる「グローバル化」論者の類別(「超グローバル論者」、「懐疑論者」、「変容論者」)と争点(⑴「概念化」、⑵「原因」、⑶「時期設定」、⑷「イムパクト」、⑸「軌道」)に求め、以下、各見解を紹介することから始められている(以下、中谷論文、二七一三三頁参照。なお、用字・用語の一部と省略箇所を除き、ほぼ原文に沿っている)。

「超グローバル論者」にあっては、「グローバル化」とは新自由主義的市場原理を駆動力とした「脱国民経済」型単一地球市場の形成現象であり（新自由主義的一次元的現象論）、この単線型「軌道」において伝統的国民国家型世界的分業体制に替わる地球的「市場文化」が形成されることによって、個別政府は世界的資本の「伝導ベルト」と化せざるをえない。このパースペクティブは、「グローバル化」のモメントに資本主義的「市場」の論理と力学を措定しているだけに、ネオ・マルクス主義的視点と競合することになるが、ネオ・マルクス主義的「グローバル化」論が不均等発展や経済格差の空間的・階級的・人種的再構造化を理論枠組みとしているという点ではパースペクティブを決定的に異にしていることになる。これに対し、「懐疑論者」は、世界の貿易と投資の統計分析から、とりわけ一九世紀末から第一次世界大戦に至る時代（金本位制時代）の世界経済との比較において、国内総生産（GDP）に占める商品貿易比率にはアメリカを除いて大きな変動が認められないところから、「超グローバル論者」の市場統合型世界経済テーゼは「神話」にすぎないと批判する。この視点から、「懐疑論者」は、「グローバル化」の「軌道」は間歇的現象であり、現局面は「リージョナル化」状況であると位置づけるとともに、現代の国際経済に占める国家の調整機能や「自由化」の役割はむしろ高まったとする。他方、「変容論者」の「グローバル化」論にあっては、現局面は社会的・経済的・政治的要因を背景とした歴史的に類例をみない地球的規模の「変容」過程であり（複合原因論）、偶発性と矛盾をはらんだ長期の歴史的過程であると考えられているとする。この視点において「インターメスティック」な次元に「新フロンティア」が想定され、また国家と社会の世界的連関化と新しい周辺化に第一―第三世界型ないし中枢―周辺型構造に替わるグローバルな位階的再編過程が位置づけられることになる。さらには、国際的ガヴァナンスの形成や「情報技術（IT）革命」に例示的なインフラストラクチャーの国際化のなかで、伝統的主権概念に替わって新しい「主権レジーム」が成立し、「国民国家」は、その制約に服する傾向を強くしつつも、一定の自律的「調整」

と「対応」型戦略をとらざるをえない局面にある。したがって、グローバル化における国民国家の位置という点では主権型国民国家の「漸次的崩壊」論（超グローバル論者）と「変容否定」論（懐疑論者）とは異なって、ガヴァナンスの地球的多層化のなかで国民国家の国家形態と権力構造の再編が生起していると考えられていることになる。以上の検討と位置づけを踏まえて、「グローバル・トランスフォーメーションズ」グループは現在の「グローバル化」の分析枠組みを設定している。すなわち、「グローバル化」の「歴史的形態」には、個別の歴史的局面における「地球的相関性」の（1）「時間－空間的」次元と（2）「組織的」次元が含まれているものとし、前者は（i）「地球的ネットワークの範囲」、（ii）「地球的相関性の強度」、（iii）「地球的フローの速度」、（iv）「地球的相関性のイムパクト力」の次元からなるものとし、これをもって「グローバル化」の形状を措定し、その歴史的比較の基礎が設定されうるとしている。この分析枠組みにおいて、「時間－空間的」次元から歴史的類型のモデル化を試み、（i）「深いグローバル化」（近似的類例として、一九世紀後期のグローバルな帝国）、（ii）「拡散型グローバル化」（歴史的類例なし）、（iii）「膨張型グローバル化」（近代初期西洋の帝国主義的膨張）、（iv）「浅いグローバル化」（ヨーロッパと東洋との絹や奢侈品の貿易）に類別しうるとしている。ただし、これは、一つの概括的「思考実験」であって、「時間－空間的」次元においても、経済・軍事・文化・移民など個別領域を異にすれば別の形状が措定されうるとしている。また、「組織的」次元には（i）「グローバル化のインフラストラクチャー」、（ii）「地球的ネットワークと権力行使の制度化」、（iii）「地球的成層のパターン」、（iv）「地球的相互作用の支配的様式」の次元が含まれるとしている。さらには、地球的「ネットワーク」は物理的・法的・言語的媒介手段（インフラストラクチャー）とその「制度化」を欠いては成立しえないので、また、「グローバル化」は権力関係と資源配分の変化（グローバルな規模の成層化）や強圧的・協調的・競争的「相互作用」を不可避とするので、「時間－空間的」次元と「組織的」次元とは「相関性」において複合的構造にあるとする。かくして、「グローバル化」は、位階化と不均等化や不断の包括化と周辺化を内包した多面的過程であるという点では「シンメトリカル」な調和的構造に、あるいは単線型展開過程にはないとする。したがって、「脱植民地化」と社会主義世界体制の崩壊のなかで、資本主義の「地球的」ネットワーク化は強まっているとはいえ、超国民的経済活動といえども「国民国家的」次元を免れているわけではない。とりわけ「国民国家」はアイデンティティの基盤に位置しているだけに、その「空洞化」ないし「脱接合化」現象が起こっているにしろ、資本主義的「市場」をもって地球的一体化論に括ることは、「国家」による資本主義的社会経済関係の包括の必要性（「国家によるブルジョア社会の総括」―マルクス）や「国民的競争国家」の不可避性を軽視することになるだけでなく、「グローバル化」が政治的・軍事的・経済的権力関係に依存していることや「グローバル」化のなかのエタティズムないしスティデズム現象を見落とすことにもなる。かくして、資本主義的「市場」ないし「世界型資本主義的生産様式」をもって地球的統治様式を想定することは、コブデ・ブライド流の地球的規模の「反政治的新自由主義」論に、ひいては「政治の終焉」論に陥らざるをえないことになる。また、規範的には「グローバル化」状況における民主政の課題設定に対処しえないことにもなる。「グローバル化」は、脱領域型多次元現象であるだけに、社会的相互関係の脱国民国家型領域間ネットワークを強め、政治経済的「国際レジーム」の強化と国際的権力関係の再編を呼んでいる。したがって、この過程における伝統的「国民国家」の政治的形状が問われなければならないことになる。

中谷義和氏は、ついで、「ポスト・ウェストファリア型国際社会」において、一六四八年の「ウェストファリア体制」以降の歴史的分析を行い「確かに、国民国家は社会的統一と国際関係の正統な行為主体の位置に留まり続けることになる。だが、『グローバル化』の深化は社会経済の構造的変化を呼び、国内政治においては『統治様式』の再編を、また『地球政治』にあっては『国民国家』レベルの政治的正統化に次ぐ『正統性の第二次構造転換』と『公共性』

概念の地球的転換を求めるに至っている」（三八頁）として、「グローバル・トランスフォーメーションズ」グループの「グローバル時代」の民主化構想を検討のうえで、「地球民主政の模索」を提起している。

すなわち、同グループは「グローバル時代」の民主化構想を（i）「リベラルな国際主義」、（ii）「ラディカルな共和主義」、（iii）「コスモポリタン民主政」に類別化しているが、中谷氏は「（i）は近代のリベラルな民主的思考の枠組みにおいて、国連を軸とした『脱国境型民主政』を模索するものである…。（ii）は公共善と自治型共和主義の原理において地球型統治形態を模索するものであり、したがって、個人主義的市場原理型モデルと対立するものとなる。また（iii）は将来市民のコスモポリタン的帰属願望と脱民主的な『権力の場』の克服において『地球型民主政』を展望するものである」（四〇頁）という紹介を行い、つぎのように論点を展開する。

アイデンティティの重層性が前提とされるとき、ナショナリズムはインターナショナリズムと、さらにはリージョナリズムとも原理的に矛盾するものではない。したがって、形容矛盾に見えようとも、「コスモポリタン型共同体主義」ないし「共同体型世界市民主義」を想定することは可能である。だが、「コスモポリタニズム」をもって「国民国家」と「国民性」や固有の社会文化的・歴史的脈絡が軽視されると、特定の国家や文化を中心とした覇権安定的「コスモポリタン型地球主義」ないし観念的な「世界市民型共同体」主義に陥らざるをえないことになる。また、「グローバル化」が「国民国家」の有意性の再検討を求めているからといって、政治的正統性の基盤としての「国民国家」を放棄することは「民主政」の制度と運動の基盤や社会的統合の機能的契機を失うことにもなる。「国民型民主政国家」が「エトニィ」を基礎とした中央・地方の相反的力学の複合的統治様式であるとすれば、「地球型民主政社会」のモデルとしては、「国民（型）国家」を基礎とし、「人権」を共通価値体系とする「地球市民」の「新しい多国間主義」型統治様式が想定されることになる。ここに国民（型）国家と超国家的組織体を政治単位とし、それぞれの民主化を基礎とした多層連接型の民主的「グローバル・ガヴァナンス」モデルが浮上することになる。遠くトクヴィルが『アメリカの民主政』において「全く新しい世界には新しい政治学が必要である」と喝破しているように、アイデンティティの多様性を所与としつつも、「人権」の超国家的展開と再生産不可能なエコシステムの保持を共通価値とした「グローバル・ガヴァナンス」が求められている。ナショナルとサブナショナルなレベルでの民主化はもとよりのこと、「民主政の拡大適用」原理をもって「正統性の第二次構造転換」をはかり、「人民」を超「国民国家」レベルにまで押し上げ、リージョナルとグローバルなレベルでのスプラ・ナショナル型の民主的システムの構築を模索すべき局面に至っている。民主政とは実践的にも理論的にも「果てしない未完の旅」である。今や、自己完結的「国民国家型民主政」に替えて、これを基礎とした「地球型民主政」モデルが求められているのであり、その実践的・理論的模索が始動しだしている。新世紀を迎え、ようやく、ミネルヴァの梟は休めた羽根を広げる準備に取り掛かりだしたと言えよう（四一－四三頁参照）。

このような中谷氏の実践的・理論的「展望」は十分に熟慮されたうえでのものであろうと考えられる。すなわち、ヘルドの見解には必ずしも全面的には依拠しない「国民国家」の有意性をはじめとする氏自身の現実分析（三四頁以下、とくに三六頁および前出トクヴィルに先行する「困難性」の言説）に明示されているように思われるが、この見解は、論文全体の流れのなかで位置づけられているヘルドの見解とはかなり「切断」されており、中谷氏の見地自体が未だ明確ではないように思われる(2)。

2 グローバル化をめぐる論点

(1) ヘルドとマグルーの見解

デイヴィッド・ヘルドとアンソニー・マグルーのグローバル化の見解については、かつて紹介を試みたことがある。[3]そこでは、グローバル化に関しては、変容説の代表論者たるヘルドとマグルーに対し、懐疑説の代表論者であるポール・ハーストとグレアム・トンプソンの見解に注目しておいた。ここでは、その後、両者を含む四名の共同著作が刊行（邦訳書も刊行）され「日本語版への序文」も付されているので、私なりにその内容を要約しておこう。[4]

まず、「日本語版への序文」のなかで、過去のグローバリゼーションと対比して、現代のそれを特徴づけ、併せて本書の目的に触れている。

「グローバリゼーションには何ら新しい点はない。過去二〇〇〇年にわたるグローバリゼーションには、世界宗教の発展、大航海時代（the Age of Discovery）、諸帝国の拡大を含む多くの局面が見られたのである。しかしこの点を認めたとしても、今日［の］グローバリゼーションには新しい要素があることに注目することは重要である。即ち、経済・政治・法律・コミュニケーションそして環境に関わる人間活動すべてにわたる変化が一点に収束してきているという新しい要素である。人間活動の中心的分野の一つ一つにおける人的ネットワークと人間関係の程度・強度・速度・インパクトを測ることによって、この新しい要素を我々は明らかにすることができるのであり、我々は本書や他の著作の中でこの点を明らかにしようとしてきたのである」（訳書、i頁）。

そして、「こうした事態の展開によって多くの顕著な挑戦が我々に突きつけられている」として、つぎの五点に集約している（同、ii－v頁参照）。

「1．現代におけるグローバリゼーションとリージョナライゼーションの展開によって、領域国家の国境を横断するパワーの重層的なネットワークが生み出されている。重層的なパワーのネットワークそれ自体が、国境で仕切られたウェストファリア的原理に沿って設計された世界秩序に圧力を加え、世界秩序を緊張させているのである。」

「2．効果的な政治的パワーの場は、もはや単純にナショナルな政府とは考えられなくなっているのである。即ち効果的なパワーは、ナショナル・リージョナル・インターナショナルなレヴェルの、公的・私的かつ多様な勢力や組織・機関によって分有され、取り引きされているのである。…カントが極めて雄弁に表現したように、我々は『不可避的に手を携えて生きているのである』。強大な国家が自国民のみならず他国民のことも考えて政策決定を行い、トランスナショナルな勢力が様々な方法で国民共同体の国境を横断しているような世界では、誰が誰に対して何を根拠に責任を持つべきかという問題は、簡単に答えの出るものではない。」

「3．国内的にせよ国際的にせよ現存の政治制度は、規制と政治に関わる三つの決定的な亀裂［管轄権をめぐる亀裂、参加をめぐる亀裂、インセンティブをめぐる亀裂］によって弱まりつつある。」

「4．こうした政治的亀裂は道徳的ギャップと呼べるかもしれないもう一つのギャップと結びつくのである。このギャップは次の二つの現実によって明らかにされる。／（1）一二億以上の人々が一日一ドル以下で生活し、世界人口の四六％が…一日二ドル以下で生活している一方、世界人口の二〇％が世界所得の八〇％を享受している世界の現実がある。／（2）こうした現実に対する世界の『受動的無関心』は、国連の年間予算が一二億五〇〇〇万ドル（『負の平和維持活動』）であるという事実によって如実に示されている。アメリカ人が年間消費する菓子類の額は二七〇億ドル、アルコール類の額は七〇〇億ドル、自動車価格の合計額は五五五〇億ドルにも上っている。」

「5．相対的に独立したナショナルな単位でのコミュニケーションや経済システムからリージョナル・グローバル両レヴェルにおいて以前よりも複雑かつ多様な網状化が進展する時代への変化、あるいは政府中心の時代から多様なレヴェルでのガバナンスが秩序の中心となる時代への変化が生まれてきている。だからといって政治的アイデンティティが、それと並行的にグローバル化しつつあると考える根拠は少ないのである。…／統治から多層的ガバナンスへの変化、国民経済から経済的グローバル化への変化は、潜在的に不安定な変化であり、いくつかの点で逆流する可能性を秘め、凄まじい反作用——ノスタルジア、（同質的な）政治共同体という夢想的な概念、（オーストリアのハイダーやフランスのルペンなどの政治活動に見られるような）移民というアウトサイダーへの敵意や純粋な国民国家への希求に表れているが——を引き起こす可能性がある。」

「序文」の最後では、著者たちの持論であるコスモポリタン民主政によるグローバリゼーションの組み替えないし埋め込みを、つぎのように強調している（同、v－vii頁参照）。

「この点［政治的ナショナリズム］に関して、インターナショナルな展望、より適切な表現を使えばコスモポリタン的な展望だけが結局のところ重層的な運命共同体と多層化した政治によって特徴づけられるグローバル化時代の政治的挑戦に適応できるのである。…／典型的に秘密主義的で排他的な、一部のエリートが主導する多国間主義から、全社会的に支持されたコスモポリタン的な多国間主義——透明性があり説明責任を伴う正しいガバナンスの形態——への転換を我々は要求していかねばならない。／この要求の中心点は、次の四点である。／（1）（社会、経済、環境を含む）多様な分野で政治共同体の相互連関性がますます強まっていることを認識すること。／（2）ローカルにもナショナルにもリージョナルにもグローバルにも、集団的な規範や解決策を必要とする重層的な集団的運命というものに対する理解を促進すること。／（3）トランスナショナルなレヴェルにおけるより効果的で説明責任を伴う決定を増やしていく必要性を認識すること。／（4）国家や国際機関などの政治組織がその運営方法において透明性・説明責任・民主主義という原則を採用するために、ローカルからリージョナル・グローバルに至るまでの現存する多層的・重層的な政治組織を拡張し変容させること。」

「コスモポリタン的多国間主義は、新しい形態のグローバルな一方主義を生み出した地政学と国際的関与に関するアメリカ的モデル——それは九・一一テロ以降、特に共和党右派が構想したものであるが——によって実現するものではない。ヨーロッパの社会的実験——社会民主主義的モデルと協調的ガバナンスとしての高貴な実験であるEUを基礎に展開されているものであるが——こそが将来の方向を示すものである。とはいえEUの中でも我々はエリート政治と大衆政治との間で深い亀裂を生み出し、大衆の意思を阻害する深刻な危険に直面している。これは回避できるであろうか。／…しかし我々はまだ公共圏ではコスモポリタニズムを支持する議論に勝利しているのではなく、負けているのである。／…政治的暴力やあらゆる種類の閉鎖的政治に反対するばかりかテロにも反対する市民の声が効果を持つかどうかは、人々に自分達の苦しみを表明する適正な方法があることを確信させることができるかどうかにかかっている。公的制度を信頼するというこの感覚がなければ、テロと不寛容を打ち負かすという試みは極めて困難なものとなろう。たとえその試みが実現したとしても。コスモポリタニズムを伴わないグローバリゼーションは失敗するのである。」

以下、現代のグローバル化の特質、国民国家の厳存、コスモポリタン民主政の順で、ヘルドたちの論点をさらに明らかにしておきたい。

A　現代のグローバル化の特質

著者たちは、「現代のグローバル化」（一九四五年以降）の特徴を明らかにするための前提として、近世以前（およそ九〇〇〇年から一万一〇〇〇年前)、近世(約一五〇〇~一八五〇年)、近代(約一八五〇~一九四五年)のグローバル化の一般的特徴の類型化を試みている。そのうえで、以下の諸特徴からなる「現代のグローバル化」を明示する(Cf., Held & McGrew, Goldblatt & Perraton, *op. cit.*, pp.424-427. 邦訳書六五四-六五七頁参照、ただし原文には番号はついていない。以下、煩瑣を避けるため、とくに断らない限り原書、邦訳書の順で p. 100. 一〇〇頁のように示す)。

(1)一九四五年以降、グローバルな交流や相互連関の波は新しくなった。…現代のグローバル化のパターンは、ほとんどすべての領域で量的にそれ以前の時代のものを上回っているだけでなく、他に例のない質的相違、即ちグローバル化がいかに組織され再生産されるのかについての相違も示している。さらに政治、法と統治、軍事、文化的結びつき、人の移動といった諸領域、経済活動のあらゆる領域、そして地球環境に対する脅威の共有において、現代のグローバル化のパターンは歴史的に独特な形で結合あるいは集中している。さらにこの時代は、輸送や通信のインフラストラクチャーにおける類のない革新や、グローバルなガバナンスや規制のかつてないほど密度の高い制度化を経験した。逆説的なことにグローバルなフローやネットワークのこうした爆発は、明確に画定された国境を持った主権国家が、人類の政治組織や政治支配の形態としてはほぼ一般的になったのと同時に起こったのである。

(2)現代のグローバル化の形成は、第二次世界大戦の構造的帰結に大きく影響された。即ち枢軸国の敗北、古いヨーロッパ帝国勢力の疲弊、そして米ソ冷戦の出現が、グローバルな権力構造を変容させたのである。…同時に、国連とその中心的制度や機関を基礎とする新しい世界政治秩序が出現した…。…世界の基本的な政治単位は圧倒的に領土の定まった国民国家になっていた。冷戦の終結とソ連の崩壊によって、世界で最後の帝国構造の一つも、国民国家からなる新しいモザイクに道を譲ったのである。

(3)二〇世紀の終わりまでに、かつて政治支配や世界政治組織の主要形態であった帝国は、国民国家からなる世界規模のシステムに取って代わられ、それを規制やガバナンスに関する多国間システム、リージョナルなシステム、そしてグローバルなシステムが覆っている。…現代において有力なヘゲモニー国家といえるのは唯一アメリカだけである。しかし、冷戦終結後のグローバルなヘゲモニーとしての潜在性にもかかわらず、アメリカは、その巨大な構造的権力が現在の世界秩序の性質や機能に深く刻み込まれたままであるため、グローバルな帝国や公然たるヘゲモニー国家であろうとする要求は捨てた。この点で現代という時代はそれまでの時代と異なり、グローバル化のパターンがもはや帝国の拡大論理や強制的制度に関係したり依拠したりしていないというかぎりにおいては、歴史的に前例がない。

したがって、以下の小括が重視される。

（4）ますますグローバルになる政治的・軍事的関係と、ますます明確に区切られた領土を持つ国民国家というこの逆説的な構造のなかで、他の類型のグローバル化の波がこの時代を特徴づけている。アメリカのヘゲモニーによる初期の主要な政治的・軍事的制度と並んで、ブレトンウッズ体制と総称される戦争直後の時代の経済制度が存在する。国際金融取引の規制と広範な自由貿易およびアメリカの海外投資とが結合して、この体制は一九七〇年代初めに崩壊するまで、西洋内外の経済的相互作用を支配した。しかし、戦間期に存在した類似の体制とは異なり、ブレトンウッズ体制の崩壊は経済的アウタルキーの段階に至らず、逆に、さらに激しい経済的グローバル化の時代をもたらすことになった。そこでは改革されたブレトンウッズ体制の諸制度が大きな役割を果たし続けている。ＯＰＥＣによる石油危機とオイル・ダラーの国際金融制度への大規模な流入はいずれも、いっそうグローバルな次元での経済的相互作用を際立たせた。これらの出来事に新しい通信インフラや新自由主義的な規制緩和が結びついたことによって、当初は中心的な西洋諸国の間でグローバルな貿易、投資、金融のフローが急増した。

（5）興味深いことに、このような自由主義的な世界経済秩序と並行して、多国間の経済的監視や地域的な経済的管理のより厳格なメカニズムが発展した。この点で、経済のグローバル化の進展は、たとえばWTOを通じたグローバルな経済的監視の強化、管理活動の確立、そして国際的規制活動の深化と結びついていた。国民経済の規制緩和は、グローバルな領域における新しい形態の規制と同時に行われてきたのである。しかしこうした展開は、アメリカのヘゲモニー権力がその絶頂にある時ではなく、比較的衰退していた時にいっそう進んだ。それゆえ現代は、グローバル化の周期的変動がもはや単一のヘゲモニー国家やブロックの盛衰に直接的に関係していないという点で、過去とは区別されうる…。多国間の規制や管理に関する新しい基盤との関係において現代の経済のグローバル化は、より自己組織的で市場主導の構造へ漸進する傾向を反映している。このような構造は、危機の場合にのみヘゲモニー国家による公然たる政治的管理を受けることになる。

(6) 現代のグローバル化は、グローバルな移動パターンの変化の到来も告げている。第二次世界大戦後の三〇年間のほとんどは、ヨーロッパの周辺や旧植民地から、労働力不足の北欧や西欧への移動であった。このような移動が続く一方で、一九七〇年代初期の経済成長の減速の後、よりゆっくりとではあったが新しいパターンのグローバルな移動も加わった。これには難民や亡命のための移動の急増が含まれる。例えば、ラテン・アメリカやアジアから北アメリカへの移動、中東や南アジアから最近豊かになった湾岸諸国への労働力の流れである。工業の生産や消費のグローバルな拡大は、西洋の産業革命が生み出した有毒物質と結びついて、前例のない形態の環境のグローバル化をもたらした。冷戦、国連、グローバル経済の時代には、例えば気候体系、大気、海洋、極地方におけるグローバルな公共財が、大きな変容を受けているという認識がもたれてきた。

B　国民国家の厳存

さらに重要な指摘は、「国民国家の厳存」(より正確には、「国民国家の普遍的確立と現代のグローバル化の並進」)という論点の明確化である。

著者たちはつぎのように繰り返し強調している。「本書ではこれまで、さまざまな領域でのグローバル化の輪郭や特徴を、それが国民国家の主権や自律性に与える影響を探求するという視点から検討してきた」(p. 427. 六五八頁)。「ほとんどすべての領域で、国民国家がほぼ普遍的であることと、グローバル化が拡大していることとは、並行している」(p. 427. 六五九頁)。「グリッドC. 1の現代欄のうち、ブレトンウッズ体制前後のグローバル化と国民国家が支配的な政治的単位」(p. 432. 六六六頁) だと肯定している点にも注目させられる。

さらに、「現代のグローバル化が国民国家の重要性を低下させつつあるという主張の理論的・経験的根拠を疑問視するのには、多くのもっともな理由がある」と述べ、「本書では一貫して、ハイパーグローバル論者や懐疑論者の双方に対して、批判的な立場を取っている。…また、権威の構造が極めて多層化し分割されている地域であっても、今日、国家主権が完全に覆されているというのは、われわれが主張するところではない」(p. 441. 六七六頁) とも強調する。しかし、論理展開は単純ではない。「とくに先進資本主義諸国のなかでは、無限で、不可分で、排他的な公的権力としての主権という概念の有効性を喪失させている。…つまりポスト・ウェストファリア秩序の創造」過程にあるが、だからといって「このような過程は単純に、国家の主権や自律性を縮小しているのではない。…グローバル化は、われわれが何度も強調したように、決して単なる均質化の圧力ではない」(p. 441. 六七六－六七七頁) と指摘し、ここにボブ・ジェソップの文献［一九九七］を挙げてもいる。「国家の主権や自律性からなるウェストファリア体制は、根本的な制限を受けるにしたがって大きく変化しつつある。しかしこのことから、この変化の性質が直接的である［と］か、あるいは永続的である、ということには決してならない」(p. 444. 六八〇頁) からである。

C　「コスモポリタン民主政」の主張

最後に、今日のグローバル化のもとで、ヘルド、マグルーらは、前著でも提起した「コスモポリタン・デモクラシー」の政治思想を他の競合する二つの政治思想と対比して、つぎのように長期的に展望する（表2－1参照）。リベラルな国際主義的思考は、「弱い国内の自由民主主義を民主的世界秩序というモデルに置き換えようとする規範理論である。現在この考え方を支持する人々は、例えばグローバル・ガバナンス委員会のように、近代の自由民主主義的な思考の理論体系の上に、『国境を超えた民主主義』の理想を築こうとしている」（p. 447. 六八六頁）。

これに対して、「ラディカルな考え方では、一定の共和主義的原則に基づいた、グローバルな社会的、経済的、政治的組織に代わる機構の創造を強く主張する。つまり、公共善が重要視される諸共同体による自治の創造である」「ラディカルな共和主義モデルは、グローバルな体制の民主化や文明化のための『ボトムアップ』理論である」（p. 449. 六八八頁）。

第三のヘルドたちのコスモポリタン的思想は、「民主的支配が及ぶ範囲を超えて現在作用している権力の場や形態に、説明責任を持たせるための原則や制度的取り決めを明確にしようとする」もので、国連の「革新的な構造」やEUの「強力なリージョナルな組織」の発展に期待しつつ、「これから一〇〇〇年の間に、ある国の市民は各々、同様に「コスモポリタン市民」にもならなければならない」と主張している（p. 449. 六八八－六八九頁）。

以上、やや詳細に紹介してきたように、著者たちの現代のグローバル化と国民国家の厳存についての見解は、いかにも「慎重な」変容論者の主張にふさわしい。さらに（1）支配者と被支配者との関係を除外。そのうえで、（2）国連やEUの事例を中心に取り上げ、「トランスナショナルな市民社会」への展望を、今後の政治的制度の革新に期待する。（3）しかも、きわめて長期の展望（千年紀）を示すという慎重さである。（4）ただし、重要なことに、当面

表2-1　現代のグローバル化の文明化と民主化：3つの政治思想の要約

	リベラルな国際主義	ラディカルな共和主義	コスモポリタン・デモクラシー
誰が統治すべきか？	政府、説明責任を持つ国際的組織や国際的レジームを媒介とする人民	自治的共同体を媒介とする人民	共同体、協会、国家、国際組織を媒介とする人民－すべてコスモポリタンな民主的法に従属する
グローバルなガバナンスの形態は？	多頭制（Polyarchy）—主権を共有する多元的な断片化したシステム	人民支配（Demarchy）—国家主権のない、機能的な民主的ガバナンス	複相支配（Heterarchy）—コスモポリタンな民主的法に従う、権威が分割されたシステム
民主化の主要な動因／手段、過程	相互依存の加速、より民主的・協力的な形態のグローバル・ガバナンスを創り出す際の、主要な権力諸機関の自己利益	新しい社会運動、グローバルな環境、安全保障、経済の切迫した危機	憲法や制度の再構築、グローバル化やリージョナル化の進展、新しい社会運動、潜在的なグローバルな危機
民主主義思想の伝統	自由民主主義理論—多元主義や保護民主主義、社会民主主義—改革主義	直接民主主義、参加民主主義、市民的共和主義、社会主義的民主主義	自由民主主義理論、多元主義、開発民主主義、参加民主主義、市民的共和主義
グローバル・ガバナンスの倫理	「共通の権利と共有する責任」	「人道的ガバナンス」	「民主的自律」
政治的変容の様式	グローバル・ガバナンスの改革	グローバル・ガバナンスに代わる構造	グローバル・ガバナンスの再構築

出所：D. Held and A. McGrew, D. Goldblatt and J. Perraton, *Global Transformations,* Polity Press, 1999, p. 448.　古城利明ほか訳『グローバル・トランスフォーメーションズ』中央大学出版部、2006年、687頁。

の国民国家の支配については、懐疑論者に近い点に留意すべきだろう。

(2)　ハーストとトンプソンの見解

ポール・ハーストとグレアム・トンプソンは共著 *Globalization in Question*（Polity Press）を一九九六年に出版し、その改訂第二版を一九九九年に出し、「懐疑論者」の立場を鮮明にしていた（前出拙稿「グローバル化と『帝国』」二九－三〇頁参照）。

当該箇所を掲げれば、以下のとおりである。「そもそもグローバル化をいかに把握すべきなのか。…この点についてヘルド編『グローバル化とは何か』（中谷義和監訳、法律文化社、二〇〇二年）に依拠して明らかにしておこう。／このなかで、G・トンプソンは、経済のグローバル化を確認するための操作的定義として、ここで取り上げるのは簡単な、欧州委員会の定義、すなわち『グローバル化とは、財とサービスの貿易や資本移動の、また技術移転のダイナミックな動きによって、違った国々の市場と生産が相互依存性を深める過程であると定義することができる。これは、新しい現象ではなくて、かなりの期間にわたる発展が続くなかで起こったことである』を紹介し、トンプソンは、この定義の特徴を『第一に、経済のグローバル化を市場と生産に結びつけ、貿易額と資本移動や技術移転が増大するなかで相互依存性が強まっている』こと、『第二に、グローバル化とは一定期間の持続的過程であって、必ずしも新しい事態とはみなしていない』こと、に留意している（邦訳、一〇二頁）。／そのうえで、彼は、『相互依存』と『統合』とを明確に区分し、（1）前者の例として貿易額の増加を、（2）後者の例として資本移動を、それぞれ統計資料によって検証する。その結果、（1）については、『あらゆる異議や注文を満足させるだけの統計指標など存在しない』とはいえ、『蓋然性のバランスからすると、表3－1［商品貿易の対GDP比率、ここでは表2－2のこと。邦訳、一〇七頁］によって得られた結論は変わらない』こと、さらに『貿易の相互依存性と開放性という点では、一九一三年よりも一九九〇年［代］中期の方が経済システムの開放が進んだとは言い難いことになる。この測定からすると、グローバル化は、金本位制期末以降、大きく進んだようにはみえない』（邦訳、一一二－一一三頁）と述べ、（2）については、『一九八〇年以降、海外直接投資は増加したにもかかわらず、一九九五年でみると、世界の資本形成（投資）の約五・二％でしかない。また、対内海外直接投資ストックは世界のGDPの一〇・一％にとどまっている（Hirst, P. Q. and Thompson, G. F.(1999) [*Globalization in Question : The International Economy and the Possibilities of Governannce* (2nd edn), Cambridge, Polity Press.]）。したがって、投資に必要な膨大な資金源は貯蓄のよう

表2－2　商品貿易の対 GDP 比率（輸出入合計・時価）　単位：％

	1913	1950	1973	1995
フランス	35.4	21.2	29.0	36.6
ドイツ	35.1	20.1	35.2	38.7
日本	31.4	16.9	18.3	14.1
オランダ	103.6	70.2	80.1	83.4
イギリス	44.7	36.0	39.3	42.6
アメリカ	11.2	7.0	10.5	19.0

出所：P. Hirst and G. Thompson, *Globalization in Question* (second edition), Polity Press, 1999, p. 27.

な国内資金源に求められなければならないことになる。…国際金融システムは、完全に統合されているという状態にはほど遠く、国内経済の有効な発展戦略のために海外から資本を過不足なく借り出すことができるほどには統合されていない」（邦訳、一二〇－一二二頁）と断定する。／ここには、『経済のグローバル化』の次元でさえ、極めて懐疑的なトンプソンの見解が明確に語られている。」

（1）トンプソンの批判第一点について

トンプソンは既述のように表2－2を示すことによって、国際システムとして、一九九五年の一九一三年比の貿易の相互依存性と開放性が進んだとは言えない、と反駁するのである。

（2）トンプソンの批判第二点について

批判第二点に限って言えば関連する論点が佐藤秀夫氏によっても提起されている(5)、佐藤秀夫氏はつぎのように述べている。「一九九〇年代半ばの長期対外投資残高の各国GDP比はイギリスが一倍、米日独仏が〇・三倍程度。二〇〇四年時点ではイギリスが一・七倍、フランスが一・三倍、ドイツが〇・九倍、日米が〇・五倍程度となっている。残高ではなく取引フローベースで見れば現在の国際資本移動の規模は当時［一九一四年］とは比較にならないほど大きくなっているが、主要投資国の対GDP比長期対外投資残高という基準でみると、当時の水準は一九九〇年代後半とほぼおなじだったといえる」（佐藤秀夫『国際経済―理論と現実』ミネルヴァ書房、二〇〇七年、一四二頁）。同書の評者鳴瀬成洋氏は、「長期対外直接投資残高の対GDP比という基準で見ると、一九一四年の国際資本移動の規模は一九九〇年代とほぼ同じであり、製造業では先進国間の相互投資が見られた」ほか、「国際資本移動に関する…興味深い事実が明らかにされている」と評価している（『世界経済評論』二〇〇七年一〇月号、六四―六六頁参照）。もちろん、佐藤秀夫氏の見解がトンプソン氏の提起していた問題点を事実上、肯定したものであることはいまや明らかであろう。

なお、ポール・ハースト亡き後、グレアム・トンプソンは D. Held et al., *Debating Globalization*, Polity Press, 2005（ヘルド編、猪口孝訳『論争　グローバリゼーション』岩波書店、二〇〇七年）にも「グローバリゼーションの限界」を執筆している。その狙いは、「完全なグローバル金融化」は米国と世界の他の国々との金融上の結びつきが弱まっている現状では実現できず、「［D・］ヘルドと［M・］ウルフの双方に、国際金融システムは持続可能なものではなく、来るべき危機によってヘルドの急進的改革主義とウルフの楽天的確信を揺るがすとの警告を発」するものである（D. Held et al., *op. cit.*, pp. 52. and 55.　前掲訳書、六一、六五頁）。

(3)　「グローバル化」と国民国家をめぐる論点についての若干の整理

グローバル化をめぐる「積極」説、「懐疑」説、「変容」説それぞれには、考慮されるべき論点が認められる。しかしながら、「積極」説についていえば、現代のグローバル化を国民国家をアクターとしては重視せず、超国家機構の進展をもって「国民国家の退場」と同一視したり、相対的に政治的、経済的な力を弱めつつあるアメリカを軍事的にもその覇権を失いつつあるとする見解であり、それらには大きな疑念を覚える。

他方、「懐疑」説については、「国民国家」が現段階でも経済の国際化の重要なアクターと位置づけている点をはじめ賛同できる見解が多い。ただし、商品貿易や直接投資といった限られた経済的指標の検討だけから、現代のグローバル化を従来から継続する単なる国際化として把握するだけでよいのかという論点が浮上するであろう。とりわけ、七〇年代半ば以降の金・ドル交換停止、変動相場制下における現代のグローバル化の進行はついに暴走する金融活動の実体経済水準への収斂傾向が大きく働き、二〇〇七年一二月の米国に始まり、世界経済は遅くとも〇八年第二・四半期からおしなべて景気後退に転換しつつある。つまり、九七年のアジア通貨危機を質的にも大きく超えて、金融派生商品が債務組成の証券化・再証券化商品取引にまで及んだ金融活動膨張の破綻が露呈した結果である。〇七年夏期以降の「サブプライムローン」問題（短期局面の区分としては、①〇七年八月、仏ＢＮＰパリバ証券が傘下のファンドを凍結し、格付け会社の杜撰な評価の下方見直しが公表されたことでこの問題が一気に表面化、②〇八年一月の投機資金の結果、再証券化商品の暴落と株式、穀物、金・鉄鉱石など資源価格の一斉暴騰、③〇八年春の英国ノーザン・ロックの国有化と米証券大手ベアー・スターンズの救済合併、④〇八年八月の「モノライン」と呼ばれる金融保証会社の経営悪化に加えて、米政府系金融機関（ＧＳＥ）の連邦住宅貸付抵当公社（フレディマック）と連邦住宅抵当金庫（ファニーメイ）の経営悪化や地方債などを元につくった「オークションレート証券」（ＡＲＳ）の不正販売の発覚、⑤〇八年九月の米証券大手四位のリーマン・ブラザーズの経営破綻（負債総額約六一三〇億ドルと推定）に端を発し、三位のメリルリンチのバンク・オブ・アメリカによる銀行業務継承・救済・合併、ついで米連邦準備制度理事会（ＦＲＢ）は米証券最大手と二位のゴールドマン・サックスとモルガン・スタンレーの銀行持ち株会社化を認め、他方株価暴落で経営破綻に陥っていた米保険最大手のアメリカン・インターナショナル・グループ（ＡＩＧ）を事実上の政府管理下に置き最大八五〇億ドルの融資を決めたが、これらに加えてビック３等救済のための七〇〇〇億ドルにのぼる公的資金の注入法発動に及ぶ）にある。そもそものサブプライムローン危機の発端は、ＣＤＯ（サブプライムなど住宅ローンを組み込んだ債務担保証券）～数次ＣＤＯの暴落であった。もちろん、根本原因は先行した住宅建設の低迷や住宅価格の下落という実体経済を無視した、債務組成の証券化商品取引という金融活動の乖離とのギャップにある（詳しくは、高田太久吉「資産証券化の膨張と金融市場」『経済』二〇〇八年四月号、および井村喜代子「サブプライムローン問題が示すもの」『経済』二〇〇八年六月号を参照）。

「サブプライム」関係の最終的な経済損失の見通しをとってみても、その規模は拡大し続け、世界経済全体では五五〇兆円との予測すら出ている。〇八年一月一日現在、〇八年半ば頃までの「損失総額」は約五六兆円との見通しが報じられており、一七日の米下院予算委員会でもバーナンキ米連邦準備理事会（ＦＲＢ）議長もその時点での焦げ付きを最大一〇〇〇億ドル（約一〇兆七〇〇〇億円）、今後五〇〇〇億ドル（約五三兆五〇〇〇億円）未満との見通しを証言していた。しかし、三月下旬、米証券大手ゴールドマン・サックスの見通しでは一挙に一二〇兆円に膨張し、ついでリーマン・ブラザーズが破綻後の九月二四日、ＩＭＦのストロスカーン専務理事は、世界の金融機関の抱える損失額が推定一・三兆ドル（約一三八兆円）に達するとの見方を明らかにした。翌二五日、米国史上最大の銀行破綻が生じた。米貯蓄貸付組合（Ｓ＆Ｌ）最大手のワシントン・ミューチュアルを連邦預金保険公社（ＦＤＩＣ）の管理下に置いたのである。経済損失の規模と範囲はさらに拡大しつつある。つぎのような状況も加わる。民間ヘッジファンドの投機活動からさらに進んで、新たにシンガポールのテマセク（七四年設立）やアブダビのＡＤＩＡ（七七年設立）など国家資本形態での「政府系投資ファンド」（ＳＷＦ）の資金供給規模がヘッジファンドのそれ（推計二四〇兆円）を大きく上回りつつある（推計三〇〇兆円）点を十分に考慮しなければならない（特集「ファンド全解明」『週刊東洋経済』二〇〇七年八月二五日号、東洋経済新報社、および重藤哲郎「国家ファンド　ヘッジファンドを超える三〇〇兆円資産が始動」『週刊エコノミスト』毎日新聞社、二〇〇七年一一月一二日臨時増刊号などを参照）。しかも、投機資金の移動は依然活発で、〇八年に入っても指標をなす各種数値は乱高下を重ねている。例えば、ニューヨーク商業取引所の原油市場では米国産WTI原油の先物価格が一時史上初の一バレル＝一〇〇・〇九ドル（一月二日）、一四七・二七ドル（七月一一日）に高騰したが、一二月には四〇ドル台割れとなっている。金相場も一オンス＝九〇〇・一〇ドル（一月一一日）、同一〇〇二・六〇ドル（三月一七日）の史上最高値を生みだし、信用不安が株式の暴落とドル減価を急速に進展させており、ここに至ってようやく三月二〇日に米財務省はUAEとシンガポール両政府との合意を基礎にSWFの情報開示・規制に乗りだした。これらの事態を「アメリカ型グローバリズムの終焉」と評する論調も登場してきたが、私見では「覇権国家」アメリカがこれらの動向を主導しており、「国民国家」は厳存していることは疑いないと考える。

それでは、「変容」説が妥当かと問われれば、一概に賛成というわけにはいかない。何よりも超国家機構の位置づけは「国民国家」のそれを凌駕しつつあると解しており、現代のグローバル化についても「積極」説に近いからである。また、「変容」説はヘルドにみられるように、現状では「懐疑」説に近く国民国家の役割を軽視していないとはいえ、国民国家の位置は彼の説く「グローバルな社会民主政」構想の展望のなかに据えられるという限定を帯びている。いっそうはっきりと、「国民国家」の厳存を説き続ける論者の代表として、エレン・メイクシンズ・ウッドの『資本の帝国』（Ellen Meiksins Wood, *Empire of Capital*, Verso, 2003. 中山元訳、紀伊国屋書店、二〇〇四年）を挙げておかねばならないだろう。「資本が必要とする蓄積のための条件や日常的な秩序を提供する『グローバルな統治』を遂行できる制度は、国民国家のほかには、まったく考えることもできない」（*Ibid.*, p. 141. 訳書、二二六頁）とすら述べている（なお、ウッドのこの著作をめぐるシンポジウムが *Historical Materialism*, volume 15, issue 3, 2007. に掲載されているが、多くの批判に対するウッドの回答はかなり長文のもので、類型化論を批判した資本主義の起源と動態的特殊性、資本主義の非歴史的解釈批判、グローバル資本と領域的国家との矛盾、資本主義内部の諸変化、フィナンシャリゼーション重視、ユニヴァーサル・キャピタリズムの提起などからなっている）。

3　蓄積レジームと福祉レジーム

第二次世界大戦後の世界秩序をどう把握するかは大きな理論的課題である。私は、すでに政治・経済・軍事面から総合的に捉える視点から、「パクス・アメリカーナ」という世界システムを重視した時期区分を行ってきた[6]。このどちらかといえば現状分析の方法は、「資本一般」の理論（近似的には「自由競争」資本主義論）、独占資本主義論、国家独占資本主義論という基本的・長期的な理論体系モデルといかなる関係にあるのか、このことを本節の課題としたい。

(1)　類型化の諸説

第二次世界大戦後における資本主義発展の段階認識ともかかわって、とくに先進諸国発展の国際比較を行うにあたって、資本主義の種差（タイプ）ないし類型の検出という課題設定は一定の意味をもつものだと考えられる。このような現代資本主義の類型化の考察は、これまでにも数多くなされてきた。

ここでは、これらのうちで、レギュラシオン派の最新の成果といわれるブルーノ・アマーブルの見解を紹介しよう[7]。その内容は、資本主義の五つの理念型を「市場ベース型経済（自由市場経済ないしアングロサクソン・モデル）〔新自由主義あるいは「市場ベース型」の資本主義モデル〕、社会民主主義型経済〔社会民主主義型モデル〕、アジア型資本主義〔アジア型モデル〕、大陸欧州型資本主義〔大陸欧州型モデル〕、南欧型資本主義〔「地中海型」モデル〕」として示している[8]（表2－3参照）。

表2-3　資本主義の5つの理念型

制度エリア	市場ベース型経済	社会民主主義型経済	アジア型資本主義	大陸欧州型資本主義	南欧型資本主義
製品市場競争	価格競争が極めて重要 製品市場における国家の非関与 市場（価格）シグナルを通したコーディネーション 対外競争と外国投資への開放	品質競争が極めて重要 製品市場における国家の高度な関与 市場シグナル以外のチャネルを通した高度なコーディネーション 対外競争と外国投資への開放	価格競争と品質競争がともに重要 国家の高度な関与 高度な非価格的「コーディネーション」 外国企業と外国投資からの保護は大 大企業の重要性	価格競争が適度に重要 品質競争の重要性が比較的高い 公共機関の関与 比較的高い非価格的「コーディネーション」 外国企業と外国投資からの保護は小	品質ベースでなく価格ベースの競争 国家の関与 非価格的「コーディネーション」はほとんどない 対外貿易と外国投資からは適度に保護 小企業の重要性
賃労働関係	低い雇用保障 外的フレキシビリティ：一時的労働依存の容易さおよび雇用・解雇の容易さ 積極的雇用政策の不在 守りの労働組合戦略 賃金交渉の分権化	中程度の雇用保障 コーディネートあるいは集権化された賃金交渉 積極的雇用政策 強い労働組合 協調的労使関係	大企業内での雇用保障 制限された外的フレキシビリティ 二重労働市場 年功序列賃金政策 協調的労使関係 積極的雇用政策の不在 強い企業別労働組合 賃金交渉の分権化	高水準の雇用保障 制限された外的フレキシビリティ 雇用の安定 紛争的な労使関係 積極的雇用政策 中程度に強い労働組合 賃金交渉のコーディネーション	雇用保障（大企業）は高いが二重構造がある：一時的・パートタイム労働の雇用における「フレキシブル」なフリンジ 労使関係におけるコンフリクトの可能性 積極的雇用政策の不在 賃金交渉の集権化
金融部門	少数株主に対する高い保護 所有集中度の低さ 機関投資家が極めて重要 活発な企業コントロール市場（乗っ取り・M&A） 金融市場の高度な洗練化 ベンチャー・キャピタルの発達	所有集中度の高さ 機関投資家の高い割合 企業コントロール市場（乗っ取り・M&A）の不在 金融市場の非洗練性 金融取引は銀行に集中	非有力株主に対する低い保護 所有集中度の高さ コーポレート・ガバナンスにおける銀行の関与 企業コントロール市場（乗っ取り・M&A）は不活発 金融市場の非洗練性 ベンチャー・キャピタルの制限された発達 金融取引は銀行に集中	非有力株主に対する低い保護 所有集中度の高さ 企業コントロール市場（乗っ取り・M&A）は不活発 金融市場の洗練度は低い ベンチャー・キャピタルの適度な発達 金融取引は銀行に集中 企業の投資資金調達における銀行の重要性	非有力株主に対する低い保護 所有集中度の高さ 銀行ベースのコーポレート・ガバナンス 企業コントロール市場（乗っ取り・M&A）は不活発 金融市場の洗練度は低い ベンチャー・キャピタルの制限された発達 金融取引は銀行に集中
社会保障	社会保障の低さ 国家の低い関与 貧困緩和を重視（社会的セーフティネット） ミーンズテストによる給付 民間基金の年金システム	高水準の社会保障 国家の高い関与 公共政策や社会において福祉国家が極めて重要	低水準の社会保障 貧困緩和のための支出 福祉における公的支出の低い割合 GDPにおける福祉支出の低い割合	高度な社会保障 雇用ベースの社会保障 国家の関与 社会のなかで社会保障が極めて重要 保険料によって賄われる社会保険 賦課方式の年金制度	中程度の社会保障 貧困緩和や年金を重視する支出構造 国家の高い関与
教育	低い公的支出 極めて競争的な高等教育システム 均質的でない中等教育 脆弱な職業訓練 一般的技能を重視 生涯学習	高水準の公的支出 高い進学率 初等・中等教育の質を重視 職業訓練の重要性 特殊的技能を重視 再訓練の重要性 生涯学習	低水準の公的支出 高い進学率 中等教育の質を重視 企業ベースの訓練 科学・技術教育の重要性 特殊的技能を重視 脆弱な企業外の生涯学習	高水準の公的支出 中等教育における高い進学率 均質的な中等教育を重視 発達した職業訓練 特殊的技能を重視	低い公的支出 高等教育における低い進学率 脆弱な高等教育システム 脆弱な職業訓練 生涯学習の不在 一般的技能を重視

出所：Bruno Amable, *The Diversity of Modern Capitalism,* Oxford University Press, 2003, pp. 104–106.　山田鋭夫・原田裕治ほか訳、ブルーノ・アマーブル『五つの資本主義』藤原書店、2005年、137頁。

(2) ボブ・ジェソップの提起

ついで、レギュラシオン派とは「親和的」であるとはいえ一定の距離を置くようにも思われるボブ・ジェソップの見解、とりわけ彼が提起する現代資本主義の蓄積レジームと調整様式の鍵的要素について検討しておこう(9)。

ジェソップはまず、「資本主義を生産の一様式」であり、「調整の対象」だと設定したうえで、「資本蓄積・社会的再生産・規模とガヴァナンスの点で可変的な国家の形態と機能」を「四つの次元」(第一の次元は経済政策の分野、第二は社会政策の分野、第三は上記二組の活動の規模、第四は資本主義的収益性と労働力の再生産という点で、主要メカニズムが調整ないしガヴァナンスされる諸様式の統一)から分析する(Cf. *ibid.*, pp. 53–54. 七二－七三頁参照)。そして、ジェソップは、「戦後国家の典型的モデル」を「アトランティック・フォーディズム」の経済体制(アメリカ、カナダ、北西ヨーロッパ、オーストラリア、ニュージーランド)に求めている。彼によれば、フォード主義的蓄積レジームはアメリカ型産業パラダイムとして北西ヨーロッパに拡大し、後二者もこの時期にイギリスのヘゲモニー下の経済的・政治的ブロックに入り、またアメリカ軍事同盟の一員となったからだとしている(Cf. *ibid.*, p. 55. 七九頁参照)。そこで、「アトランティック・フォーディズムとは、簡潔には、言説的・制度的・実践的にケインズ主義的福祉型国民的国家(KWNSと略記)として具現した固有の調整様式によって成立しうる大量生産と大量消費の自己中心的好循環を基礎とした蓄積レジームであると規定できる」(*Ibid.*, p. 55. 七九頁)と述べるのである。さらに、五つの視点(労働過程、蓄積レジーム、調整様式、社会的編成様式、そして社会構成体)からフォーディズムを分析し、このKWNSのパターンは、「大量需要の一般水準が生産性に即して上昇しているかぎり、労働市場の二重化状況や組合をもたない企業や部門を排除する必要はない。その方向がアトランティック・フォーディズムの経済的・政治的空間の枠内にあるかぎり、国際通貨・貿易・投資・エネルギー・安全の各レジームは、基本的に、アメリカのヘゲモニー下で国民経済の

表2－4　ケインズ主義的福祉型国民的国家（KWNS）

固有の経済諸政策	固有の社会諸政策	基本的規模（あるとして）	市場の失敗を補完する基本的手段
完全雇用、需要管理、大量の生産と消費を支えるインフラの供与。	団体交渉と国家による大量消費型規範の一般化、福祉権の拡大。	中央と地方を対象として経済政策と社会政策が作成されており、国民的規模が相対的に優位である。	市場と国家が「混合経済」を形成している。国家には市場の失敗を補完する役割が期待される。
ケインズ主義的	福祉型	国民的	国家

出所：Bob Jessop, *The Future of the Capitalist State,* Polity Press, 2002, p. 59.　中谷義和監訳、ボブ・ジェソップ『資本主義国家の未来』御茶の水書房、2005年、85頁。

フォード主義的成長を支え、資本主義的世界市場における国際的な貿易と投資の規則的な拡大を促す」（*Ibid.*, p. 57. 八二頁）ことに帰結し、また「生産レジームと調整様式（KWNSを含む）の構造的一対化と同時進化が確立されることで、経路依存的な（だが、決定論的ではない）構造的統一性が成立し、危機の諸形態のみならず危機管理の方向も形成されることになった」（*Ibid.*, p. 58. 八三頁）と主張している。

こうして、表2－4ケインズ主義的福祉型国民的国家（Keynesian welfare national state、略称が既出のとおりKWNS）が明示されることになる。

KWNSには「多様な形態」があるが、ここではその「固有の特徴」に焦点を据えたものとしたうえで、つぎの四点を指摘している。第一は資本蓄積の内的・外的条件を供与し、もって私的資本の収益性の諸条件を創造する点で「それなりに閉じられた国民経済において完全雇用を期し、主として需要サイドの管理をもって、その実現を目指したという意味ではケインズ主義的であった」（*Ibid.*, p. 59. 八四頁）。第二と第三は、「福祉型」と「国民的」にかかわるが、「KWNSは、領域型国民的国家が、規模を異にしながらも、ケインズ主義的福祉政策を展開し唱道する第一義的責任を果たしたという点では、国民的であった」（*Ibid.*, p. 60. 八五頁）。第四は、「国家の諸機関をもってフォード主義的蓄積レジームの市場諸力を大きく補完し、また、市民社会の諸制度内において支配的な役割とし

表2-5　シュンペーター主義的勤労型脱国民的レジーム〔SWPR〕

経済政策の固有の形態	社会政策の固有の形態	基本的規模（あるとして）	市場の失敗を補うための基本的措置
オープンな経済におけるイノベーションと競争力が焦点となる。KBEを高めるために供給サイドが強調されることになる。	社会政策は経済政策の拡大概念の下位におかれる。「社会賃金」に対する下方圧力と福祉受給権に対する攻勢。	国民的規模を犠牲とした規模の相対化。新しい基本的規模を確立するための競争、だが、国民的（諸）国家の役割の継続。	市場と国家の失敗をただすための自己編成的ガヴァナンスの役割の強化。だが、国家は、メタガヴァナンスの行使という点で、役割を強める。
シュンペーター主義的	勤労型	脱国民的	レジーム

出所：Bob Jessop, *op. cit.,* p. 252.　前掲訳書、357頁。

たという点では国家主義的であった。したがって、『混合経済』が経済的・社会的・政治的調整の中心に位置していた」（*Ibid.,* p. 61. 八六頁）としている。

しかしながら、このKWNSは、一九七〇年代と八〇年代に危機に見舞われる。フォーディズム「内の」経済危機の典型的な現象はスタグフレーションの深化であり、フォード主義「自身の」危機は典型的には危機管理メカニズムの機能不全であった（Cf. *ibid.,* pp. 80–81. 一一三頁参照）。その結果、（1）ケインズ主義的完全雇用からシュンペーター主義的経済介入への移行傾向、（2）社会的再生産の福祉主義的様式から勤労主義的様式への移行開始、（3）経済外的なものの経済的・社会的機能による規制という点で、国民的規模の優位から規模の脱国民的相対化への移行傾向がみられる、（4）混合経済における市場の失敗を補うための国家介入の優位から公私間協力が強調され、また、ネットワーク型経済における国家と市場の失敗を補うために自己編成型ガヴァナンス・メカニズムへの移行傾向が起こっている（Cf. *ibid.,* p. 248. 三五二頁参照）。そこで、ジェソップは理念型としての、シュンペーター主義的勤労型脱国民的レジーム（Schumpeterian workfare postnational regime、略称SWPR、なお workfare の訳語としては、「勤労福祉」ではなく、「勤労」でよいと考え表の名称も修正した）を考案する（表2－5参照）。

ただし、ジェソップは慎重にも、理念型としてのSWPRの性格規定について、つぎのように断っている。「SWPRは現代資本主義の調整様式の鍵的要素であることを示すことになるが、だからといって、資本主義とは別の生産様式の詳細な青写真を提示することを意図しているわけではない」①素描であれ、［知識基盤型経済のグローバル化ないしSWPRの、いわんや、資本主義全体の］対案の［構想ないし］基礎を提示することは控える。②そのためには、「全世界市場と生活世界を包括」する必要があり、③「資本主義の政治経済をその政治的生態と結びつけ」る包括的批判が必要である。とくに、「国家権力の軍事的諸次元」「国家権力と地政学や地経済学との関係」も指摘する必要がある。④対案は頑迷な理論家によって権威的に言い渡されるのでなく、「集合的・民主的に展開され、練り上げられるべきもの」としている（Cf. *ibid.*, pp. 247–248. 三五一－三五二頁参照）。

4　「世界大の」国家独占資本主義か

国家独占資本主義の概念については、従来から多くの見解が一国内の資本主義の構造解明に適用されてきた。もちろん、この場合の「国家」とは、いわゆるネーション・ステイトを指し、領域的国家を意味しており、安全保障の権限や徴税権を根拠とした財政政策を最も重要な基本的指標としてきた。しかし、一九七〇年代中葉を画期とする「現代資本主義の変質」（井村喜代子氏の表現を借りれば、「国際的協調体制のもとでの国家の大規模かつ恒常的な介入」[10]）を含めて、これまでみてきた世界的連関をもつ現代資本主義の構造を理解するためには国家独占資本主義概念はますます威力を発揮すべきものと考える。一方ではIT技術革新や金融活動を拡散しつつ、他方では社会保障縮小や格差拡大を世界的に推進しつつ、自国独占資本の利潤を最大限保証しようとする国家の経済構造へのビルトインが恒常化して

表２－６　全政府支出のGDPに占める割合（名目ベース）欧米主要国・日本（1880－1999年）

	1880年	1913年	1938年	1950年	1973年	1992年	1999年
フランス	11.2	8.9	23.2	27.6	38.8	51.0	52.4
ドイツ	10.0	17.7	42.4	30.4	42.0	46.1	47.6
日本	9.0	14.2	30.3	19.8	22.9	33.5	38.1
オランダ	n.a.	8.2	21.7	26.8	45.5	54.1	43.8
英国	9.9	13.3	28.8	34.2	41.5	51.2	39.7
米国	n.a.	8.0	19.8	21.4	31.1	38.5	30.1

出所：アンガス・マディソン『経済統計で見る世界経済 2000年史』金森久雄監訳、柏書房株式会社、2004年、159頁および同『世界経済の成長史1820～1992年』同監訳、東洋経済新報社、2000年、81頁から作成。

いるというのが最も大きな理由である。だとすれば、北原勇氏[11]や小松善雄氏[12]のような見解は十分に考慮に値すると言わなければならない。

もちろん、国家独占資本主義論の内部構成には、さきにみたボブ・ジェソップが区別したような蓄積レジームと福祉レジームの組合せの変容が先進資本主義諸国の経済政策の歴史的展開過程のなかでの種差を生み出すことは十分に考慮しなければならないだろう。例えば、「パクス・アメリカーナ」の形成・確立期、相対的安定期には、アメリカ経済そのものが単に「ケインズ主義的福祉型国民国家」であったのみならず、冷戦体制下の軍拡競争を推進する莫大な国家支出を恒常化したのであり、新自由主義的経済政策に転換する「パクス・アメリカーナ」の動揺期以降も「オッフェの逆説」とともに巨額の軍事支出もビルトインされたままである。

国家独占資本主義論を支える最も重要な指標の一つは、表２－６に示すような国民経済内部に占める政府支出（中央政府と地方政府）の増大傾向であろう。

おわりに

冒頭にも記したように山田鋭夫氏は、資本主義の段階論＝収斂性に比べてなお類型論＝多様性を重視している。もちろん、旧来にはない形での段階論の必要にも言及してはいる。「新しい歴史認識は…『趨勢転換論』[Polanyi]――一九世紀中葉以来の市場化的趨勢、一九三〇年代ないし戦後期以来の制度化、二〇世紀末葉からの再度の市場化―のうちにあ」り、「旧マルクス派的な段階的高次化論」や「新古典派的な最適収斂論」ではないとされる（山田鋭夫、前掲「資本主義社会の収斂性と多様性」二一頁）。その詳細は未展開だが、果たして、このような経済学的認識は正しいのであろうか。

むしろ、現代資本主義についての、つぎのような「国民国家」の厳存を前提にしたうえでの理論的な重層関係の認識が必要であろう。すなわち、基底（段階認識）としての国家独占資本主義論を土台に据え、戦時国家独占資本主義期、戦後のケインズ主義的国家独占資本主義期、ついで新自由主義的国家独占資本主義期の三期に区分するとともに（「蓄積レジーム」と「福祉レジーム」の結合様式の相異）、さらに現実的な世界経済秩序に関する戦後「パクス・アメリカーナ」の変遷を明確にすべきだ、というべきであろう。

（1）　このような私の課題設定は、山田鋭夫氏のつぎの論文の問題意識と重なる。ただし、私の解明の方向性は山田氏のそれと正反対のようではあるが。山田鋭夫「資本主義社会の収斂性と多様性」、山田・宇仁・鍋島編『現代資本主義への新視角』昭和堂、二〇〇七年。

（2）　本稿の脱稿後、中谷義和氏の力作「グローバル化と現代国家―ひとつの視座」（『立命館法学』第三一四号、二〇〇七年一二月）に接することができた。この労作では、ここで評した不明確な論点が相当程度明確なものとされている。顕著な論点は、現代のグローバル化のもとでも国民国家の重要な位置づけが中谷氏自身の見解としていっそう明確にされているところにある。中谷氏は、この論文で、前提的な論理的枠組みとして「国家が領域性と国民性を免れえない理由」を①生産過程と生産諸関係は、また、流通と消費の関係と過程は空間性と時間性を離れては成立しえない、②こうした時間と空間における生産と消費は一定の定住性と文化的共通性をもった人間集団（民族ないし諸民族）を基盤とせざるをえない、③こうした空間的・時間的存在を制度的・権力的に総括する統治の主体ないし組織がウェーバー的意味の人格的・機構的・機能的・空間的実体として具象化し、統治主体（諸統治機構の総体）が「国家」とみなされ、あるいは「政府」が「国家」であることを権威的に自称することになる、③個別の国家は、「国家の理性」において、相互に対立と調整を迫られることになる、の四点に整理している（前掲誌、一八五―一八六頁参照）。そのうえで、つぎのように述べている。「こうみると、『領域主権型資本主義国家』とは所与の空間的・歴史的生産諸関係（資本主義的経済）を排他性の原理（『国家主権』）と権力関係において包括した複合的概念であり、こうした総体を『秩序』のうちにとどめおくためには、なんらかの『国家性（statehood）』が求められることになる。そして、国際政治経済は、こうした『国民（的）国家』の世界空間的諸関係であり、相互作用の諸関係でもある」（一八六―一八七頁）。そこで、「『グローバル化』とは、空間的には生産諸関係の超領域的ないし脱領域的再編過程のこと」であるが、「一般的には、圧倒的多数の人々は所与の空間性を離脱している状況にはなく、『国民』として、いずれかの国家に帰属している」のであり、「少なくとも現局面においては国家そのものの〝退場〟ないし『無力化』が起こっていることにはならないし、いわんや『グローバル国家』が生成しているわけではない」（一八七頁）。またいう。「『新自由主義』はＯＥＣＤや世銀などの国家間機構を、またトライラテラル委員会…などの国際的コンセンサス形成機関を中心とした世界的な企画と戦略として浮上している」が、「資本の超国民的流動性をもって生産の空間的制約性を無視するわけにはいかないし、法制機能と財政・金融政策や軍事・治安政策は基本的に国家の領域に属している」（一九一頁）。したがって、「一応の結論」は明快である。「グローバル・ガヴァナンスのシステムの再編が繰り返されざるをえないことになるとしても、その基盤となりうる国民国家がグローバル化のなかで解体するという状況にはないといえる」（一九三頁）。

（3）拙稿「グローバル化と『帝国』」『中央大学経済学部創立一〇〇周年記念論文集』中央大学経済学部、二〇〇五年一〇月参照。

（4）D. Held & A. McGrew, D. Goldblatt & J. Perraton, *Global Transformations*, Polity Press, 1999. 邦訳（訳者代表：古城利明、臼井久和、滝田賢治、星野智）、Ｄ・ヘルド、Ａ・マグルー、Ｄ・ゴールドブラット、Ｊ・ペラトン『グローバル・トランスフォーメーションズ』中央大学出版部、二〇〇六年。なお、すでに言及したように、中谷義和氏は前叢書所収論文のなかで事実上、この原著のかなり詳細な検討と積極的な評価を与えている。なお、今回の邦訳書に付された「日本語版への序文」（二〇〇五年一〇月一四日付、Ｄ・ヘルドとＡ・マグルーが執筆）にはより明確なメッセージが含まれている。

(5) ちなみに、他の諸点とは、「(2) 一九八〇年代以降、資本自由化が進んだことなどにより証券投資が飛躍的に増加したが、グロスの証券投資はネットのそれの数百倍に及ぶのであり、収支尻だけでは現実は捉えられない。(3) 一九八二～二〇〇五年において、アメリカ多国籍企業の直接投資の半分は収益の再投資によるものであり、直接投資から生じる配当・利子所得に内部留保を加えた投資所得は、直接投資額を上回っている。(4) 一九九〇年以降、対米投資残高は米国の対外投資残高に匹敵するが、諸外国の対米直接投資の収益率は、米国の対外直接投資の収益率の三分の一にすぎない。このような低収益率にもかかわらず諸外国が対米直接投資を行うのは、貿易摩擦のために商品輸出によっては難しい、巨大な米国市場のシェアの確保を実現するためである(第七章)。このような豊かな現実に対して、国際資本移動の理論(第六章)は淡白だという印象を否めない。」(同誌、六五－六六頁)と鳴瀬氏は述べている。

(6) 拙稿「EC統合の理念と現実」中央大学社会科学研究所編『現代国家の理論と現実』中央大学出版部、一九九三年、二六七頁で指摘した「パクス・コンソルティス」の展望については、客体としての資本主義システムの発展傾向の見通しであることに不分明なところがあったが、「グローバル化と『帝国』」『中央大学経済学部創立一〇〇周年記念論文集』中央大学経済学部、二〇〇五年の四四頁で検討課題とし、理論と現状分析の関係として捉え返し、その後「世界経済システムの転換と日本資本主義」(一井昭・鳥居伸好編著『現代日本資本主義』中央大学出版部、二〇〇六年)でその細分化した対象的時期区分として「ネオ・パクス・アメリカーナ」概念を提示した。なお、つぎの文献をも参照されたい。拙稿「ポスト冷戦下の『地域主義』とEC統合」経済理論学会編『戦後世界システムの転換』(経済理論学会年報第三一集)、青木書店、一九九四年。この報告のフルペーパーは、拙稿「『ポスト冷戦』下の世界システムとEC統合」『経済学論纂』第三五巻第一・二合併号、一九九四年三月に掲載された。

(7) Bruno Amable, *The Diversity of Modern Capitalism*, Oxford University Press, 2003. 邦訳(山田鋭夫・原田裕治ほか訳)、ブルーノ・アマーブル『五つの資本主義』藤原書店、二〇〇五年。B・アマーブルの『五つの資本主義』については、レギュラシオン派の内部ではそれまでの Michel Albert, *Capitalisme contre capitalisme*, Editions du Seuil, 1991.(M・アルベール『資本主義対資本主義』久永浩之監修、小池はるひ訳、竹内書店新社、一九九二年)や Robert Boyer, *Une theorie du capitalisme est-elle possible?*, Odile Jacob, 2004.(R・ボワイエ『資本主義VS資本主義』山田

鋭夫訳、藤原書店、二〇〇五年）で示されていた資本主義の類型化論を精緻化したとの評価がなされているようである。

（8） ブルーノ・アマーブル、前掲訳書、一三六－一三七頁参照。ただし、「日本の読者へ」（二〇〇五年一月執筆）では上記五類型について多少の名称変更がある。新名称は〔 〕内に示した。アマーブルのこの著作は、成長の様式には制度が重要であるとの基本的仮説から出発し、「経済モデル」を政治的均衡としての制度とこれに関連する補完性の特定のセットとして把握し、五つの制度エリア（製品市場競争、賃労働の関係と労働市場制度、金融仲介部門とコーポレート・ガバナンス、社会保障と福祉国家、教育部門）を考察し、一九九〇年代のＯＥＣＤ二一カ国の実証分析（クラスター分析）を行った結果、資本主義の多様化を五つの理論的類型化論として検出したものである（主として「序説」参照）。また、終章「大陸欧州型資本主義はどこへ行く」には、必ずしもパターン化しえない、それゆえに政治分析と制度エリアとの関連についての興味ある現状分析的論述を見出しうる。とはいえ、アマーブルもまた、類型化論が位置づけられ支えられるべき「資本主義の一般理論」や「歴史的・論理的段階規定」を欠落させたままである点にレギュラシオン理論の最大かつ共通の欠陥を残しているように思われる。

（9） Bob Jessop, *The Future of the Capitalist State*, Polity Press, 2002. 中谷義和監訳、ボブ・ジェソップ『資本主義国家の未来』御茶の水書房、二〇〇五年。ジェソップは序章で、本書の目的を「現代資本主義における資本主義国家類型の研究アジェンダを設定するための理論的基礎の精確化を期す」ことだと述べ、「四つの考察モデル」に関連して方法的にはレギュラシオン派（とくにＲ・ボワイエ）のほかに、やや批判的にはＫ・マルクス、肯定的にはＡ・グラムシとＮ・プーランザス、積極的にはＮ・ルーマンを挙げている。なお、ジェソップは『国家権力』と題する労作を二〇〇七年に公刊した（Bob Jessop, *State Power*, Polity Press, 2007.）。この著作では、前著における「ＫＷＮＳ」の興隆と衰退から「ＳＷＰＲ」への傾向的置換考察のモノグラフとは対照的に、より一般的なタームで戦略関係的アプローチ（ＳＰＡ）の理論的一般化の展開に立ち返っている（Cf. *ibid.*, pp. 244–245.）。

（10） 井村喜代子「『現代資本主義の変質』とその後の『新局面』」『経済』二〇〇七年一月号、一九頁。

（11） 北原勇氏は、遅くとも一九九五年には、つぎのように問題提起している。「以上にみた国家独占資本主義の再編の方向性と内容は全体として、客観的には、世界規模での経済外的な公権力の構築とそれによる経済への介入が求められていることを示すのだといえよう」。もっとも、この北原氏の優れた着想をさらに精緻化するためには、「国民国家」論の展開が望まれる（例えば、ジェソップのいうNation-StateからNational-Stateへの展開や多国間ガヴァナンスの位置づけなど）。「〝世界大の国家独占資本主義〟（「冷戦」下ではじまっていた国家の変質の一層の進展、重層的国家編成、EUが一つのモデル）の構築が、それがいかに困難であろうとも模索されていく時代になったといってもよい。もちろんそれは、先進諸国間の利益対立、民族主義や地域主義との葛藤のもとでの果てしなき模索と見なければならない。この点の見通しは当面のところきわめて不透明である。」北原勇「現代資本主義分析の方法と課題」経済理論学会編『戦後五〇年』年報第三三集、青木書店、一九九六年、一七－一八頁、北原勇・伊藤誠・山田鋭夫『現代資本主義をどう視るか』青木書店、一九九七年、三七－三八頁。なお、後者では、前者の文言上の若干の修正が認められる（つぎの右線部は挿入箇所。まさに〈世界大の国家独占資本主義〉、…モデル）ともいうべきものの構築、つぎの右線部は削除箇所。先進諸国間）が他はまったく同文である。

(12)　小松氏は、細部の展開はなされていないが、「二一世紀初頭、資本主義はケインズ型国家独占資本主義から市場原理主義にたつ新自由主義的国家独占資本主義へと転形・変容している」と述べている。小松善雄「近代株式会社の本質」大谷禎之介編『二一世紀とマルクス』桜井書店、二〇〇七年、一一九頁。なお、これに先だって小松氏は、国家独占資本主義の局面（フェーズ）の第一期（ケインズ型の国家独占資本主義）と第二期（新自由主義的・新保守主義的な国家独占資本主義）に区分している（小松善雄「世界同時不況の現局面をとらえる視点」『経済』二〇〇二年二月号、二七－二八頁参照、および同「現代資本主義国家にとって国家の役割はどうなったか」『経済』二〇〇四年五月号、二三頁参照）。

第三章　グローバル化と現代国家

中谷義和

はじめに

『帝国論（*On Empire*）』（二〇〇八年）において、ホブズボームは、二一世紀に至って、アメリカは〝世界帝国〟の復活を夢見ているが、これは世界が不安定な状況にあることを背景としているとする。そして、その要因として（一）グローバル化の加速化、（二）戦後の国際的権力バランスの崩壊、（三）主権型国民国家の国内コントロール力の機能低下、（四）戦争と内乱や地球温暖化と伝染病の蔓延などによる破局的兆候という四つの現象を挙げるとともに、「世界は超国民的《スプラナショナル》ないし国民横断的《トランスナショナル》諸問題について超国民的対処を求める方向を強くすることになったと思われる」と述べている。(1)

近代における「グローバル化」の波動には、いくつかの歴史的局面があったといえるが、(2)現代のグローバル化とは、一般的には、「情報技術革命」を媒介としてコミュニケーションの時間が技術的に圧縮し、即時性と同時性を強めることで、空間的には経済社会・政治諸関係の国境横断的・超国境的連鎖が深化していることを指している。これは社会的時空間の規模の組替えを、いわば生活空間と社会文化的実践空間の変化を意味し(3)、経済社会諸関係の脱国境型連接化や相互依存関係が深化しているということであり、そのかぎりでは個別の社会単位のグローバルな連鎖化の過程を含意していることになる。だが、それが直ちに世界的規模の一元的同質化を、いわんや国民国家の解体の過程を意味していることにはならない。というのも、政治の運動は統合の力学の反作用として、社会的には個別性の認識を覚醒することで対抗運動を呼ぶだけでなく、経済地理的にはリージョナル化と三地域化《トライアディゼーション》やローカル化と、また、経済社会の再編や地域間の格差と分極化とも結びつくからである。現代のグローバル化は「情報技術革命」を媒介とした「時間」と「空間」の〝圧縮〟と〝拡延〟の過程であるだけに、「規模」の組替えと再接合を呼びつつ、地球的レベルの多形態的現象として浮上していることになる。

「グローバル化」という言葉をめぐっては、それが「何かということ」(被説明項)と、この言葉で「何を説明するかということ」(説明項)という問題が問われ続けているが、この言葉が一九八〇年代に登場しているように、経済的には貿易と資本のフローの障壁を低くすることで国際分業を再編し、「世界市場」を構築しようとする新自由主義的経済戦略を背景とし、資本主義システムの世界的再構築の企図と一体化しつつ浮上している。ＯＥＣＤ諸国がこの戦略に深くかかわるなかで地域型経済統合や越境型経済統合が、さらには、経済システムの国際的連鎖が深まることになった。この脈絡において多国型の政府間レジームや国民国家横断型の国際諸機関が族生することになったが、多様な対抗傾向や脱国民的規模の市民運動を呼ぶことにもなった。グローバル化とは、こうしたグローバルな傾向と対抗傾向の複合的運動の総体であり、その力学が、なお、作動している「過程」概念にほかならない。この脈絡からすると現代は「グローバル化」の時代といえるだけに、グローバル化の規模や「国家」の位置と形状などをめぐって多様な議論が交差している。こうした理論化の作業の整理にも多様なものが認められるが、ひとつの整理として、(一)

「超グローバル主義テーゼ（hyperglobalist thesis）」、（二）「懐疑主義テーゼ（sceptical thesis）」、（三）「複合的グローバル化テーゼ（complex globalization thesis）」、（四）「新制度主義テーゼ（new institutionalist thesis）」、（五）「理念主義的グローバル化テーゼ（ideational globalization thesis）」という類型化論を挙げることができる(4)。この整理に従えば、（一）と（二）は経済のグローバル化の規模に視点を据え、（三）はグローバル化の諸要因の複合性を指摘するとともに、政治社会学的アプローチを試みているものと、また、（四）はグローバル化と国内制度との連関分析を、（五）はグローバル化の推進主体の理念分析を試みているものといえよう。すなわち、（一）は商品・資本・労働・情報の、いわば資本主義的生産関係ないし資本循環の「脱国境化」のなかで「地理的区分の解消」が起こっているとし、その背景として国家が企業減税や関税の低減などをもって国際資本の吸引力を不断に創出せざるをえないという国境障壁の「引き下げ競争」のなかで「国民国家の後退」を呼ばざるをえないとする(5)。これにたいし（二）は貿易と投資のフロー水準は第一次大戦前ほどには開放されていないし、その構造も〝トライアド〟地域に集中していることに注目することで、国際経済は、なお国民経済を中心としているし、GDPに占める政府支出の割合にも高いものがあるだけに、政治的にも経済的にもグローバルな構造にはないとする。また（三）は現局面がグローバル化の「過程」にあり、その様態は経済レベルにとどまらず政治的・社会文化的レベルにおける変化と複合的に結びついているといえるが、だからといって「国家」が崩壊しつつあるわけではなく、その権力が構造的に〝変容〟しているにすぎないとする。そして（四）はグローバル化への対応とその推進に占める国内〝制度〟ないし〝機構〟の契機を重視し、経済・社会問題への政府介入の余地の大きさを指摘するとともに、資本主義諸国には市場自由主義的レジームと社会民主的レジームへの分岐の傾向が認められるとする。そして（五）は社会と政治の変化に占める「理念（idea）」を重視する立場から、政策形成に占める理念ないし言説の役割が重要であるとし、グローバル化という「言説」の「脱神秘化」

を期している。

この類型論だけからみても、グローバル化をめぐる議論は多様であるといえる。だが、グローバル化の規模と軌跡の点では論点やパースペクティブを異にしつつも、社会経済の脱国民国家的規模の連関化が強まっているということについては、とりわけ、世界市場の統合化のスピードには歴史的類例を見ないものがあるという点では認識の共有を認めることができる。これは、主要企業の多国籍的規模の水平的・垂直的分業の深化と結びついて、経済社会関係の脱国境型相互依存関係の連鎖の深化を呼ぶことになったことを意味している。この点で、グローバル化と経済の「多国籍化」とはパラレルな関係にあるが、現局面のグローバル化は、経済のレベルにとどまらず、政治・社会文化のレベルにおいても相互連接化の変化を呼んでいるといえる。経済社会関係の脱領域化のなかで脱国民国家型市民社会がグローバルに生成してもいる。これは、こうしたグローバル化状況のなかで国家がどのような位置を占め、あるいは外的〝圧力〟にどのように対応しているかということと、また、こうした状況に占める「言説」をどのように理解すべきかということと結びつくことになる。さらには、リージョナルな機構を含めて国際機構や国際レジームが役割と機能を強くするなかで多様なグローバル・ガヴァナンス論も浮上しているだけに、国家とのかかわりにおいて、これをどのように位置づけるとともに、課題のグローバル化のなかで、どのような視点から民主的で実効的なガヴァナンスを展望すべきかという課題とも結びつくことになる。こうした論争と課題は、歴史としての現代が「グローバル化」の時代にあり、ひとつの転換期にあることの反映にほかならない。また、この脈絡において、人々の存在に占める「歴史性」と「社会性」と並ぶ「第三の空間（third space）」として「生活空間」の概念を挙げるとともに「空間性」の意味を再認識し、三者の複合的パースペクティブを構築すべきであるとも指摘されている(6)。

経済のグローバル化は一九七〇年代に明示的な趨勢となりだし、社会主義世界の崩壊の外的要因となっただけでなく、一九八〇年代以降に急速な展開を見ることで、いわゆる途上諸国をも巻き込んで資本主義経済と世界経済の位階的再編を呼ぶことにもなった[7]。こうした再編過程において、一九九四年のメキシコ、九七年のアジア、九八年のブラジルといった一連の経済危機が起こっている[8]。これは、金融資本の国際化を、また水平的・垂直的国際分業体制の複合的構築の企図と力学を背景としている。現代のグローバル化を「歴史の新局面」であるかどうかという点では意見の対立が認められるにせよ、歴史的には国民経済や国民国家の相互関係は程度と形態を異にしつつも、また、協調と分裂や併合と自立の運動を繰り返し、順向と逆向ないし傾向と対抗傾向を含みつつも、常に、何らかの「相互連関性」のなかにあったといえる。こうした事情に鑑みれば、既存のシステムの統合がグローバルとリージョナルのいずれのレベルで深化しているかという点で論争があるとしても、現代のグローバル化は、「相互依存関係」の脱国民国家化の方向を強くしていることに求めうる。国民経済や社会の相互連鎖が深化し急激な再編過程にあり[9]、それだけに、世界秩序の形状がグローバルな変動の過程にあるという点では、現代は、ひとつの「転換期」にあるといえる。だから、一九九〇年代に至って「国民（型）国家」の位置と形状の措定をめぐって多様な議論が交差し、政治が脱領域化の傾向を深めるなかで国民国家の〝後退〟論や〝蚕食〟論のみならず、その〝解体〟論や〝崩壊〟論すらも登場し、さらには、「グローバル民主政」をめぐって多様なモデルが提示されることにもなったのである。さらには、グローバル化と「国家」や政府の権力との連関をめぐっても多様な理論が交差するという状況も起こったのである[10]。これは、K・ポラニーの『大転換（*The Great Transformation*）』（一九四四年）を延引すれば、ひとつの「大転換期」としての現代を象徴するものであって、グローバル化をめぐる理論的対抗状況は、こうした歴史的現代を反映していることになる。

伝統的現実主義派の「国家中心」論が国際システムを主権的国家の体系としているのにたいし、国家の「退却」論は多国籍企業や非政府組織などの「非国家アクター」の国際的連鎖が深化していることに依拠して、資本主義的市場経済のグローバル化のなかで「国境なき世界《ボーダーレス》」が生成しているという認識に立っている。両者は対立的パラダイムにあるようにみえて、いずれも近代国家の「自己完結的」な実体的存在を前提としているかぎりにおいては認識を共有していることになる。だが、国家の形態は国際関係の歴史的局面において自律性の程度を異にしうるといえる。資本の国際循環の脱国境化が国家の「脱国境化」に連動するわけではない。つまり、国家の機能の上方移動や水平移動が起こっているからといって、ただちに国家の〝衰退〟ないし弱体化に連なるわけではなく、「秩序」の創出と維持システムが国家を軸として多岐的に重層化しているともいえるからである。また、歴史的には資本主義経済と国家とは相互連関過程にあったということを、つまり、資本主義経済の生産と再生産には政治装置を媒介とし、空間的に区切られた国家システムを必要としているということを看過すべきではない。さらには、危機に立った資本主義国家が「権威主義」体制や暴力的独裁をもって、その〝突破〟を図った例は枚挙にいとまはないし、その危険性も消えているわけではない。

政治と経済の領域は分析的ないし理念的には制度的に分離しうるとしても、その実態は相関的であって、経済関係の存立は国家による法的・軍事的・ヘゲモニー的機能を不可避としている。また、国家は、経済的には生産物の主要な購入主体であるだけでなく、経済・財政政策や輸出入政策をもって生産を管理し誘導している主体でもある。そして、個別国家は国家間システムを前提としつつも、資本主義的生産システムは相対的個別性と国際的競争関係のなかにもあるだけに、国家による生産基盤の構築や国際間調整も求められることになる。したがって、資本主義国家が国内的にも国際的にも矛盾のなかにあることに鑑みると、また、規制緩和と民営化などの、いわゆる「新自由主義」的政策転換が国家を媒介としていたことを想起すると、国家の〝後退〟論については、少なくとも、より深い現実的分析が求められることになる[11]。

いわゆる「現実主義的」国際関係論と市場原理主義的世界「秩序」論とは、「国家」の位置について対抗パラダイムにあるが、国家と非国家アクターとの関係をゼロ・サム的関係で捉えている点ではアプローチを共有にしていることになる。これにたいし、理論的潮流は多様ではあるが、国家（政治）と市場（経済）とは相互媒介的な複合的関係にあるし、この関係は歴史的局面や外的連関において可変的であるとする理論にも根強いものがある。この点で、ジェソップは、資本関係には経済外的補完条件が不可欠であるとの理解からグローバル化の条件の創出に占める国家の役割を強調するとともに、経済政策と社会政策や政治活動の規模に、さらには市場調整様式の変化に着目し、一九六〇年代までの、いわば先進資本主義国家の〝黄金時代《ゴールデン・エイジ》〟の特徴であった「ケインズ主義的福祉型国民国家（ＫＷＮＳ）」は「シュンペーター主義的勤労福祉型ポスト・ナショナルなレジーム（ＳＷＰＲ）」へと移行しているとする[12]。これは、福祉型国家における労働力の〝脱商品化〟傾向に対する対抗傾向の導入と強化を意味してもいる。

確かに、物理的時間は変動しえないとしても、労働の時間や資本の回転時間に見られるように、社会関係における「時間」は〝技術〟の変化や生産の組織化のなかで変動しうる。また、地理学的意味における「場所（place）」や「空間（space）」は所与であるとしても、生活や労働の〝場（location）〟である「生活圏（life world）」は社会・経済活動が変わるなかで多様な変化に服しうる。さらには、国家の空間は閉鎖的存在ではないだけに「政治空間」も可変的である。したがって、経済社会の空間的規模や政治空間も社会編成の歴史的過程のなかで変化しているし、しうることにもなる。この視点からすると、グローバル化とは「労働と権力のグローバルな分割（ＧＤＬＰ）」と再分割の過程であるといえる[13]。

現局面のグローバル化は、情報とコミュニケーション技術（ＩＣＴ）の革命的進化（「デジタル革命」と新技術の擬制商品化）によって経済社会関係の脱領域的再編とグローバルな規模の再接合が起こっている点で、その範囲と速さや強度に前例を見ないものがある。(14) それだけに、「国家の退場」論や「無力国家」論が、あるいは「グローバル国家」論や「超国民的国家」論も登場しているだけでなく、グローバル・ガヴァナンス論と結びついて〝デモス〟のありようや「市民権」の概念も改めて問われだしているのである。(15)

確かに、グローバル化のなかでも国家中心型理論モデル（排他的主権・領土を区分線とした内外分離・国民型領域性）といえども変化に服していないわけではなく、変容の過程にあるといえる。それは、グローバルな経済統合の力学のなかで、越境型のリージョナルな経済圏が生成し、クロスボーダー型のガヴァナンスが形成されていることにも窺うことができる。また、地域を異にして大きな差異を認めることができるとしても、国境の区分線が相対的に不分明化する状況のなかで、経済・政治・文化の諸領域が国民国家において共存している状況から分岐と分散性を強くし、領域設定の偶発性が高まっていることにも認めうることである。(16) この点でセレンセンは、ヨーロッパないし西欧中心的アプローチであるとしたうえで、「近代国家」の特徴を国民国家を単位とした集権政府型民主政や市民的忠誠と相対的に自立的な経済に求めたうえで、グローバル化が多層型ガヴァナンスの生成と経済活動の国家からの離脱を呼ぶことで、理念型的には「ポストモダン国家（postmodern state）」へと変容していると指摘している。(17)

グローバル化は社会的時間と空間の圧縮であるだけに、社会的事象の脱領域性を帯びうることになる。だが、今日のグローバル化は市場原理主義によるグローバルな経済秩序の再構築を企図とし、その主体が経済的非政府アクターのみならずＯＥＣＤ諸国の政府もその推進主体となっていることを看過すべきではない。つまり、「政府」は個別国民国家の政治と社会や文化の経路依存的脈絡のなかで経済のグローバル化の〝圧力〟に対応しているだけでなく、その推進の主体ともなり、そのためのイデオロギー的言説を駆使することで経路創出機能も果たしていることになる。

そのかぎりでは国家の活動が強化されているといえる。

また、グローバル化とは時間の圧縮であるだけに、統治機構においては決定と執行の迅速化が求められることになり、先例踏襲型の司法部や将来予測型の立法部よりも応急対応型の行政部の優位に傾く。[18]これは公行政に限らず、一般的には私行政についても妥当することである。さらには、グローバル化のなかで国家機能の上方（国際的・国家横断的機関）と下方（下位の国家システム）への移動が、あるいは、多国籍企業やＮＧＯなどの私的アクターへの水平的移動（市場基盤型ガヴァナンス）が起こっているとされる。これは国民国家型代表機能の正統性にかかわる問題を内包していることになる。

グローバル化が社会諸勢力のバランス変化と結びついて、国家の存在様式やその形態にどのような〃変容〃ないし〃変動〃を呼んでいるかとなると、必ずしも明確にされているわけではない。グローバル化が個別の国民国家に与えているインパクトは、例えば、石油を地政学的戦略資源としうる国家と低賃金や未熟練労働を資産とせざるをえない国家とでは様相を異にするだけに、その対応様式も世界の政治経済に占める個別の位置にしたがって大きく異にせざるをえないし、個別の社会―政治的脈絡のなかで大きな違いが生まれていることはいうまでもない。いずれにしても、グローバル化のなかで社会の連関性ないし依存関係が深まっているとすると、国家の依存関係における変動のみならず、国家の自律性や組織的・機能的形態にどのような変化が起こっているかということ、これが問われなければならないことになる。この点では、経済社会関係の脱国境型連接化の深化というだけでは不十分性を免れえず、「相互依存関係」の深化のなかで何がどのように変わっているかが、換言すれば、グローバル化は「国民国家」にどのような影響を与えているかが問われて然るべきことになる。この視点からすると、政治学には「国民国家」の形状分析が、また、国際政治学ないし国際関係論においては国家間関係や国際機構の機能の現実分析が、そして、グローバル化が脱国境化を意味しているだけに政治学と国際政治（関係）論との複合的分析が求められていることにもなる。

1 「国民国家」の理念型的形状

「国家」とは社会経済関係の総体の実体的概念であり、その形態は、歴史的には「多脈絡的」で「多形的」であって、諸勢力の内的圧力や外的条件の変化のなかで多様な形態と機能を帯びうる。また、政治と社会の組織原則と形状は歴史的にも多様である(19)。

「国家」を「権力容器」に例えたのはギデンズである(20)。近代国家は主権的領域性の観念において成立し(21)、理念型的には、所与の空間の社会経済的・文化的諸関係の政治的統一性の保持という点では〝権力容器〟として、また所与の民族ないし支配的民族を基軸とした〝文化的容器〟や〝社会的容器〟として現れるが、この「容器」は、世界政治が、国際政治とも呼ばれているように、国家間関係のなかにあるだけに「権力連結環《コネクター》」の位置にもある。だが、この「容器」は密封型の自己完結的容器ではなく、常に他の「容器」との関係において存在する相対的に自律的容器に過ぎない。換言すれば、国家は内的次元と外的次元の複合的構造のなかにあり、前者は制度と機構や正統性を媒介として社会的凝集性を維持している次元であり（伝統的には「政治学」の分析レベル）、後者は他の国家による「承認」や「交渉」を含む国家間の諸関係の次元である（伝統的には「国際政治学」ないし「国際関係論」の分析レベル）。だが、これはアプローチと分析の領域的区分であって、歴史状況のなかで連関構造を異にしつつも、両次元が自己完結的構成において個別に作動しているわけではない。このかぎりでは、グローバル化の深化は内的―外的・内生的―外因的・国内的―国際的要因といった二分論的パラダイムではなく、両者の複合的視座を求めていることになる。とりわけ、情報とコミュニケーション技術の革命的進化のなかで「コンピューター型世界」が生成し、「バーチャル国家」や「サイバー国家」が生成しているとされる状況に至って、「ウェストファリア条約」が近代の国家間関係や国際政治の理念的祖型と見なされるようになったように、いまや、「シリコン条約（Treaty of Cilicon）」が必要であるとされるほどに、国家は「情報革命」のなかで有機的連関を強くしている。(22)

「グローバル化」という言葉だけでは、作動の主体やその企図が明示されないだけに、資本主義的生産様式がグローバルなレベルで斉一な転回過程にあると受け止められたり、あるいは、「主体なき過程」であって〝不可避性〟や〝必然性〟の論理に服していると理解されかねない。それだけに、この言葉は一定のイデオロギー性を帯びているといえようが、(23)新自由主義的経済社会関係の脱領域化のなかで、国民国家という「容器が漏れ出した」とされる。それだけに、国内の政治経済力学の国際的条件とグローバルな政治経済力学の国内的条件との複合的視座が求められているし、(24)グローバル化に占める国家の位置と機能や自らの再帰的再構造化の形状が問われなければならないことになる。かつて、P・シュミッターが、国家とは「領域が不特定で、確定的とはいえない多様な諸機能を遂行する諸機関の無定形の複合体である」と指摘したことがあるように、(25)国家は社会的・政治的諸関係の総体ではあるが、組織的システムの順向的《プロアクティブ》・先取的機能と慣性的・対応的《リアクティブ》機能を機構的に統一することで、一定の自律性を保ちうることになる。(26)これは、国家の形態や形状は内外の諸関係の構造的認識と戦略的関与のなかで歴史的に多様であるということであり、そのかぎりでは「多脈絡的」実体であることを意味している。この点では、アメリカ政治学が伝統的に機能主義的視点から政治を社会中心的に説明し、政府諸機関とインタレスト・グループとの相互関係において、あるいは「入力―出力―フィードバック」のシステム論的パラダイムにおいてアプローチしてきたとはいえ、アメリカの経済社会関係はリベラリズムという規範的脈絡と資本主義という経済システムの複合的体制をもって、「アメリカ国家」において包括されてきたといえる。[27] この国家は、〝理念〟を媒介とした結合体であり、その紐帯は〝イデオロギー装置〟によって強く社会に土壌化しているだけに、その国家分析には形成と展開の歴史を踏まえた一定の固有の分析が求められるが、資本主義国家類型の基本的特徴という点では（例えば、経済と統治機構の分離と接合と、その派生形態）、ＯＥＣＤ諸国と共通の形態を認めることができる。

グローバル化と国家との連関をめぐっては多様な議論が交差しているが、国家は、自らの自律性の内実と程度を歴史的に異にしつつも、基本的には国際的連関のなかにあり、これに作用することで、またその反作用のなかで自らの形状や形態を変えてきた。この視点からすると、国家の流動的形状は内的要因と外的要因との、また、自らの政策選択との複合的連関のなかで位置づけられるべきことになる。というのも、〝過程〟は常に行為主体や戦略と政策を媒介としているからであって、この点は、新自由主義的ないし市場原理主義的イデオロギーによって経済社会システムのグローバルな再編が進められたことからも了解しうることである。

諸国家が同様の規模においてグローバル化状況のなかにあるわけではないし、経済的・政治的・社会文化的レベルの脈絡を異にするなかで対応策も異にしているが、グローバル化のなかで国家が変容ないし移行の過程にあるとする点では共通の認識を認めることができる。例えば、ハーバーマスは、近代国家の特徴を（一）「法の支配」と行政国家、（二）領土型国家の主権、（三）集合的アイデンティティ、（四）国民国家の民主的正統性に求めたうえで、新自由主義的・ポストフォード主義的グローバル化のなかで近代国家の基本的形状が変容しているとし、これを「ポストナショナルな形状（*postnationale konstellation*）」と呼んでいる。[28] こうした状況において、多くの諸国や地域においてグローバル化の研究グループが組織されているが、そのひとつにブレーメン大学（独）を中心とする「国家変容」の研究グループがある。[29] このグループはロッカン（Stein Rokkan, 1921–79）のヨーロッパにおける政治的権威と権力の制度化の政治社会学的比較発展史モデルの整理も踏まえて[30]、現代国家の諸制度が維持すべき基本的な「規範的財貨（normative goods）」として（一）平和と身体の安全、（二）自由とその法的保護、（三）民主的自己決定、（四）経済成長と社会福祉を挙げ、こうした機能に即して「国家様式《ステイトフッド》」の基本的枠組みを設定しているが、これを補足しつつ整理すると次のようになる。

（i）主権的領域型国家（sovereign-territorial state）政治的組織化の空間的基盤であり、「主権」概念（内的自律性と外的相互承認の原理）による国家の人格的擬制化と所与の領土における強力《フォース》と徴税の手段の正統的独占（官僚機構と軍事・治安体制の構築[31]）。

（ii）立憲国家（constitutional state, *Rechtsstaat*）国家における、また、国家による所与の領域の法体系の整備と司法体系の制度化（「法の支配」の原則化と機構化、および経済活動を含む予測可能性の定立[32]）。

（iii）民主的国民国家（democratic nation state）所与の領土内人民によるナショナルな自律的コミュニティの形成（「国民《ネーション》」としてのアイデンティティの共有）と政治的自己決定との結合（政治的正統性の次元[33]）。

（iv）社会介入主義国家（social interventionist state）インフラ整備や工場立法などの資本主義経済の基盤構築、社会的富の増大と経済成長、公平な配分とサービスの供与という目標の設定（社会経済基盤と福祉や教育などへの政策介入の次元[34]）。

こうした「国民（的）国家」は「情感のコミュニティ」と「政治的コミュニティ」との[35]、あるいは、民族的次元と政治的法的・次元との流動的で不安定な結合を領域的単位とし、「ヘゲモニー企図」を媒介とすることで国家は「国民的利益」において対立的諸契機を包括することになる。これは、主権的国家による（諸）民族の包摂であるだけに、スティティズムとナショナリズムとの分離、ないしスティティズムによるナショナリズムの克服や両者の同視の論理と心性を宿すことにもなる。

以上のように、「国家変容」の研究グループは、近代国家の特徴を四つの次元の複合的機能に求めているが、これは西欧の資本主義的国民国家成立史の理念型ないし資本主義国家の基本的特徴であって、（i）は「アウグスブルクの宗教和議」（一五五五年）から「ウェストファリア講和条約」（一六四八年）に至る経緯のなかで、王朝間対立の規制の模索のなかから絶対主義国家において「領域型主権国家」が成立したことを指している（領土的統一と領域性の設定）。そして、この国家において封建社会の「強力」と「徴税」の分散的体制が克服され、財政と強制の、いわば国家装置の物理的・財政的基盤である「リソース」の官僚型集権的体制が成立することになる（官僚制型「課税国家」）。（ii）は、C・ヒルのイギリス史の時期区分に従えば、[36]「革命の世紀」（一六〇三―一七一四年）において立法機能が議会において正統的に独占されるとともに「市民社会」が生成し、政治と社会の制度的分離が組成される局面にあたる（「法の支配」ないし「法治国家」化と公法・私法・行政法といった法領域の複合的区分化）。そして（iii）は、個別の人格は社会諸関係を捨象して、住民は国家に包摂されることで「国民」ないし「臣民」に転化するとともに、国民の意識が徴兵や教育を媒介として育成され、あるいは扶植されることで「幻想の共同体」が生成するとともに、こうして成立した国民国家がブルジョア革命を起点とした民主政の制度化をもって「立憲的民主政国家」へと転化することを指している（「民主的国民国家」の形成）。[37]そして、（iv）の「社会介入主義国家」とは一九世紀以降の近代の資本主義国家が市場と生産過程の調整（「市場形成型介入」）と人的資源やインフラの整備（「市場制御型介入」）のみならず、社会経済矛盾との対応のなかで経済の成長と安全や雇用の安定化といった福祉政策的方向を強くせざるをえなかったこと（「市場修正型介入」）を意味している。[38]この四つの次元は、導入の歴史的局面を異にしつつも、また、経済と政治のシステムの制度的分離を前提としつつも、連鎖化ないし一対化し、「同時進化」の関係にある。[39]すなわち、強力と課税の独占は他の次元が作動しうるための歴史的前提要件となるし、この要件が長期的に存続しうるには正統性を基盤としていなければならず、そのかぎりでは、人格的恣意性を超えた立憲的制約に服するとともに、政治参加の要求に応えることで人民の意向をキャナライズし、さらには、ミクロ・マクロレベルの経済社会政策を導入しなければならなかったことになる。そして、こうした諸機能はすべて、所与の国民国家において、〝ヘゲモニー〟機能をもって、国家の「政治責任」と「国民―人民の利益」の名において行われることになる。

かくして、ＯＥＣＤ諸国は、国民国家の形成史と形態を異にしつつも、政治システムという点では先の諸特徴が累積的・相乗的に作用することで、理念型的には「領域主権型立憲民主政的介入主義国家」という形状を帯びることになった。また、社会経済関係が相対的に内包的であったことにより、この四つの次元は国民国家において集約されていて、その形状は協働的構造にあったし、矛盾を内包しつつも、経済・社会・政治は三幅一対的関係にあったといえる。そして、この西欧モデルとの対比において、いわゆる途上諸国の「開発国家」や「挫折国家」の政治体制の特徴が比較され、類型化されることにもなった[40]。だが、グローバル化は経済社会関係の脱国家的連鎖化の過程であるだけに、この過程において国家はどのような役割と対応を迫られているかという問題が浮上することになる。

2　変容の構造

理念型的には、先進資本主義国家は（一）自由主義的・市場媒介型モデル、（二）コーポラ主義的交渉型モデル、（三）国家主義的テクノクラート型モデルに類型化されるが、グローバル化の深化はデリジズム型経済政策やコーポラ主義体制を市場対応型競争経済へと移行する方向を促すことで、それぞれの経済の経路依存性を基盤としつつも、総じて、市場管理《マーケット・ディレクション》型経済から市場支援《マーケット・サポート》型経済へと傾斜する方向を強くしたとされる(41)。また、ジェソップは、EUに注目してのことではあるが、「傾向」として（一）「国家の脱国民化」（国家の空洞化）、（二）「政治の脱国家化」（ガヴァメントからガヴァナンスへ）、（三）「政策レジームの国際化」（国内政策の外的源泉）を、また、「対抗傾向」として（一）「規模間接合に占める国家の範囲の拡大」、（二）「メタガヴァナンスに占める国家の役割の強化」、（三）「国際レジームの形態と執行をめぐる国家間対抗」を挙げている(42)。こうした指摘にもうかがわれるように、グローバル化のなかで「経路依存性」や国際システムに占める個別の状況を異にしつつも、現代国家は機能的変化のなかで形態の変容過程のなかにあることになる。

　国家の形態変容は、一般的には、戦争危機や革命危機の局面において自らの保守の企図において明示的に浮上する。だが、現代の国家の形状に変容が見られるとしても、それは、この種の〝危機〟のなかで起こったというより、戦後資本主義世界の構造が一九七〇年代に一定の行詰りを見せだすなかで（〝戦後ヘゲモニーの危機〟）、生成していた情報とコミュニケーション革命を媒介として経済の新自由主義的再編策がグローバルに導入されたことと、また、国際機関の役割が影響力を強めていたことと結びついている。したがって、資本主義世界の原理と機能の再構成の企図のなかで浮上したことであって、EUに代表的な地域経済圏の拡大構想や政府間型共同統治《コンドミニアム》の機構強化の方向もグローバル化のなかで進んだリージョン・レベルの動向である。この過程において生産や金融市場の国際化と経済の相互依存化は急速化することで、空間の〝圧縮〟がさらに進み、領土・主権・人民の、あるいは、政治と社会の一体的〝容器〟としての国民型国家は一定の変化に服することになった。とりわけ、社会空間の脱領土化ないし社会的脱国民国家化は社会と政治との一体的構造の再編成を呼ぶことになり(43)、国家の形態と機能に一定の変容を迫ることにもなった。これは、グラムシ的理解からすれば、「政治社会」（統治機構と法的―強制的装置）と「市民社会」（市場原理と〝合意〟を媒介とした私的社会諸勢力の社会経済的編制）との複合的「国家」（″拡大国家″）がどのような変容を迫られることになったかという問題でもある。すると、「政治社会」が国民国家の制度的要素であるとともに、この機構によって所与の国民国家が全体として包括されているだけに、政治社会と市民社会との接合の再接合の内実が問われざるをえないことになる。

「国家変容」にアプローチするための方法として、先のブレーメン大学の研究グループは「組織的変化《オーガニゼーショナル》」と「領土的変化《テリトリアル》」という分析概念を設定し、前者に国家─社会関係を、後者に国民国家と脱国民的機関との関係を据え、両者の複合軸をもって「国家変容」の問題にアプローチしている(44)。換言すれば、グローバル化のなかの社会的・政治的脱国民国家の動態と結びつけて「国家変容」の内実を措定しようとする試みであるといえよう。これは、近代の資本主義国家が政治社会と市民社会の制度的分離を前提としつつも、国民国家において所与の経済社会関係が包括されているだけに、組織的次元をもって国家機能の非政府組織への、また、領土的次元をもって国際的ないしリージョナルな機関への委譲の実態を確認することで、先の伝統的な「国家様式《ステイトフッド》」の理念型と対比し「国家の骨組み」における変化の内実を措定しようとするものである。その際、このグループが設定している鍵的概念が「政治責任」の帰属という視点である。このグループの視点は、主としてEUに据えられているが、その整理を補足しつつ一般的レベルに概念化すると、次の構図を求めうることになる(45)。

（一）主権的領域型国家（リソースの次元）　徴税権や軍事権は基本的に国民国家に帰属しつつも、国際的組織暴力やテロリズムが台頭するなかで、軍事介入の国際的協力体制を構築する必要が指摘されるとともに、その体制化も模索されている。また、多国籍企業の拠点移動や国際金融資本の超流動化状況のなかで投資と生産拠点を吸引する必要から課税の減額競争を呼び、財政政策の自律的設定の困難化をきたしている。そこで、相互調整の必要から国際的調整レジームが強化されるとともに、国際的政策立案集団や国際的金融機関の役割も強化されている。したがって、国内の組織的次元では、例えば、「九・一一事件」（二〇〇一年）をうけて、アメリカでは二〇〇三年に「国家安全保障省」が設置され「治安国家」化が進んだことにも見られるように、軍事と治安や財政の点で国家はリソースの自主性を保持しつつも、領域的次元では国際的・超国民的調整が求められる方向を強くしていることになり、両者の複合的力学とインパクトのなかで、国民国家の主権は、「複合的《コンプレックス》主権」化状況にあると呼ばれているように、[46]一定の変容を迫られていることになる。

（二）立憲国家　立法と司法の機能は基本的に国民国家に帰属し、制度的には国民国家が「法の支配」を実効的に保障する主体の位置にある。だが、ヨーロッパ人権裁判所（ＥＣＪ）や国際司法裁判所（ＩＣＣ）に、また、国連等の超国民国家機関の役割に見られるように国際レベルにおける法規や規準の設定が増加するとともに、相互の矛盾も表面化している。こうして「政府間ネットワーク型グローバル・ガヴァナンス」が生成し、超国民的法レジームが生成している状況において、伝統的「法の支配」の脱国民国家化の状況が起こっている。これは、いわば、国内法システムと国際的法規との補完的ないし併存的状況が浮上していることを意味している。

（三）民主的国民国家　民主政正統化の過程は議会制や社会諸集団を軸とし、国民国家を単位としていて、基本的には国民国家にとどまりつつも、権力が国際レベルへと移動しているだけでなく、国際的金融資本や多国籍企業の脱国境化と労働力の国際的移動が進むなかで、さらには、対処すべき課題の脱国民国家化が深まるなかで、国民レベルの「自己決定」論のジレンマや「民主的責任」のありようという問題が浮上している。[47]この脈絡において、伝統的な権力政治型国際政治観は規範的視点から再検討されるとともに「コスモポリタン民主政」論も登場している。[48] これは、国民国家型民主政がグローバル化状況のなかで再検討を迫られていることを意味しており、そのかぎりでは、伝統的政治システムの正統性の危機を含意していることにもなる。[49]

（四）社会介入主義的国家　福祉などの社会政策は、基本的には国家の政策的枠内にあるが、国境横断型政治過程が深まり、超国境的機関の新自由主義的介入と調整機能が強化されるとともに、経済社会構造のフレキシブル化が強まるなかで、公益事業は民営化され、福祉政策が多様化の方向にあるだけに、とりわけ、EUに見られるように領域的次元においては超国家的機関による調整と監視の体制が強化されている。それだけに、組織的次元においても社会介入型国家形態に多様な変化を認めることができる。

以上のように、現代国家の存在様式には伝統様式とは異なるものが認められるとし、ここから、この研究グループは「ポストナショナルな形状」が生成しているとする。だが、四つの次元の変化に統一性が認められるわけではなく、構造的に「不安定」な状況にあるに過ぎないとしている。[50] すると、グローバル化の鍵的言説が民営化、規制緩和、自由化であったことからすると、「インターメスティック」と、あるいは「グローカリゼーション」と呼称されているように、[51] 組織的次元と領域的次元においては公的権限の上方と下方への、また私的アクターへの移動が起こっているとされるが、どのような形式において委譲されているかが問われなければならないことになる。これは、いわば、「ナショナル―インターナショナルの軸」から国家権力の空間的分化の実態を捉えようとするものであり、その際に、「政治責任」の概念が鍵的視点として設定されている。

「規範的財貨」の供与にかかわる「政治責任」を（i）「結果《アウトカム》責任」、（ii）「調整《レギュラトリー》責任」、（iii）「操作《オペレーショナル》責任」というカテゴリーに分け、（i）は国家が「規範的財貨」の究極的保障の主体であることを、（ii）は供与過程の決定主体であることを、そして、（iii）は任務の遂行主体であることを指すとしたうえで、六〇年代までの「黄金時代」においては、こうした「政治責任」は国家によって、総じて一体的に行使されていたとする。だが、グローバル化のなかで「政治責任」の分化が起こっていて、「結果責任」は国家にとどまりつつも「調整」と「操作」の〝責任〟は国際機関へ部分的に委譲されているとする。これは、国家は決定や結果について責任を負い、最終審級の位置にとどまりつつも、「規範的財貨」の保障と供与の責任が、部分的であれ、国家外のアクターや国際レジームに機能的に移されていたり、その監視に服していることを意味している。では、どのような超国家機関への機能的授権が起こっているのであろうか。

このグループは、コヘーンとナイの類型論を踏まえて、[52] 超国民国家の諸機関を（i）「政府間的《インターガヴァメンタル》」（集合的アクターの成員は国家）、（ii）「政府横断的《トランスガヴァメンタル》」（成員は国家官僚制）、（iii）「超国民的《スプラナショナル》」（成員は国際公務員）、（iv）「国民横断的《トランスナショナル》」（成員は私的アクター）に類別している。[53] また、授権の形態を「移動《シフト》」と「分散《ディフュージョン》」に分け、前者は国家との結びつきの「分離《ディスロケーション》」を、後者は国家との関係の「連環化《インターロック》」を示す概念であるとする。こうした分析概念を設定したうえで、主として、EUについて分析することで、「国民横断的」組織の役割は強まっているとはいえ、一部の例外はあるにせよ、多くの場合、ゼロ・サム型の「責任の移動」ではなくて、[54]「ヴァリアブル・サム（variable-sum）」型の「責任の分散化」ないし「連環化」にあるに過ぎないとしている。[55] さらには、こうした「移動」に対する国家の関与形態という視点から（一）直接的ないし間接的「創出者《イニシエーター》」となっている場合、（二）間接的「推進者《プロモーター》」となっている場合、（三）外的圧力の媒介と鋳直しの「管理者《マネジャー》」となっている場合に分け、EU諸国における課税と軍事や福祉と経済などの諸政策の個別事例について検討したうえで、諸国家は、基本的に「創出者」の位置にあり、自らの利害との関連において「促進主体」ないし「管理者」の役割を果たしているに過ぎないとしている。以上の検討を踏まえて、このグループは、国家の基本的機能の形成と執行の過程で部分的変化は見られても、有機的・複合的に構造化しているわけではないとし、次の結論を導いている。

西欧国家の基本的特徴は変化したとはいえず、なお、領土的・立憲的・民主的・介入主義を特徴としている。身体の安全、法による保障、民主的自己決定と社会福祉という規範的財貨の供与にかかわらざるをえないし、現に深くかかわってもいる。だが、何が変化したかとなると、国家は以上の四つの規範的財貨の供与を独占しているわけではないということである。国家は、こうした財貨の究極的保障主体であると見なされ続けてはいても（結果責任）、重要なことに、その供与の決定過程（調整責任）の、また、より小さな程度であるにしても、こうした決定を実践するという機能役割（操作責任）の領域は国際レベルに分散（ないし移動すら）している（Hurrelmann, et al., *op.cit.*, 2007, pp. 202–203）。

以上の指摘からすると、社会関係の脱領域的相互連関が深化するなかで、組織的・機能的に国家は一定の変容過程にあることになる。だが、こうした変化も国家が自律性を失し、一方的に受動化していることにはならず、「最終審級」として、また、自らの〝政治責任〟において一部の機能を授権していることになる。このかぎりでは、政策の形成の国際化が進み、権力関係に占める外的契機は影響力を強くしていることになる。というのも、権力とは「ゼロ・サム」的ないし「ネガティブ・サム」的関係にはなく、所与の社会関係における社会的諸アクターの合意と協力を媒介として行使されるものであって、〝制度〟に具体化されて、一定の規範性と物理性を帯びた関係論的概念であるだけに、経路と状況に制約されつつ多様な形態を帯びうるからである（「インフラストラクチャー」型権力）。この脈絡からすると、経済の新自由主義的グローバル化を基本的枠組みとしつつも、その影響力が国民経済に及ぶインパクトには差異があるだけに、その緩衝機能を果したり、生産の効率化をもって国際競争力を強化するという点では、むしろ国家の介入主義的機能は多岐化していることになる。

他方、社会的には、生産関係の脱国境化のなかで労働力移民や〝ゲスト・アルバイター〟化が、あるいは、越境型通勤が起こっている。これは「情感のコミュニティ」と「政治のコミュニティ」との分離を強め、土着的・伝統的固有性の意識の希薄化を呼ぶことになる。これは、ナショナリズムがヘゲモニーの基盤であり、諸勢力の動員の重要な契機でもあるだけに、国民型国家においては国家と民族の緊張関係を強くするとともにナショナルなアイデンティティの再強化の意識を喚起することにもなる（統合と分化の政治的二重運動）。こうした運動は排外主義的ナショナリズムの台頭に、また、宗教的・民族的分離運動にも認めうることである。

3　グローバル化と国家の機能

「国家変容」の研究グループが国内的契機と国際的契機との複合的視座をもって「国家」の形態変容にアプローチしているが、グローバル化と国家の関係をめぐって、J・ヘイは「政治のグローバル化（globalization of politics）」と「グローバル化の政治（politics of globalization）」という二つのアプローチ概念を設定することで「国民国家」の現状にアプローチしている。前者は「グローバル・ガヴァナンスの諸制度が発展するなかで、政治の力量と責任がナショナルとリージョナルな、あるいは、いずれかのレベルから真にグローバルなレベルへと移行する」ことであり、後者は「グローバル化の過程の政治、グローバル化の政治的推進主体、および、こうした過程が政治的対立と実践や政治責任の配分に与える影響」のことであるとしている。前者は政治機能の国際機関への移動とグローバルな課題の共有にかかわるレベルであり、後者はグローバル化のアクターにかかわるレベルである。また、ヘイは後者を（一）「構造的次元」、（二）「観念的《アイディエーショナル》次元」、（三）「意図的・戦略的、あるいは主体的《エージェンシャル》次元」に類別化し、（一）はグローバル化によって浮上した制約と機会の次元、（二）は政治アクター（とりわけ国家）がこうした機会と制約をどのように解釈しているかという次元、そして（三）は外的条件の創出と再創出に占める国家の役割の次元であって、この三つの次元の複合化をもってグローバル化が国家に与えるインパクトと国家がグローバル化に与えるインパクトを明らかにしようとしている。この視点はグローバル化が国家に与えるインパクトという外的要因のみならずグローバル化に与えるアクターのインパクトの複合的操作化をもって現代国家の位相を措定しようとするものであり、この作業をもってグローバル化のなかで国家の自律的能力が蚕食されているとはいえないとするとともに、グローバル化に関する政策立案集団の言説のありようについても注目すべきであると指摘している[56]。

　グローバル化と国家との関係をめぐっては、ワイスとレヴィの議論も紹介しておくべきであろう。ワイスは、経済のグローバル化のなかで国家機関が〝制約〟されているとする「制約論派（constraints school）」の権力観は静態的で「ネガティブ・サム」なものであって、資本の国際的流動化や国際協定などによって国民国家は諸制約の〝圧力〟に服しつつも、他方で、グローバル化を機動力として国家は政策を再構築し、イニシアティブを発揮しうる能力を高めているとする。この視点から、「制約論」は国家の自立的機能の喪失論であると位置づけるとともに[57]、グローバル化を〝起動〟力として「可能となった形状」も考慮すべきであるとし、「制度」の規範性と組織性の視点において国内諸制度を「復権」することで、グローバル化・国内諸制度・国家対応の統一モデルを提示している（「制度的適用論者（institutional adaptationalists）」）[58]。また、ワイスの指摘に従えば、国家はグローバル化のなかで政府間規模で権力の共有体制を構築しているのみならず、公私関係を再編成し、政策ネットワークを形成することで自らの権力を機能的に強化しているとし、その形状を「統治型依存関係（governed interdependence）」と呼んでいる。これは、いわば国家中心的統治形態から他の社会的アクターとの協力ないし交渉を媒介としたインフラストラクチャー的権力の強化の方向を示すものであり、国家装置を媒介として準国家的・私的アクターとの協力関係によって社会構造を再編していることになる。したがって、国家はグローバル化のなかで自律的機能をもって政策的に対応していることになり、そのかぎりではグローバル化のなかで自らの「変容力」を示していることになる。[59]

　同様の理解はレヴィにも認めることができる。彼は、共同研究の成果を基礎に、M・マンの「専制的《デスポティック》権力」と「インフラストラクチャー型権力」という権力の類型論を援用しつつ、[60]現代国家の理念型的形態を次のように描いている。すなわち、「国家権力」の目的を「市場管理型」と「市場支援型」に、また「国家権力の形態」を「権威的」形態と「インフラストラクチャー」形態に分け、前者に対応する局面（戦後の黄金期）の国家が「市場管理型」であったのにたいし、現局面の「国家主義後の国家（state after statism）」は「市場支援型」に変わるなかで、自由主義的・コーポラ主義的・国家中心主義的のいずれの国家においても新自由主義の方向が強まったという点では「修正的《コレクティブ》」方向に、また、新しい経済成長の基盤を設定するという点では「構成的《コンストラクティブ》」方向に移行しているとする。そして、「権力」の形態も「権威」型から「インフラストラクチャー」型へと重点を移しているとする。この脈絡においてレヴィは国家の〝退却〟論を批判し、国家は自らのイニシアティブと自律的機能をもってグローバル化の課題に積極的に対応しているとする。[61]

　確かに、経済社会関係の脱国境的連鎖が深化するなかで、国際機関の「秩序」形成に占めるヘゲモニー的役割は大きくなっているといえようし、「アトランティック支配階級の形成」とも評されているように、国際的私的エリート集団の国際的「企図」の合意形成能力にも大きなものがあるといえよう。[62]だが、こうした〝圧力〟は国家の政策に諸

「制約」を課しているとしても、国家は、個別の状況や自律性の程度を異にしつつも自らの柔軟な「変容力」をもって政策的に対応していることになる。というのも、「国家」の正統性の基盤は最終的決定力と「責任」に求められうるからであって、形式的にしろ、これを欠くことは自らの正統性の基盤を失うことになる。国家の「多形性」とは、こうした脈絡に位置づけうることである。この脈絡からすると、「超グローバル化テーゼ」に典型的に見られるように、新古典派の「オープンなマクロ経済モデル」に依拠して「競争的規制緩和」が多様な資本主義経済を一元的に収斂するとは、あるいは、少なくとも当面は、経済のグローバル化によって国民国家が衰退するとはいえないことになる。

資本が全能とは、また、その論理が個別資本の矛盾と対立を超えて統一的に貫徹しうるとはいえない。対外直接投資の吸引力は政治的安定性や高い技術的水準にも依拠しているし、いわゆる「多国籍企業（ＭＮＥ、ＭＮＣ）」の戦略的志向は政治的安定を重視するのみならず、熟練労働力やインフラの整備状況の選択的重視へと、さらには、「輸出加工区（export-processing zone）」に見られるような「クラスター化」の方向へと動いている。(63) こうした経済の力学は国家による〝調整〟やガヴァナンス・メカニズムの構築を必要としているし、国内的にも国際的にも政治的反撥を呼ばざるをえないことにもなる。それだけに、国家の諸機関は、外的転化を含めて国際的諸矛盾の調整を踏まえつつ、多様な政策力量を行使することで社会の凝集化を期さざるをえないことになる。グローバル化のなかで国家機能が〝転移〟することで「国家の脱国民化」が、あるいは、法的「主権の空洞化」が起こっているとされるのは、社会経済関係の国際的連鎖の深化を背景としてのことであるし、「統治型依存関係」の形成もグローバル化を背景とした政府─市民社会関係の組替えと結びついている。それだけに、統治主体の社会介入主義的戦略が介在せざるをえない。「新自由主義」という、あるいは既存レジームからの〝決別〟というイデオロギーは、こうしたグローバル化の言説に位置している。

資本循環の国際的連鎖の再編は「国家イデオロギーのフロンティア」を越えて政治経済理念のグローバルな再編の企図に及ぶことになる。これは、いわゆる「新自由主義的」企図とその規律化の戦略に認めうる。[64] アメリカの政治経済理念における〝リベラリズム（自由主義）〟は、それが政治経済システムの基軸的原理（「リベラル資本主義」）であるだけに、全体包括的理念ではあるが、ポラニーの「二重運動」の理論が示しているように、「自由主義」は社会経済矛盾との対応のなかで、実に多様で柔軟な相貌を見せるし、また、示さざるをえない。あえて、その基本的特徴を簡略化すれば、ニューディール型介入主義的リベラリズムと自己調整的市場主義型リベラリズムに分けうるであろうし、前者が戦後〝リベラリズム〟の基本的理念となったといえる。それだけに、後者は「集産主義《コレクティヴィズム》」の懸念や脅威とも結びついて、既に一九三〇年代において浮上し、その潮流が一九四七年の「モン・ペルラン協会」の創立に連なるのである。この理念史的脈絡からすると、リベラリズムは〝振り子運動〟を繰り返し、個別時代に支配的なリベラリズムに対する対抗理念は、それが自由主義的経済社会システムの枠内にあるかぎり、常に「新《ネオ》」という接頭語が付されてきたことになる。

「埋め込まれた自由主義（embedded liberalism）」とは、その呼称者のラギーに従えば「生成文法《ジェネラティブ・グラマー》」であるとされる。これは、〝自由化〟をもって戦後の世界市場システムを構築するとともに、そのクッションとして福祉国家型編成を構築しようとする二重の企図に発しており、いわば「アメリカの世紀」におけるマルチラテラリズム的世界「秩序」の構想であったといえる。[65] だが、この国際モデルは戦後の「黄金時代」の終焉とともに鋳直しが求められることになり、いわば「二重運動」における市場原理の契機が浮上し、ギアを入れ替えることで「新自由主義」的グローバリズムが潮流化することになった。これは、いわば、「埋め込み解除型自由主義（disembeded liberalism）」であって、[66]

ジェソップに従えば、「ケインズ主義的福祉型国民的国家」から「シュンペーター主義的勤労福祉型脱国民的レジーム」への移行とされる。これは、相対的に内包的な国民経済を前提としたケインズ主義的・フォード主義的経済社会体制から、より開かれた経済を前提とした「革新《イノヴェーション》」・「柔軟性」・「企業主義」・「労働力再生産型福祉主義」を中心とした競争国家レジームへの体制的移行を指している。この脈絡において公私パートナーが強化されることになっただけでなく、行政機構や中央─地方関係の再編や脱国民国家型権力ブロックの戦略的提携の強化を、したがって、統治の原理と形態の変化を呼ぶことにもなった(67)。

「新自由主義」は、経済理念のうえでは先祖返り的自由主義に見えても、情報技術革命によって生成した社会の構造的変化のなかで浮上した市場原理主義的政策イデオロギーであり、グローバル化の駆動原理であるという点では歴史的脈絡を異にしている(68)。というのも、リベラリズムは、資本主義経済の所有主義的市場原理と労働力の再生産を含む経済調整原理との緊張関係を反映して「二重運動」のベクトルを異にせざるをえず、多様な相貌を帯びうるからである。だから、アメリカにおいてはニューディール型「改革リベラリズム」に消極的な個人主義的・自由市場主義的保守派は経済の市場原理主義的グローバル化に積極的展望を認めたのにたいして、伝統的なコミュニタリアン的保守派は社会的共同性の前提から、その方向に国民主権や文化保全の脅威を読み取ることになったのである(69)。

以上のように、グローバル化は国民国家の一定の変容を呼び、「国家の脱国民化《デナショナリゼーション》」のなかで国家装置の空間的・機能的組替えが、また、「政治の脱国家化《デスティゼーション》」のなかで政府・非政府型の網状的ガヴァナンス化が、さらには「政策レジームの国際化」のなかで国際機関や国際的政策立案集団の影響力の強化が起こっていて(70)、現代の国民国家はこうした諸条件の複合的状況のなかにあることになる。それだけに、対抗傾向も作動するし、国家の「戦略的選択性」やヘゲモニーをめぐる「競争的戦略」も介在することになる。この点では、ジェソップの「戦略」ないし「戦略的選択性」

の概念は「関係的」国家理解と「国家企図」の概念をもって国家の相対的に自律的な位置と機能を導こうとする試みである[71]。

近代の資本主義国家は、経済と政治の制度的分離を形態的特徴としている。これは、利潤志向的で市場媒介型の資本主義社会がアナキー性を内包しているという前提から、これを資本主義的「秩序」の枠内にとどめおくための〝公的〟権力を必要としていることを意味している。こうして私的関係を超えるレベルで「公的」観念が生成するだけに、その性格は階級性を帯びざるをえないことになる。だが、両領域の個別形態が自己完結的に再生産されるわけではなく、社会経済関係の変化のみならず、予測と外的対応のなかで国家は自らの機能と機構を変えることになる。ここに国家の「相対的自律性」の余地が成立しうるし、政治と経済は一定の照応性のなかで複合的に再生産されているといえる。これは、個別の局面において戦略的に選択された「国家企図」を媒介として「制度」化されるとともに、人的要員を媒介とすることで「機能」性を帯びうることになる。それだけに、政治と経済の接合形態や両者の形態的適合性は、経済社会の力学的変化のなかで不断に変動しうることになる（形態と機能との弁証法）。いわゆる「道具主義的」・「構造主義的」国家アプローチは、こうした資本主義国家の複合的分析を背景としている。この点では、改めて「ミリバンド―プーランザス論争」の今日的意味を想起すべきであろう。というのも、経済社会関係の国境横断化のなかで、経済と政治との接合形態や凝集性の維持機能の変容分析が求められるからである。

一九七〇年代から八〇年代の「ミリバンド―プーランザス論争（Miliband–Poulantzas debate）」について、ジェソップは、プーランザスの関心が「資本主義国家類型の歴史的特殊性」ないし「資本主義国家類型の形式的適合性《フォーマル・アデクワシー》」（資本主義的生産様式における国家と経済との接合形態ないし形態的照応性の抽象的理論化）にあったのにたいし、ミリバンドの関心は「資本主義社会における国家の政治社会学」ないし「機能的適当性《ファンクショナル・アデクワシー》」（国家要員による凝集性の維持機能の経験的分析）にあったとしている。[72] この資本主義国家論を踏まえると、グローバル化のなかにおける資本主義国家の「形式的」・「機能的」適合性の構造と内実の分析が求められることになる。というのも、経済社会関係の脱国家化の傾向は変化をも呼ばざるをえないことになるからである。この点では、少なくとも先進資本主義諸国はグローバル化の鍵的アクターの位置にあることになるし、国内レベルにおける公私協力型ネットワークの形成や「統治型依存関係」の生成はグローバル化に対する対抗傾向であり、政策的対応であることになる。したがって、国家は国際的レジームの形成と展開の鍵的位置にあるし、超国民的政策立案機関といえども、国家との協調や合意の導出を無視しえないことになる。だが、他方で、経済社会関係の脱領域化は政策の範囲と機能の超国民化と結びついて、国際的レベルとリージョンのレベルにおける超国民国家的機関と機構の量的増加のみならず、機能的強化という点では質的変化を呼ぶことにもなる。

こうみると、現に起こっていることは「政治のグローバル化」と「グローバル化の政治」であり、前者において超国民的ガヴァナンスの機構と機能は拡大し、国際機関は国家や超領域的経済・社会アクターに対して抑制的機能（「消極的規制」）のみならず、勧奨的機能（「積極的規制」）を果たす傾向を強くしていて、そのかぎりでは、グローバル・ガヴァナンスの位置が大きくなっていて、国内法と国際法との対立、あるいは、国際的レベルにおける規則の設定と国内レベルにおける規則の適用との緊張関係は深まっていることになる。他方、後者の視点からすると、国家は前者の「創出主体」の位置にあるし、関与の「結果責任」は基本的に国家に帰属していることになる。すると、グローバル化のなかでナショナルな政治アクターとインター・トランス・スプラナショナルな政治アクターとの相互作用と連鎖の構造が深まっていて、[73] それだけに、政治的支配の形状は、国民国家を基本的単位としつつも超国民的多層性を強くしていることになるが、両者の矛盾も生成していることになる。現代の資本主義国家はグローバル化の媒体となり、また、これを媒介とすることで多様な種差性を帯びつつも、形態を変容しつつ自らを再生産していることになる。また、グローバル化は国際レベルにおける新しい「亀裂《クリビリッジ》」を生み出しているだけでなく、それだけに、また、新しい政治空間の創出の機会と可能性も生成している。「グローバル民主政」論が浮上するのはこうした脈絡に発している。

むすび

資本主義国家は、諸国家からなる国際システムないし「世界社会」において社会諸関係の制度的総体として存在している。そのかぎりでは、他の政治的実体とは相互に区別され、一定の領域性と自律性をもって所与の経済社会諸関係の凝集機能を果たしていることになる。だが、国家の存在が歴史的脈絡に規定されているだけに、国家はその経路化に積極的にも消極的にも関与するとともに、内外の経済社会関係の複合的変化のなかで自らの形態と機能を変えざるをえないし、変えてきたといえる。

近代の資本主義的生産様式は一定の定住性と文化的共通性をもった歴史的存在としての人間集団を基盤としている。また、こうした生産と消費の諸過程や諸関係は自己完結的なわけでも自動的再生産機能に服しているわけでもない。とりわけ、土地と貨幣や労働力が擬制商品であることと結びついて、資本主義経済が自らを再生産しうるためには、また、蓄積条件や資本循環を継続的に維持するためには、経済外的要素に依拠せざるをえず、国家による「一般的維持機能」が求められることになる。これには（一）所有諸関係の体系的法制化、（二）資本主義的活動に必要なインフラの供与、（三）国民経済の軍事的・行政的保守、（四）ヘゲモニー的国家装置の整備、（五）経済的諸矛盾の調整、といった政治機能が含まれる。こうした諸機能をもって、国家は社会を編成することで一定の正統性を保持しうることになる。[74] だから、近代の資本主義国家の一般的形態は、政治と社会の形式的編成原理の形態的適合性において「領域主権型代議制民主政国家」として現れる。だが、資本主義経済が個別資本間の競争や階級間矛盾を、あるいは社会的亀裂を内包しているだけに、社会と経済の諸矛盾は国家に跳ね返り、いわゆる「危機管理の危機」や「正統化の危機」となって浮上しかねない。したがって、その可能性が予測される場合には、国家は「ヘゲモニー企図」を媒介とし、また「戦略的選択性」に訴えてこれに対応せざるをえないことになる。この戦略のなかには、空間的「転　移《ディスプレイスメント》」や時間的「延　引《デファメント》」という政策によって、諸矛盾の顕在化に対処することも含まれている。グローバル化はこうした戦略にも発していて、「国家変容」ないし国民的《ナショナル》な政治的形状の変化は政治の「脱領域化」と「政策レジームの国際化」の、いわば〝国際化〟の深化の国内的反映であるといえる。

　近代の資本主義国家において政治社会と市民社会との統一性は、一般的にはコーポラティズム型ないし議会型代表制と官僚制を含む多様な国家装置を媒介として維持されている。だが、経済のグローバル化と政治の国際化の深化は経済社会関係の脱領域化のなかで外的制約に服する傾向を強めることになる。すると、所与の国民国家における社会と政治システムとの乖離が起こり、代表機能の不全化（「デモスの入力機能の不全化」）や「入力と出力の非照応性」を呼び、政治不信と選挙による政治的有効性感覚の減退から国民国家型民主政の「正統性」の危機を呼びかねないことになる。[75] これは、資本主義経済がグローバル化の過程にあると、また、超国民的ガヴァナンス・レジームが生成しているといえても、生産と消費の体系は基本的に国民経済を基盤としているし、政治的正統性の導出メカニズムは国民国家を単位としていることによる。[76]「グローバル民主政」論は、こうした政治や経済の、あるいは社会の国境横断化と国際レジームの生成の認識において、国民国家型民主政とこれを超えるレベルの民主政の模索であり、現代のグローバル化状況を背景としている。

　グローバル化とは空間的には社会諸関係の超領域的ないし脱領域的再編過程のことであり、経済地理学的には経済諸関係のリージョナル化とインターリージョナル化であり、そのかぎりでは、規模間の〝接合〟と〝再接合〟の過程であるとしても、人々は特定の時間と空間を超える「生活世界」にいるわけではなく、基本的には「国家」の領域的枠内にいる。すると、資本の超国民的流動性やバーチャル性をもって生産と生活の時間的・空間的制約性を解消しえないことになる。また、隠喩の場合は別としても、「国家」による階級諸力や社会諸関係の総括という理解をグローバルなレベルに投射し「超国民的国家」や「グローバルな歴史的ブロック」の概念を設定しうる局面にあるとはいえない。グローバル化のなかで政治的規模の鋳直しが起こるとともに、「グローバル市民社会」が萌芽期にあり、この脈絡のなかで国家の機能が多岐化と複雑化を強めているとしても、グローバル・ガヴァナンスは、なお、星雲状態にあるにすぎない。それだけに、また、国際政治や国際機関が「正統性」研究の場となり、民主政の規範的視点から国民国家型民主政とは別の、あるいは、これと並ぶ新しいガヴァナンス・モデルが模索されている[77]。

　「グローバル民主政」論がひとつの潮流となりだすのは一九七〇年代以降のことである。これは、一九六〇年代から表面化しだした社会経済的混乱やグローバル化の波を背景としている。こうした動向は一九七〇年代から八〇年代に国際政治論や国際倫理学における「道徳《モラル》的コスモポリタニズム」で緒につき、一九九〇年には国際関係論や政治理論における「制度《インスティテューショナル》的コスモポリタニズム」に、二〇〇〇年代に入ってからはグローバルな統合の視点から浮上した「社会《ソーシャル》的コスモポリタニズム」に継承されている[78]。また、一九九〇年代に「コスモポリタン政治学（cosmopolitan political science）」と呼ばれる状況がひとつの潮流を形成することになったが、これは、国民国家型政治学と国際政治論との相対的収斂化ないし領域区分の重複化や経験的アプローチと規範的アプローチの領域区分の再規定の必要性

の認識を背景としている。(79)

「グローバル民主政」という言葉には、「民主政のグローバル化」と「グローバル化の民主政」というベクトルを異にする問題が含まれている。というのも、民主政が国際的に波及しているという意味での経験的意味と、民主政をグローバルなレベルでどのように構築するかという規範意味を含意しているからである。「グローバル民主政」の規範的モデルは多様であるし、その類型化は論者を異にして錯綜しているが、それが脱国民国家レベルの民主政と結びついているだけに、いわゆる「現実主義派」はもとより、ポリアーキー型民主政論から、(80)また、コミュニタリアン派や多文化主義論者から、さらには、マルクス主義的潮流の論者からも多様な批判が繰り返されている。この点で、ヘルドとアーチブージは「コスモポリタン民主政」の代表的論者とされるが、彼らにおいて「コスモポリタン民主政」とは「自らの政府と並んで、また、これとは独立して国際問題に発言力、インプット、政治的代表を持つこと」であり、そこにおける「民主政」とは手続きのレベルのみならず「民主的諸価値を追求」しうることであると、あるいは「国家の内外と国家間において民主的社会を実現すること」であり、〝市民〟は「国家市民」と「世界市民」の役割を果たすことであるとしている。この指摘からすると、グローバル化の時代に至って、国民国家型民主政の展開は国際関係や国際機関の民主化と不可分の関係にあるとの認識において「民主政のコスモポリタン化」を構想するものであって、国家に替えてコスモポリタン型の政府ないし世界国家型「秩序」を展望しているわけではないことになる。(81)

新自由主義的・市場原理主義的グローバル化は経済のグローバルな統合の論理と力学を内包しつつも、経済の格差や分極化のみならず、「共通財の惨状（tragedy of the commons）」という問題を改めて浮上させることにもなった。(82)これは、地球の温暖化や汚染のように環境破壊のなかで人類は存続の危機に直面しているという、いわば「課題のグローバル化」という問題にほかならない。さらには、グローバルなテロの脅威にもさらされている。こうした課題は個別国家で対処しうる問題ではなく、グローバルな対応が求められている課題である。カニンガムがデューイの「公衆」論を現代に敷衍し、「グローバル公衆（global public）」論を展開しているのも、こうした背景においてのことである。[83] この脈絡からすると、「デモス（*demos*）」は国家と不可分のものとされてきたが、アメリカの「建国」が示しているように「デモス」の構成は歴史的に可変的であるし、グローバル化の時代において、人々は国家におけるのみならず、自覚的関心の共有において複数の「デモス（*demoi*）」や「グローバル公衆」となりうる位置にある。この点では〝デモス〟概念の現代的再検討が求められていることになる。

だが、ブッシュ政権が「京都議定書」（一九九七年）のサインを拒否したことに見られるように、政治のグローバル化のなかにおいても主権の根強さを浮上させることにもなった。また、共通の規範や社会文化的理念がグローバルに共有されているわけではなく、なお、ヘゲモニー的国家の利害と思惑に左右される状況にある。だが、いまや、争点が脱国民国家化し、領域基盤型政治システムの正統性が問われだしている。それだけに、民主主義の展望という視点からすると、国民国家だけが、いわんや「強国」だけが唯一のグローバルな民主的「秩序」の創出と維持の位置にあるとはいえない状況にある。この点では、諸国における民主化とならんで国際機関は「消極的規制策」にとどまらず、少なくとも「共通財」の保持において各国が果たすべき「積極的規制策」を闡明すべき局面を迎えていることになる。

社会的な時間と空間が変化するなかで、社会関係や人々の活動が大きな変容期にある。歴史としての現代はグローバルな世界史的転換期にある。歴史とは人々の共同の営為であるだけに、この転換期にどのような道を拓きうるかということ、これは現代の歴史的課題にほかならない。

表　グローバル長期波動の周期

	局　面	長期波動の名称	上 昇 期	下 降 期	技術スタイル
長期波動(1)	1780年代～1840年代	産業革命	1780年代～1820年代	1830年代～1840年代	紡績、鉄と蒸気力、鉄鉱炉、輪作
長期波動(2)	1850年代～1890年代	大規模産業	1850年代～1860年代	1870年代～1890年代	蒸気エンジン、鉄道、金
長期波動(3)	1890年代～1930年代	金融資本と帝国主義	1890年代～1910年代	1920年代～1930年代	電気と化学
長期波動(4)	1940年代～1990年代？	戦後グローバル・フォーディズム	1940年代～1960年代	1970年代～1990年代	内燃エンジン、アセンブリーライン、石油
長期波動(5)？	2000年代～2040年代？	グローバル化と情報技術	2000年～2020年代？	2020年代～2040年代？	コンピューター、インターネット、エレクトロニクス？

Source : Phillip A. O'Hara, "A New Neoliberal Social Structure of Accumulation for Sustainable Global Growth and Development?" in Steven Pressman, ed., *Alternative Theories of the State*, Palgrave Macmillan, 2006, p. 93.

(1) Eric Hobsbawm, *On Empire : America, War, and Global Supremacy*, Pantheon Books, 2008, pp. 62–66.

(2) 次表は、グローバル化の時期区分という点では、ひとつの参考となりえよう。

(3) 「時間―空間の圧縮」という概念が明示的に登場するのは次においてである。David Harvey, *The Condition of Postmodernity*, Blackwell, 1989. なお、ハーヴェイの業績の批判的検討については次の論文集を参照のこと。N. Castree and D. Gregory, *David Harvey : A Critical Reader*, Blackwell, 2006.

(4) David Marsh, Nicola J. Smith and Nicola Holthi, "Globalization and the State," in C. Hay, M. Lister and D. Marsh, *The State : Theories and Issues*, Palgrave Macmillan, 2006, pp. 172–89. 各テーゼの代表的著作として挙げられているもので、本論の行論とかかわるものについて次を列記しておく。(1) K. Ohmae, *The End of the Nation State : The Rise of Regional Economics*, Harper Collins, 1996 ; (2) P. Hirst and G. Thompson, *Globalization in Question : The International Economy and the Possibilities of Governance*, Polity Press, 1999 ; (3) D. Held et al., *Global Transformations : Politics, Economics and Culture*, Cambridge University Press, 1999 ; (4) L. Weiss, *States in the Global Economy : Bringing Domestic Institutions Back In*, Cambridge University Press, 2003 ; (5) C. Hay and D. Marsh, *Demystifying Globalization*, Macmillan, 2000. なお、「懐疑派」の議論については次の整理も参照のこと。Colin Hay, *Political Analysis : A Critical Introduction*, Palgrave, 2002,

p. 253.

（5）「超グローバル化論」が国際資本の流動性から資本主義経済システムの一元的収斂論を導いているのにたいし（「共通のインプットと共通のアウトプット」モデル）、インプットないし「圧力」の共通性を前提としながらも「自由主義経済」（英米）と「協調型《コ・オーディネイテド》市場経済」（独および北欧諸国）への二元的収斂論も導かれている。次を参照のこと。Colin Hay, "Globalizations Impact on States," in John Ravenhill, *Global Political Economy*, second edition, Oxford University Press, 2008, ch. 10.

（6）Edward W. Soja, "Third Place : Expanding the Scope of the Geographical Imagination," in D. Massey, J. Allen and P. Sarre, eds., *Human Geography Today*, Polity Press, 1999, pp. 260–78. ソージャは、M・フーコの〝ヘテロトポロジィ〟の概念やルフェーブル（Henri Lefebvre）の『空間の生産』（一九九一年）の指摘を踏まえて、「第三空間」として「生活空間（lived space）」の概念を提示している。この「空間」は、「第一空間」（知覚空間、perceived space）と「第二空間」（着想空間、conceived space）という伝統的な「物質主義／客観性、観念主義／主観性」という〝二元論〟的「空間性」の概念ではなくて、生活空間の変革を志向した解釈と行動の固有の空間概念であって、集団的政治行動の戦略的合流点であるとする（ibid., pp. 269–70）。

（7）S・ギルは一九八〇年代から九〇年代の東欧の〝革命的〟体制転換を、西側の「超国民的歴史ブロック」指導下の「規律型新自由主義」のインパクトを受けた「受動的革命」にたとえている。Stepehn Gill, *Power and Resistance in the New World Order* (2nd edition, fully revised and updated), Palgrave Macmillan, 2008, pp. 59, 63–64.

（8）その動態の検討については枚挙に遑はないが、次が簡便である。Ray Kiely, *The New Political Economy of Development : Globalization, Imperialism, Hegemony*, Palgrave Macmillan, 2007.

（9）経済のグローバル化現象の整理については次を参照のこと。B. Jessop, *The Future of the Capitalist State*, Polity Press, 2002, pp. 115–16.

（10）例えば、次を参照のこと。David A. Crocker, "Development Ethics, Democracy, and Globalization," in Deen K. Chatterjee, ed., *Democracy in a Global World*, Rowman & Littlefield, 2008, pp. 47–48. この論文は民主政のプロジェクトを（一）「リベラルなインターナショナリズム」、（二）「ラディカル共和主義《リパブリカニズム》」、（三）「コスモポリタン民主政」、に

整理するとともに、それぞれの代表的著作として次を挙げている。(1) Commission on Global Governance, *Our Global Neighbourhood*, Oxford University Press, 1995 ; (2) Richard Folk, *On Human Governance : Toward a New Global Politics*, Polity Press, 1995 ; (3) D. Held et al., *op. cit.*, 1999.

（11）M・ウェーバーは「世界帝国」と資本主義との相関について次のように指摘している。すなわち、「内包的な国民国家こそが資本主義の存続を可能なものとする。この国家が世界帝国に替わらないかぎり、資本主義の消滅は起こらない」と（M. Weber, *Wirtschaft und Gesellschaft*, Dunker und Humblodt, 1956, p. 1034）。

（12）ホブズボームは、戦後から一九六〇年代までの民主的福祉国家の時代を、それに先行する「破局の時代」との対比において「黄金時代」と呼んでいる。E. J. Hobsbawm, *Age of Extremes : The Short Twentieth Century, 1914–1991*, Michael Joseph, 1994. ジェソップの指摘については次を参照のこと。Bob Jessop, *op. cit.*, 2002 ; idem., *State Power : A Strategic–Relational Approach*, Polity, 2008, p. 190.

（13）James H. Mittelman, *The Globalization Syndrome : Transformation and Resistance*, Princeton University Press, 2000（田口・松下・柳原・中谷訳『グローバル化シンドローム―変容と抵抗』法政大学出版局、二〇〇〇年）.

（14）D. Held, et al., *op. cit.*, 1999.

（15）Raffaele Marchetti, *Global Democracy : For and Against, Ethical Theory, Institutional Design, and Social Struggles*, Routledge, 2008. この書は「グローバル民主政」をめぐる理論的対抗状況を整理したうえで、「ローカルな改革は、それに対応したグローバルなレベルの政治改革を欠いては無力であるし、……グローバルな改革は民主的生活のローカルな強化を欠いては実現しえず、社会的紐帯を破壊するに過ぎない」との視点から（p. 11）、「コスモ連邦システム（cosmo–federal system）」モデルを提示している。

（16）Edgar Grande, "Cosmopolitan Political Science," *British Journal of Sociology* 57 (1), 2006, pp. 87–111.

（17）Georg Sørensen, *The Transformation of the State : Beyond the Myth of Retreat*, Palgrave Macmillan, 2004 ; idem., "The Transformation of the State," in C. Hay, M. Lister and P. March, *The State : Theories and Issues*, Palgrave Macmillan, 2006, pp. 190–208.

（18）ショイエルマンは次のように指摘している。「伝統的自由民主政の権力分立には、また、重要な時間的意味《サブテクスト》も含まれている。つまり、立法部は予見的《プロスペクティブ》ないし未来志向的であり、司法部の活動は基本的に回顧的ないし過去志向的であるのにたいし、行政部は同時代的ないし現在志向的である」と。W. E. Scheuerman, *Liberal Democracy and the Social Acceleration of Time,* Johns Hopkins University Press, 2004, p. 29.

(19) M. Mann, *The Sources of Social Power,* vol.1, Cambridge University Press, 1986 ; H. Willke, *Die Ironies des Staates,* Suhrkamp, 1992 ; L. Weiss, "Is the state being transformed by globalization?" in L. Weiss, ed., *States in the Global Economy : Bringing Democratic Institution Back In,* Cambridge University Press, 2003, pp. 293–317.

(20) A. Giddens, *The Nation–State and Violence,* Polity Press, 1985 ; P. J. Taylor, "The State as Container : Territoriality in the Modern World System," *Progress in Human Geography* 18 (2), 1994, pp. 151–62.

(21) 「主権」が理念的には〝国家〟に帰属しているとされることで、国際システムにおける国家の形式的平等性や非介入の原則が生成しうることになる。

(22) S. D. Brunn, "A Treaty of Silicon for the Treaty of Westphalia? New Territorial Dimensions of Modern Statehood," in D. Newman, ed., *Boundaries, Territory and Postmodernity,* Frank Cass, 1999, pp. 106–31.

(23) Colin Hay, *Political Analysis : A Critical Introduction,* Palgrave, 2002, pp. 253–60.

(24) Colin Hay, "What Place for Ideas in the Structure–Agency Debate? Globalisation as a 'Process without a Subject' " (www.theglobalsite.ac.u.k).

(25) Phillip C. Schmitter, "Neo–corporatism and the state," in W. Grant, ed., *The Political Economy of Corporatism,* Macmillan, 1985, p. 33.

(26) Colin Hay, "Crisis and the Structural Transformation of the State : Interrogating Process of Change," *British Journal of Politics and International Relations* 1–3, October 1999, pp. 317–44.

(27) I. Katznelson and H. V. Milner, "American Political Science : the Discipline's State and the State of the Discipline," in I. Katznelson and H. V. Milner, eds., *Political Science : State of the Discipline,* W. W. Norton & Company, 2002, pp. 1–32.

(28) Jürgen Habermas, *Die Postnationale Konstellation : Politische Essays,* Suhrkamp, 1998, translated, edited and

with an introduction by M. Pensky, *The Postnational Constellation : Political Essays,* MIT Press, 2001, ch. 4.

(29)　ブレーメン大学の「トランスティト研究センター（TranState Research Center）」の詳細については次を参照のこと。http : //www.state.uni–bremen.de/.

(30)　Stein Rokkan, “Dimensions of State Formation and Nation–Building : A Possible Paradigm for Research on Variations within Europe,” Charles Tilly, ed., *The Formation of National States in Western Europe,* Princeton University Press, 1975.　なお、ロッカン理論の紹介と整理については次を参照のこと。Peter Flora, “Introduction and Interpretation,” in Peter Flora, with Stein Kuhnle and Derek Urwin, ed., *State Formation, Nation–Building, and Mass Politics in Europe : The Theory of Stein Rokkan,* Oxford University Press, 1999.

(31)　ジャン・ボーダン以来の、「主権」の絶対的・排他的・ゼロサム的「統一《ユニタリー》的主権」の観念。

(32)　いわゆる「国家の理性（*ragion di stato,* reason of state）」という言葉の “ragion” は「計測可能性（calculability）」を意味する “*ratione*” と同一言語に発するとされる（M. Zürn and S. Leibfried, “Reconfiguring the National Constellation,” in S. Stephan and M. Zürn, eds., *Transformation of the state?,* Cambridge University Press, 2005, p. 6, n.d）。「主権的領域型国家」が連邦国家と単一国家では違いを帯びたように、独仏型の「市民権（*droit civil*）」と英米型の「コモン・ロー」の違いを含む。また、政府と利益集団との関係において、コーポラ主義的体制においては利益集団が制度化されているがゆえに、政府活動には利益集団の同意が必要とされるのにたいし、多元主義的関係においては、政府はその必要を免れているとされる。次を参照のこと。R. O. Keohane and J. S. Nye Jr., “Introduction,” in J. S. Nye and J. D. Dohahue, eds., *Governance in a Globalizing World,* Brookings, 2000, pp. 1–41.

(33)　統治レジームにおける議会制と大統領制や集権型と連邦型の、あるいは、議会内多数決型と多極共存型などの違いを含む。なお、「多極共存型民主政（consociational　democracy）」は、イエール大学のレイプハートが「断片型政治文化をもった民主政を安定的な民主政に変えようとするエリート連合による統治」であると規定されたことに負うが（A. Lijphart, “Consociational Democracy,” in *World Politics* (21–2), 1969, pp. 207–25）、その起源は、Johannes Althusius (1557–1638) の *Politica Methodice Degesta* (1603) の “consociatio” に発するとされる（Zürn and Leibfried, *op. cit.,* 2005, p. 8）。また、「（代議制）民主政」の制度的用件については次を参照のこと。Robert A. Dahl, *On Political Equal*-

ity, Yale University Press, 2006.

（34） M. Zürn, S. Leibfried, B. Zangl, and B. Peters, eds., *Transformations of the State* (TranState Working Papers, no. 1), 2004 ; Leibfried and Michael Zürn eds., *Transformation of the State?*, Cambridge University Press, 2005, pp. 4–11 ; A. Hurrelmann, S. Leibfried, K. Martens, P. Mayer, eds., *Transforming the Golden-Age Nation State*, Palgrave Macmillan, 2007.

（35） Sørensen, *op. cit.*, 2004.

（36） Christopher Hill, *The Century of Revolution : 1603–1714*, 2nd ed., WW Norton and Co., 1980.

（37） E. Hobsbawm, *Nations and Nationalism since 1780*, 1990 ; Benedict Anderson, *Imagined Communities*, 1991 ; Ernest Gellner, *Nations and Nationalism*, 1991. M・マンはウェーバーの「国家」概念を次の四つの構成要素からなるものとしている。すなわち、「（a）一組の分化した諸機関と要員であり、これは（b）政治関係が中心から放射的に広がるという意味での中心性に具体化されているが、これは（c）ひとつの領土的に区分された領域を包括するためであり、（d）この領域に対し、この分化した諸機関と要員が物理的暴力という手段の独占に担保されて、権威的な拘束的規則の設定を独占する」と。この規定は国家の機関である「統治機構（government）」を想定しているものと思われるが、これに従えば、近代国家は一定の空間において（領域性）、物理的強制力（軍隊・警察）を背景として、法による制度的手続きを媒介として（正統性）、所与の住民を支配している機構と要員であることになる。

（38） S. Leibfried and M. Zürn, eds., *op. cit.*, 2005, pp. 9–10. 大陸ヨーロッパ型保守的福祉レジーム、スカンディナビア型社会民主的福祉レジーム、アメリカ型自由主義レジームの類別化については次を参照のこと。G. Esping-Andersen, *The Three Worlds of Welfare Capitalism*, Polity Press, 1990. また、次は国家介入の形態を（一）「市場創出（market-making）」型（市場と生産過程の調整）、（二）「市場抑制（market-braking）」型（人的資源やインフラと基本的サービスの供与）、（三）市場修正（market-correcting）」型（福祉政策・マクロ経済政策・ミクロ経済型危機吸収策による所得再分配型介入）に類型化している。W. Streek, "From market making to state building? Reflections on the political economy of European social policy," in S. Leibfried and P. Pierson, eds., *European Social Policy : Between Fragmentation and Integration*, Brookings, 1995, pp. 389–431.

(39)　B. Jessop, *The Future of the Capitalist State,* Polity Press, 2002, pp. 38–39.

(40)　アメリカにおける「福祉国家」形成については次を参照のこと。John Manley, “Theorizing the Unexceptional US Welfare State,” ed., by Paul Wetherly et al., *Class, Power and the State in Capitalist Society : Essays on Ralph Miliband,* Palgrave Macmillan, 2008.　また、「自由民主政《リベラル・デモクラシー》」の「リベラリズム」による哲学的正統化については次を参照のこと。Robert B. Talisse, *Democracy After Liberalism,* Routledge, 2005.

(41)　Jonah D. Levy, “The State after Statism : From Market Direction to Market Support,” in J. D. Levy, ed., *The State after Statism : New State Activities in the Age of Liberalization,* Harvard University Press, 2006, pp. 368–93, at 368, 375.

(42)　B. Jessop, *State Power : A Strategic–Relational Approach,* Polity Press, 2008, p. 210.

(43)　M. Zürn, “From Interdependence to Globalization,” in W. Carlsnaes, T. Risse and B. A. Simmons, eds., *Handbook of International Relations,* Sage, 2002, pp. 235–54.

(44)　Zürn and Leibfried, *op.cit.*, 2005, pp. 13 ; Kahler, M. and D. A. Lake, “Globalization and Changing Pattern of Political Authority,” in M. Kahler and D. A. Lake, eds., *Governance in a Global Economy : Political Authority in Transition,* Princeton University Press, 2003.

(45)　A. Hurrelmann, S. Leibfried, K. Martens, and Peter Mayer, eds., *Transforming the Golden–Age Nation State*, Palgrave Macmillan, 2007.

(46)　Edgar Grande and L. W. Pauly eds., *Complex Sovereignty : Reconstituting Political Authority in the Twenty–first Century,* University of Toronto Press, 2007.　なお、この書に所収の論文で、グランデとポーリーはトランスナショナル・ガヴァナンスの視座から「協力《コーポレーション》」の「意志」と「能力」の存否という点から国家を四類型化し、両者を兼備している国家を「協力国家」と、意志を持ちながらも能力を欠く国家を「弱い国家」と、能力を有しながらも意志を欠いている国家を「自己中心的《エゴイスティック》」国家と、また、いずれの条件も欠き、「協力国家」に対抗している国家を「ならずもの《ローグ》」国家と位置づけている（pp. 294–95）。

(47)　R. A. Dahl, “A democratic dilemma : system effectiveness versus citizen participation,” *Political Science Quarterly*

109–a, 1994, pp. 23–34.

（48） M. Zürn, "Global Governance and Legitimacy Problems," *Government and Opposition* 39 (2), 2004, pp. 260–87.

（49） D. Archibugi and D. Held, eds., *Cosmopolitan Democracy : An Agenda for a New World* Order, Polity Press, 2004.

（50） S. Leibried and M. Zürn, *op. cit*., 2005, pp. 25–26.

（51） 「インターメスティック（intermestic）」とはローカルな統治機関の国際的連鎖化を指す概念であって、次に負う。I. D. Duchacek, D. Latouche and G. Stevenson, eds., *Perforated Sovereignties and International Relations : Trans–sovereign Contacts of Subnational Governments,* Greenwood Press, 1988.

（52） Robert O. Keohane and Joseph S. Nye, eds., *Transnational Relations and World Politics,* Harvard University Press, 1972.

（53） （i）としては国連の組織やEU外相会議、（ii）としては環境などの国家間調整ネットワーク、（iii）としては国連上級職員やEU委員会、（iv）としては多国籍企業や市民社会組織が、それぞれの類例となりえよう。

（54） 国際関係におけるける権力関係の「ゼロ・サム型」の理解の難点については次を参照のこと。Bob Jessop, "The World Market, National States, and Political Order"（中谷義和訳『立命館大学人文科学研究所紀要』第九〇号、二〇〇八年、近刊）。

（55） このグループは、国家が自らの「変容（transformation）」の（一）直接的発想者《イニシエーター》となっている場合、（二）その直接的推進者《プロモーター》である場合、（三）その管理者となっている場合にわけ、いずれかの場合には「自己変容（self–transformation）」の過程にあるものとしている（Hurrelmann, et al., eds, *op. cit*., 2007, p. 200）。次の「移動《シフト》」論も参照のこと。Johah D. Levy, ed., *The State after Statism : New State Activities in the Age of Liberalization,* Harvard University Press, 2006.

（56） Hay, Colin, *op. cit.,* 2008.

（57） Linda Weiss, "Introduction : bringing domestic institutions back in," and id., "Is the state being 'transformed' by globalization?" in L. Weiss, ed., *State in the Global Economy : Bringing Domestic Institutions Back In,* Cambridge University Press, 2003, pp. 1–33, 293–317. この論文は、グローバル化論に否定的な「懐疑派」とは区別しつつも、

図　グローバル化の論理、国家諸制度、国家対応

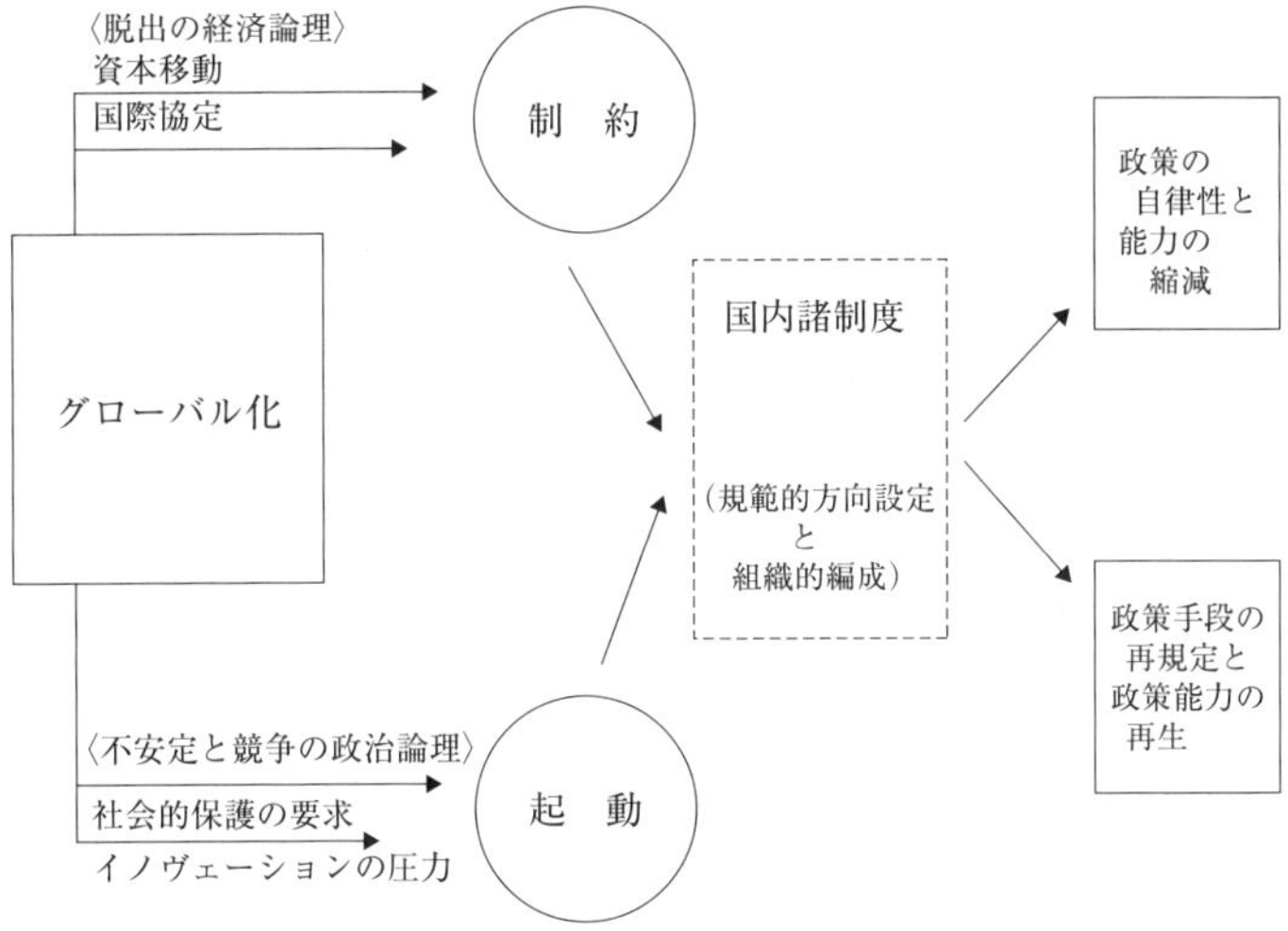

Source : L.Weiss . *op . cit.,* 2003, p . 6.

D・ヘルドたちの、いわゆる「変容論」も温和ではあれ、国家がグローバル化という外的条件に服し、権力の共有状況が起こっているとする点では「制約論」の枠内に入るとする。

(58) 左図は、その概念図である。

(59) GDPに占める政府支出の割合や全就業者中に占める政府要員の割合に、それほどの減少は認められず、アメリカについては横ばい状況にある。これは市場のグローバル化のなかで国際競争力の強化の要請を反映しているともいえる（L. Weiss, *The Myth of the Powerless State*, Cambridge University Press, 1998)。

(60) Michael Mann, "The Autonomous Power of the State : Its Origins, Mechanisms, and Results," in John A. Hall, ed., *States in History*, Basil Blackwell, 1986, pp. 109–36.

(61) John D. Levy, *op. cit.*, 2006, pp. 382–91.

(62) いわゆる「アムステルダム学派」の超国民国家的権力ネットワークについて一連の作業を含めて、次も参照のこと。S. Gill, *op. cit.*, 2008, pp. 183–205.

(63) Ngair Woods, "The Political Economy of Globalization," in N. Woods, ed., *The Political Economy of Globalization*, St. Martin's Press, 2000, pp. 1–19, at 13.

(64) S. Gill, *op. cit.*, 2008, ch.7.

(65) John G. Ruggie, "International Regimes, Transactions, and Change : Embedded Liberalism in the Postwar Eco-

nomic Order," *International Organization* 36 (2), 1982, pp. 379–415 ; M. Zürn, "Global Governance and Legitimacy Problems," *Government and Opposition* 39 (2), 2004, pp. 260–87.

(66) Mark Blyth, *Great Transformations : Economic Ideas and Institutional Change in the Twentieth Century,* Cambridge University, 2002, pp. 5–6 ; J. G. Ruggie, "At Home Abroad, Abroad at Home : International Liberalization and Domestic Stability in the New World Economy," *Millennium : Journal of International Studies* (24) 3, 1995, pp. 507–26 ; Jens Steffek, *Embedded Liberalism and Its Critics : Justifying Global Governance in the American Century,* Palgrave Macmillan, 2006.

(67) B. Jessop, *The Future of the Capitalist State,* Polity Press, 2002 ; id., "Globalization and the National State," in Stanley Arnowitz and Peter Bratsis, eds., *Paradigm Lost : State Theory Reconsidered,* University of Minnesota Press, 2002, pp. 202–05.

(68) 戦後アメリカの〝ヘゲモニー〟は軍事的優位にのみならず、経済的・政治的・文化的・イデオロギー的指導力に負うものであるが、一九七〇年代以降の新自由主義的企図は、こうしたヘゲモニーの相対的低下を背景としている。また、「九・一一事件」以降のアメリカの世界戦略は、ラムズフェルドやブッシュ・ドクトリンに見られるように、その権力の攻撃的〝巻き返し〟に発している（E. Hobsbawm, *op. cit.,* 2008, pp. 55–59）。

(69) Bruce Pilbeam (2003) *Conservative Ideology after the Cold War,* Palgrave Macmillan, ch. 5. リベラリズムに内在的な介入主義的方向と市場原理的方向という対抗的潮流は、既に、T・H・グリーンやケインズの、また、デューイの、さらには、ニューディール「改革主義」的・介入主義的政策方向に対抗するかたちで、一九三〇年代以来、底流し、「リベラリズムの再生」を謳って、一九四七年にF・A・ハイエクを中心とした「モン・ペルラン協会（Mont Pelerin Society）」の形成へと連なっている。次を参照のこと。Rachel S. Turner, "The 'rebirth' of Liberalism : The Origins of neo–liberal ideology," *Journal of Political Ideologies* 12 (1), Feb. 2007, pp. 67–83.

(70) S・ギルは新自由主義的経済原理を軸として生成しているグローバル・ガヴァナンス論を「規律型新自由主義（disciplinary neo–liberalism）」と、また、この原理に依拠して生成しているグローバル・ガヴァナンスを「新立憲主義（new constitutionalism）」と呼んでいる。S. Gill 2008, *op. cit.,* pp. 138–42.

（71）Colin Hay, "(What's Marxist about) Marxist State Theory?" in C. Hay, M. Lister and D. Marsh, eds., *The State : Theories and Issues*, 2006, pp. 59–78 ; id., *Political Analysis : A Critical Introduction*, Palgrave Macmillan, 2002, pp. 126–34. ヘイはジェソップの「関係的」ないし「戦略―関係的（strategic-relational）」アプローチが行動主体と構造の二元論の克服と両者の内的連関の弁証法的理解に位置するものであり、「戦略」と「戦略的選択性」の概念を導入することで、主体と構造との主意主義的理解と構造主義的理解との突破口を求めたとしている。なお、プーランザスは「制度」を「社会的に是認された規範ないしルールのシステム」と、また「構造」を「諸制度の組織化のマトリックス」であるとするとともに「構造は制度自体において、暗示的で逆転した形態において存在している」とする（*Political Power and Social Classes*, Veso Books, 1978, p. 115 n. 24）。

（72）Bob Jessop, "Dialogue of the Deaf : Some Reflections on the Poulantzas–Miliband Debate," in Paul Wetherly and Clyde W. Barrow, eds., *Class, Power and the State in Capitalist Society : Essays on Ralph Miliband*, Palgrave Macmillan, 2008, pp. 132–57. また、ジェソップは次のように指摘している。「要するに、ミリバンドは社会カテゴリーとしてのエリートから出発し、より広く社会諸勢力へと移り、構造的要因については触れたにとどまったのにたいし、プーランザスは構造的要因から社会諸勢力間の闘争へと進み、特殊な社会カテゴリーについては触れるにとどまった」とする（p. 152）。また、ジェソップは、（a）「資本主義社会における国家の担い手《エージェント》による国家権力の行使がロビー中心主義、個別主義、短期主義、断片化などの諸問題をどのように克服し、少なくとも、資本の拡大再生産に適合的な諸政策を展開しているか」ということ（「機能的適合性」）、（b）「資本主義的国家類型における、また、これを媒介とした権力の行使が、個別の蓄積戦略、国家企図、ヘゲモニー・ヴィジョンをもって、経済と政治制度のなかで起こる諸問題をどのように克服しているか」ということ（「形式的適合性」）、この（a）と（b）とを結合し、構造主義と道具主義の国家理論にかかわる〝陥穽〟を避ける位置にあるのが、自らの国家権力の「偶発的必然性（contingent necessity）」の概念であるとしている（p. 156）。なお、「ミリバンド－プーランザス論争」については次も参照のこと。Clyde W. Barrow, "The Miliband–Poulantzas Debate : An Intellectual History," in S. Aronowitz and P. Bratsis, eds., *Paradigm Lost : State Theory Reconsidered*, University of Minnesota Press, 2002, pp. 3–52. また、ミリバンドの業績の検討については、上掲のウェザリーとバローの編著のほかに、次も参照のこと。M. Newman, *Ralph Miliband and Politics of the New Left*, Merlin, 2002.

（73） U. Beck, *Power in the Global Age : A New Global Political Economy*, Blackwell, 2006. 所有諸関係の視点からすると資本主義社会は「分裂」ないし「区分」を含んでいるが、一般的には、こうした区分は宗教・人種・性などの社会的区分として認識され、「自由民主政的資本主義」においては、こうした区分は「相違（difference）」に解消され、交渉と妥協をもって解決されうると考えられることになる。こうした考えがもっとも高度な展開を見たのがアメリカであって、多様性が積極的シンボルとされるにとどまらず、「相違」ないし「差異」は自由民主政の枠内において解決されうるとされ、したがって、この枠内を超える考えや行動については、国内的にも国外的にも強圧的な方策に訴えうることが正当視される傾向を帯びることになる。

（74） ウェーバーの「正統性」分析は支配者による正統性の「主張」と「扶植」および被支配者による正統性の「受容」と「確信」の〝経験的〟分析視点を提示したものであるとし（M. Weber, *Economy and Society*, University of California Press, 1978, p. 213）、正統性の分析視点を〝規範的〟と〝経験的〟レベルにわけ、グローバル化とかかわって、この問題を扱った論集としてはブレーメンの研究グループの次がある。A. Hurrelmann, S. Schneider, and J. Steffek, "Introduction : Legitimacy in an Age of Global Politics," Hurrelmann, et al. eds., *Legitimacy in an Age of Legitimacy*, Palgrave Macmillan, 2007.

（75） Michael Zürn, "From Interdependence to Globalization," in W. Carlsnaes, T. Risse and B. A. Simmons, eds., *Handbook of International Relations*, Sage, 2002, pp. 264–65 ; S. J. Pharr and R. D. Putnam, eds., *Disaffected Democracies : What's Troubling the Trilateral Countries*, Princeton University Press, 2000.

（76） ビーサムは、正統性の評価は合法性という「法的妥当性（legal validity）」、社会的信念からの「正当化可能性（justifiability）」、同意の確証という「正統化（legitimation）」の脈絡から、つまり、単なる手続きの適合性のみならず社会の価値規範と明証的合意から行われるべきものとしている。次を参照のこと。David Beetham, *The Legitimation of Power*, Palgrave Macmillan, 1991, pp. 15–25.

（77） 「コスモポリタニズム（cosmopolitanism）」、「コスモポリティズム（cosmopolitism）」、「コスモポリティクス（cosmopolitics）」という言葉は、グローバル化をめぐる言説のなかで一九九〇年代に再浮上し、「コスモポリタン民主政」の概念と結びついて登場している。その理念的諸潮流については次を参照のこと。D. Archibugi, and M. Koenig–Archibugi, “Globalization, Democracy and Cosmopolis : A Bibliographical Essay” in Daniel Archibugi, ed., *Debating Cosmopolitics,* Verso, 2003.　なお、「国際主義（internationalism）」が理念型的には「国家」間協調主義を前提としているとすると、「コスモポリタニズム」は「無政府」や「無秩序」との区別において、何らかの規範の共有をもって世界秩序を構想するものであるかぎり、また「主権」の絶対性が排除されうるかぎり、理念型のレベルからすると世界秩序論の出発点となりうることになる。また、「冷戦の終焉」以前のアメリカとソ連指導型の世界政治を想定すると、政治（学）的には排他的主権論が機能していたわけではないといえるし、「主権」の不可侵性をもって強国の介入の阻止原理とされたのみならず、この原理に訴えて反民主的国内体制が擁護されてきたという現実にもある。したがって、古典的な法学的「国家主権」論を所与としないかぎり、例えば、課題と機能の共通性を基盤としたコスモポリタンな空間における政府間・非政府間ガヴァナンスは想定しうることになる。この点で、次は「複合的主権（complex sovereignty）」という概念を提示している。Edgar Grande and Louis W. Pauly, *op. cit.,* 2005.

（78）　Raffaele Marchetti, *Global Democracy : For and Against, Ethical theory, institutional design, and social struggles,* Routledge, 2008, pp. 3–4.

（79）　Edgar Grande, “Cosmopolitan Political Science,” *British Journal of Sociology* 57 (1), 2006, pp. 87–111.

（80）　ポリアーキー型民主政が国際レベルでは機能しえないのではないかという指摘については、次を参照のこと。Dahl, Robert, *On Democracy,* Yale University Press, 1998, ch. 9（中村孝文訳『デモクラシーとは何か』岩波書店、二〇〇一年）。

（81）　D. Archibugi and D. Held, *Cosmopolitan Democracy : An Agenda for a New World Order,* Polity Press, 1995, pp. 12–14 ; D. Archibugi, “Cosmopolitan Democracy and Its Critics, ”*European Journal of International Relations* 10 (3), 2004, pp. 437–73.　後者の論文は「コスモポリタン民主政」の基本的原理と構造を詳細に説明するとともに、批判に対して反批判的に応えているという点では「コスモポリタン民主政」の構想と展望を明らかにするものとなっている。

（82）　新自由主義政策が国際的政策潮流となって以降も、一人当たりのＧＤＰや工業部門の生産性の成長率は先進資本主義国においてすら停滞しているし、ジニ係数は拡大している。次を参照のこと。D. A. O’Hara, *op. cit.,* 2006 : 91–112.

なお、「共通財の惨状」という言葉は次に発するとされる。G. Hardin, "The Tragedy of the Commons," *Science* 162 (3859) : 1968, pp. 1243–48.

（83） Frank Cunningham, "The Global Public and Its Problems," in Deen K, Chatterjee, ed., *Democracy in a Global World : Human Rights and Political Participation in the 21st Century*, Rowman & Littlefield Publishers, 2002, pp. 201–15（中谷義和訳「グローバル公衆とその諸問題」、『立命館法学』二〇〇八年三号、所収）。

第四章　多国籍企業とグローバル・シティー

日髙克平

はじめに

「グローバリゼーション（Globalization）」という用語が頻繁に用いられるようになって久しい。この用語は、通常、各国政府の政治行動や多国籍企業の経済活動が国境という領土的区域を越えて地球規模で相互に影響を及ぼしあう状態を意味している。したがって、グローバリゼーションそれ自体には、国家間や企業間の利害対立を調整する役割が期待できる。例えば、地球環境問題や貧困問題に対して、自国の利害を越えて取り組むことを意味する場合である。

しかしながら、この用語によって言い表される社会現象は、むしろ深刻な社会問題ないしは経済問題である場合が多い。投機的な金融取引、天然資源や農産物を巡る争奪戦、さらには労働市場における雇用条件の不安定化など、地球規模化する経済活動から生じる問題である。

また、このような経済のグローバル化を梃子として、多国籍企業の事業領域がますます拡大している。多国籍企業の市場規模と事業領域の拡張にとって、現代グローバリゼーションの深化は欠くべからざるものである。

ところで、海外直接投資論においては、多国籍企業は国境を越えて諸外国へ直接投資する主体として理解されてきたため、投資対象国（進出先国）と当該企業との関係がもっぱら分析の対象とされてきた。(1)

しかしながら、実際の多国籍企業の活動の場は投資対象国内の主要な都市にあり、国境を越えて諸都市を連結し経営的に統制するところに多国籍企業の経営的特徴が見出せる。このような諸都市間の連結および経営的統制を可能とするものが輸送と情報通信分野における技術革新であるが、後述するように、これらの分野における革新的技術こそがグローバリゼーションを深化させる主要な要素なのである。

多国籍企業が各国の諸都市を活動拠点とすることにより、都市の経済的発展がもたらされると一般に理解されているが、しかしながら、それはさまざまな矛盾を内包した「発展」にほかならない。都市経済の中では、所得面でも消費面でも不均等かつ不公正な構造が生み出される。急速に進むわが国の格差社会化も現代の都市経済に固有の特徴の現れとみることができる。もとより、多国籍企業の経営行動がもたらす社会的矛盾は都市問題だけに限るものではない。バイオアグリビジネスが「農業の工業化」を推進した結果、農村社会の伝統的な構造を破壊しつつある、という深刻な問題もインド等の諸国家における都市の周辺部では生じている。

ところで、都市の研究について振り返ってみると、一九七〇年代以来、多国籍企業研究の中で都市と多国籍企業との関係が論じられてきた。他方、経済地理学等の分野においても、一九八〇年代のジョン・フリードマン（John Friedman）の世界都市研究の成果を経て、一九九〇年代以降、現代のグローバリゼーション研究と関連づけながら、サスキア・サッセン（Sasukia Sassen）の「グローバル・シティー論」が注目を集めている。「グローバル・シティー」とは、多国籍企業や国際金融業務の戦略的中枢を担う都市機能に着目した概念である。

本章は、このような都市研究の理論的系譜に依拠しながら、「グローバリゼーションと多国籍企業の関係」について考察するものにほかならない。都市に注目する理由は、現代グローバリゼーションが内包する諸問題（環境、人権、貧困等の）が集中して現れる場としての都市を研究することにより、グローバリゼーションと多国籍企業の関連性がより明確になると考えるからである。

1　グローバリゼーションと多国籍企業経営

(1)　現代グローバリゼーションの基本的性格

グローバリゼーションは現代社会に固有の現象ではない。グローバリゼーションの開始時期については、さまざまな解釈がある。ウルリッヒ・ベック（Ulrich Beck）によれば、資本主義世界システムの登場、すなわち「経済のグローバル化」に限った場合でも、植民地主義が始まった一六世紀にまで遡るとする説もあれば、国際的コンツェルンの登場に見出す説、あるいは固定為替相場の廃止とともに始まったとする説、などがある(2)。

また、スーザン・ジョージ（Susan George）は、一七世紀中葉の様子を描写したマルクスの『経済学批判要綱』の中に、次のような記述を見出している。

　人々の間のコミュニケーションが地球全体に大きく広がったため、世界は一つの都市のようになったと言っても過言ではあるまい。そこでは、市場が恒常的に開かれ、およそ想像しうるすべての商品を見つけることができ、誰もが、自分の住処から外に出なくても、お金を手段として使うことによって、自分の欲求を満たし、大地や動物、あるいは人間の労働が生みだすあらゆるものを享受することができるのだ。なんという素晴らしい発明であ

ることか。(3)

しかしながら、〝今日のグローバリゼーション〟は、現象面ではマルクスの描写の延長線上にあるように見えるものの、以下で論じるような諸点において過去のものとは著しく異なる〝現代的な特徴〟を有する。本章におけるグローバリゼーション論は、一九八〇年代末における社会主義諸国に起こった一連の社会変革が、世界の構造をグローバリゼーションの方向に一気に駆り立てる引き金になった点を重視している。なぜなら、現代のグローバリゼーションが、第二次世界大戦後の、いわゆる「米ソ冷戦構造」と言われた資本主義諸国と社会主義諸国の二大陣営を軸とした世界システムの構造的変化を伴うとともに、このような構造転換をＩＣＴ（Information and Communication Technology）革新が強力に後押ししてきたことを特徴としているからである。

ユルゲン・トリッティン（Jürgen Trittin）前ドイツ環境大臣は、著書の中で〝今日のグローバリゼーション〟の開始時期とその特徴について次のように指摘している。

グローバリゼーションの巨大な波は、原油の産地を突き破り、八〇年代以降は国際金融市場と密接に絡み合い、為替レートの自由化を促した。さらに大きなグローバリゼーションの波が起こったのは、一九八四年のアメリカで、インターネット技術が一般市民の生活領域を開放して以降のことであった。インターネットサービスを受けており、ネットに常時アクセスできるユーザーの数は、一九九〇年には約三〇万人であったが、一九九六年には九〇〇〇万人以上に達した。二〇〇一年末には四億七四〇〇万人もの人が自宅でインターネットの個人接続サービスを受けていた。一九八九年の東西紛争（冷戦）の公式終結宣言以後、政治的なグローバリゼーションの波が起こり、さらに一九九五年にはＷＴＯが設立され、経済にもさらなるグローバリゼーションの波が押し寄せることになった。

スローガンとしてのグローバリゼーションは、一九八九年以後になってはじめて注目されるようになり、九〇年代にはその意味は何度も変化した。一九九二年のリオの地球サミットにいたるまでは、主に環境破壊のグローバリゼーションについて語られていたが、その後は別の内容が浸透していった。すなわちグローバリゼーションとは、今日では北の国々が特権をもつ成長志向のグローバルな市場経済のことであると理解されているのである。(4)

冷戦構造の消滅とともに、ポスト冷戦の新たな世界構造が「徹底した市場経済化」という形で急速に構築され、ポスト冷戦の行動原理となった。トリッティンの言う「北の国々が特権をもつ成長志向のグローバルな市場経済」のもとで、経済主体間の地球規模での効率を巡る競争が開始されたのである。いわゆる「大競争（mega competition）」時代の幕開けである。

企業、家計等の経済主体が市場を媒介して経済的基準としての効率を地球規模で追求するという意味でのグローバリゼーションは、市場の効率性こそが唯一の評価基準とされるため、〝非効率〟とみなされるものはことごとく市場からの退場を宣告される。こうした市場原理に基づく効率至上主義を社会が容認する場合、企業に対する事業評価も、時間的効率性や費用的効率性こそが最重要な評価基準とならざるをえなくなる。

このような市場原理ないしは効率至上主義は、いわゆる「新自由主義」の経済教義にほかならない。先のスーザン・ジョージによれば、「新自由主義」とは、「競争の行なわれる開かれた市場と、価格は政府の介入や補助金によってではなく、需要と供給によって決定されなければならないとする『価格のメカニズム』とを基盤にした（新保守主義者達によって共有された）経済教義」である。(5) このような新自由主義的経済教義は、投資ないしは資本移動の自由、貿易の自由を多国籍企業に保障するための規制緩和を各国経済に強制する。スイスとスウェーデンを国籍とする多国籍企業ＡＢＢ社の元ＣＥＯパーシー・バーネヴィックの次の言葉は、この点を最もよく表現している。

私は、グローバリゼーションを次のように定義する。つまり、私のグループ企業が望むときに望むところに投資する自由、そして、私のグループ企業が生産したいものを生産し、買いたいと思うところから買い、売りたいと思うところで売り、しかも労働法規や社会慣行による制限を可能な限り撤廃する、そういった自由を享受することである。(6)

市場メカニズムによる効率指向それ自体は否定されるべきではないし、社会発展の原動力にもなりうる。しかしながら、現代社会における市場原理ないしは効率至上主義がもたらす問題の核心は、ＩＣＴの飛躍的発展をその原動力とする現下のグローバリゼーションが、その到達すべき社会像を明示できないことにあり、したがって、今日の急激かつ構造的な経済システムの変化に適応できるものとできないものとの間に深刻な格差をもたらしていること、さらには優勝劣敗を是とするがあまり、敗者（現代社会における弱者）に対する社会的救済制度（セーフティネット）が理念的にも実践的にも欠落していること、にある。

「ナブダニア（九つの種子）運動」で著名なヴァンダナ・シヴァ（Vandana Shiva）が、グローバリゼーションを「貧しい国々や豊かな国々の貧しい人々に訪れた新種の企業植民地」と定義付けているように、(7) 敗者は豊かな国の中にも急増している。わが国の格差社会やワーキングプアと言われる状況や、後述するように、米国における「バックオフィース（Back Office）」を巡るインドとの（事務労働者間の）確執にみられるように、グローバリゼーションがもたらす社会的弱者の増大は決して貧しい国に固有の問題ではなく、この点も現代のグローバリゼーションの大きな特徴となっている。

ビジネス・エシックスの研究者であるリチャード・T・ディジョージ（Richard T. DeGeorge）によれば、アメリカにおける経済システムは、競争、プラグマティズム、効率という三つの価値基準を持ち、「公正な競争は、最も効率的であった者、すなわちより低い価格で競争相手と同等の、あるいはそれ以上の品質の製品を生産できる人々に報酬を与える」[8]ものとされる。しかしながら、ディジョージも認めるように、「公正な競争」はその反面において、非効率な敗者が常に大量に生み出される競争でもある。効率指向の経済システムにおける競争は、無慈悲かつ不平等な格差を生み、それを助長するシステムであるとも言える。

(2)　多国籍企業経営の変化

グローバリゼーションは、さまざまな人間の営みが国境を越えて拡大する現象であり、その結果として、時間的距離と空間的距離が圧縮される現象であるとすれば、それは現代社会に固有の特徴とは言えない。スザンヌ・バーガー（Suzanne Berger）は、一八七〇～一九一四年を「第一次グローバル化」の時代と位置づけ、それをもたらしたものは、輸送と情報通信分野における技術革新であったという。バーガーによれば、輸送面では、一七七六年のアメリカ独立戦争当時、ベンジャミン・フランクリンのフランスまでの船旅は四二日間を要したが、一九一二年になると、同行程は五日半にまで短縮された。他方、情報通信面では、大西洋横断ケーブルが敷設された一八六〇年代までロンドン―ニューヨーク間の株価情報の伝達には三週間を要したが、一九一四年には世界中の金融センターが電信および電話回線で結ばれたため、現在とほぼ変わらない速度で情報交換が可能となり、その結果、大西洋をはさむ英米の金利差はみるみる縮小したという(9)。

このように、グローバリゼーションに共通する特徴が時間的距離と空間的距離の圧縮にあるとすれば、いつの時代のグローバリゼーションも、その推進力としての輸送と情報通信面における技術革新を確認することができよう。今日のグローバリゼーションも、輸送面では、航空輸送の高速化や、ハブ空港の建設等による世界都市を結ぶ輸送ネットワークの拡大が、利用者と貨物の移動という点での利便性を飛躍的に高めている。他方、情報通信面では、インターネットの普及や、〝グローバル・メディア・コンプレックス〟とでも呼ぶべき、インターネット、人工衛星、テレコミュニケーション等が複雑に絡み合った情報コンテンツが瞬時に伝達されるようになり、その結果、われわれの行動様式も根本から変わりつつある。

ＩＣＴの飛躍的な発展と普及を背景とするグローバリゼーションは、多国籍企業のビジネスモデルを一新し企業経営に新たな局面を加えつつある。それはまた、個別企業内部における生産機能を重視し、国内外の分業（企業内国際分業）関係について分析してきた従来の多国籍企業研究に対し、新たな分析視角を求めているとも言えよう。ＩＣＴ時代の企業経営は、企業の内部組織の中で遂行されてきた個別機能を、企業外部の諸機関と連携しながら実践するビジネスモデルを登場させた。ＢＰＲ（Business Process Reengineering）、ＳＣＭ（Supply Chain Management）、ＯＥＭ（Original Equipment manufacturing）、ＣＭ（Contract Manufacturing）、ＥＭＳ（Electronics Manufacturing Service）等の経営技法は、まさにそのような企業の基本機能の外延的拡張の代表的事例と言えるものである。スザンヌ・バーガーは、今日の国際生産分業の新局面を〝レゴブロック〟のように「サービスと製造が密に織り合わされている」ものとして、次のようにその特徴を論じている。

機能を分割すると、まったく異なる目的で開発された『レゴブロック』を集めて新たな組み合わせを生み出すことが可能になり、イノベーションが盛んになる。ヒット商品を例にとると、例えばアップルのiPodは最初二〇〇一年に発売され、二〇〇四年末までに携帯デジタル音楽プレーヤー市場の七〇%を占めるようになり、その売上収入合計はアップルの総収入の約二五%に達した。iPodには、今日の数ある高価な製品と同様、サービスと製造が密に織り合わされている。アップルが既存の他社製品の構成品を組み合わせた製品を考案したおかげで、iPodはコンセプトから市場出荷に至るまでに一年とかからなかった。iPodの重要部品には、東芝の小型ハードディスク、日本電産のディスクドライブ・スピンドル、ARMのコアプロセッサ、テキサス・インスツルメンツのファイヤーワイヤー・コントローラ、サイプレスのUSBインターフェース・チップ、シャープのフラッシュメモリなどがある。最終的な組み立てを行った台湾の契約製造業者インベンティクは、二〇億ドルを超える年間売上を得た（アップルが購入するすべての構成品とサービスのコスト合計は、iPodの小売原価の約半額に達する）。アップルがハードディスクやメモリチップなどを自社開発していたらこれほど迅速にまずまずの価格でこのような製品を開発できたであろうか？[10]

このようなビジネスプロセスの変化は、部品の調達や組立て工程といった製造部門に限られるものではない。それ以外の部門においても、企業の投資地域や投資対象が大きく変化しているのである。前述した「バックオフィース」の設立などはその好例と言えよう。顧客向けサービス、事務作業、設計機能等の分野で本社との時差を巧みに利用するため、バックオフィースを海外に配置しようとする企業にとっての投資対象地域は、ＩＣＴインフラの完備を条件とする。多国籍企業は、各国の都市に事務センターやR＆D部門を配置し、それらを連結しネットワーク化することによって、その基本機能の一部を海外移転するのである。このように、本社ないしは本国の事務部門やサービス部門の海外移転が進む結果として、本国（多国籍企業の母国）においてはその種の労働分野が空洞化することになる。米国においても、米系多国籍企業の多くが、事務作業の時間的・費用的効率化を進めるため、インド等へバックオフィースを設営した結果、事務労働が徐々に失われつつある。近年における米国州政府における反バックオフィース法案を巡る一連の動きは、製造部門に続いて、管理部門やサービス部門が海外に移転する事態に歯止めをかけようとする動きにほかならない。このように、バックオフィースという新たなビジネスは、移転先国家や移転先都市経済にとっては新たな雇用の創出や税収の増加などの経済効果を生み出すことが期待できる。しかしながら、それと同時に、当該企業における本国ないしは本社の管理部門や事務部門の従業員の雇用条件を不安定化するという意味での負の効果も生まざるをえない。これまで、企業の海外直接投資が主として製造部門の海外移転という意図を持った時代においては、労働面の空洞化は製造現場に集中して見られ、職種としてはブルーカラー労働に限定されていたが、今日ではホワイトカラー労働の空洞化が進行しているのである。

2　一九八〇年代までの世界都市研究の系譜

(1)　都市の概念

都市は、政治経済の中心地であり、それにふさわしい社会資本が整備された場所である。そこには頻繁に人々の往来が見られ、流動的ではあるが常に一定の質の労働力人口が確保できる場所でもある。また、気候区分や地理的な意味での自然条件も都市形成にとっては重要な要素であり、さらには地政学上の位置づけもとりわけ重要な要素として付け加える必要がある。

以下で議論する都市は、これらの諸条件をすべて等しく満たしているわけではない。どの程度のものを充足するかについては、その時々の政治経済情勢によっても変動する。さらには、多国籍企業のグローバル・ロジスティック戦略が都市の位置づけを変化させる場合もありうる。多国籍企業が生産拠点を構える都市で資材を調達する場合の輸送経路について考えてみるとよい。陸路によるトラック輸送なのか、それとも船舶を利用するのか、あるいは航空貨物輸送を重視するのか、の相違によって多国籍企業が都市に求める社会資本の整備内容は違ってくるのである。しかも、そのような輸送経路は孤立したものであってはならず、他の都市との緊密な連結効果が期待できなければならない。その意味で、経済組織上のネットワークに接続された都市でなければ、多国籍企業のグローバル・サプライチェーン・マネジメントのような経営的要請を満たす場所としては不十分なものとならざるをえない。したがって、そのような条件を満たさない都市は、多国籍企業にとって投資対象ないし事業拡大の場所とはならないのである。

(2)　一九七〇年代における多国籍企業論と世界都市

「世界都市（world city）」という用語は、これまで曖昧な意味で使われてきた。すなわち、都市の規模が巨大であり、国家の政治活動の中心地であり、あるいは植民地を支配・統括する拠点として位置づけられてきたのである[(11)]。

一九七〇年代における多国籍企業の初期研究のなかで、多国籍企業の管理中枢としての世界都市論が見られた。ここでは、七〇年代の多国籍企業研究者として著名なスティーブン・ハイマー（Stephen H.Hymer）の所論に基づきながら、七〇年代の議論を振り返ることにする。

スティーブン・ハイマーは、多国籍企業の組織構造を分析する中で、「グローバル・シティー（地球都市）」について論じている。ハイマーは、企業の管理階層（ヒエラルキー）、すなわち「権力ピラミッド」の各部分が、多国籍企業の場合、さまざまな進出先諸国に再配置される点に注目した。この再配置のプロセスにおいては、都市機能、とりわけ「グローバル・シティー」の役割が重要な意味を持つ、とハイマーは指摘する。

多国籍企業が成長する時に現れる一つのパターンが存在するように思われる。それはグローバル・シティー（地球都市）と呼んでもさしつかえないような一定の都市が地球大の企業組織の中で独特な座に据えられているというパターンである。ニューヨーク、ロンドン、およびパリなどの二、三の基幹都市は、すでに、トップの意思決定が行われ、巨額な資本調達ができるグローバル・シティーになりつつある。トロント、ブエノスアイレス、シンガポールなどの都市は、権力のピラミッドの中間レベル（調整段階）のグローバル・シティーになりつつある。ピラミッドの底辺には、事業活動拠点として機能し始めている残りの都市、特に低開発諸国の都市が存在している。(12)

このように、ハイマーは、多国籍企業内部の管理階層の構造を、「権力ピラミッド」ないしは「権威主義的構造」と表現するとともに、それが世界大で再配置される場合、国家に対する支配と従属の構造がそのプロセスに反映されること、そしてそれ故に、多国籍企業と諸国家との間に特殊な、かつ対抗的な緊張関係を生み出すと考えた。かくして、多国籍企業の組織構造の全世界的拡張は、管理階層が国境を越えて、まさに「垂直的拡張過程」として現出する、とハイマーは見た。したがって、それは、「一定の『エリート』層に属する人々によるその他のグループに対する支配という関係」[13]でもあるという。

しかし、このような権力構造の全世界的な展開は深刻な矛盾を内包する。ハイマーは、アメリカ帝国主義の成長は富の分配という点では一部の主要都市に集中させ、周辺地域を犠牲にする行為を世界的規模で浸透させることから、多国籍企業の権威主義的構造に対抗する勢力を生み出さざるをえないとしている。

このような多国籍企業に対抗する勢力の拡大は、多国籍企業という事業組織形態とは全く異なる「もう一つの組織形態」を生み出す、とハイマーは指摘する。すなわち、それは「ピラミッドを民主的に平らに均らす」行為であり、具体的には、多国籍企業のように「数地域にわたって、一ないし二、三の産業を分節し、調整する」のでなく、「一地域内部において多数の産業を組織するような公共の機関」に経済活動を委ねることにほかならない[14]。また、そこでは、コミュニケーションも垂直的なものではなく、むしろ水平的な紐帯が認められるようになり、グローバル・シティーに代えて、マクルーハン的意味における「グローバル・ヴィレッジ」が誕生することにならざるをえない、とハイマーは考えた。

初期の多国籍企業研究における世界都市論は、上記のハイマーに尽きるわけではない。ハワード・V・パールミュッター（Howard V. Perlmutter）は、ハイマーと同様、一九七〇年代の研究の中で、多国籍企業による地球上に存在するすべての通商、産業、金融などの相互依存的活動が「グローバル産業システム（global industrial system）」の出現をもたらしたとして、そのシステムを支えるインフラストラクチャーとして「グローバル・シティー」を位置づけている[15]。

(3) 一九八〇年代における世界都市研究―フリードマンの世界都市仮説―

一九八〇年代に入ると、世界経済との連結を重視した世界都市論が注目を集めるようになり、世界都市に新たな意味づけがなされるようになる。この八〇年代の議論に最も大きな影響を与えた代表的な研究は、ジョン・フリードマン（John Friedmann）の世界都市仮説であった。

フリードマンによれば、「世界都市仮説」とは、「新たな国際的分業形態が持つ空間組織」に関する仮説であり、「世界的な企業管理時代の生産と領域上の利害関心に関連した政治的決定の両者間に横たわる矛盾する関係性の領域」を対象としたものである。このように位置づけられる世界都市には、次のような「七つの仮説」が設けられている。

一　一都市の世界経済における統合の様態とその程度、および新空間分業形態において、その都市に付与された機能の実態は、当該都市内部で生起する様々な構造変化に対し決定的な影響を与える。

二　世界における各都市群は、世界資本によってその空間組織や生産と市場の分節のうえでの「拠点」として使用される。その結果生じた結合関係を通じて、世界都市は一つの複雑な空間上の階層構造として編成される。

三　個々の世界都市が備える世界的中枢管理機能は、それぞれが抱える生産および雇用部門の構造とその動態に直接的な影響を受ける。

四　世界都市とは、国際的な資本の空間的な集中とその蓄積が実現される中心的舞台である。

五　世界都市は、大多数の国内および国際的移民にとって到達すべき目的地である。

六　世界都市形成を通じて、産業資本主義の主要な矛盾点、なかでもとりわけ空間および階級上の分極化に焦点が当てられることになる。

七　世界都市の成長には、国家の財政能力を凌駕しがちな額の社会的費用が必要となることが少なくない。[16]

また、フリードマンは、「世界都市研究の到達点」と題した論文の中で、世界都市がその他の都市とは明確に異なる固有の「階級上の特性」を有することを定義付けるために、これまでに研究者間で一致（合意）できた理論的到達点は次の五つの点であるとしている。

第一に、世界都市によって、地域、国家、国際の各経済が世界経済に分節または連接される。さらにその結果、世界都市は世界経済システムの組織上の結節点としての機能を担う。

第二に、世界的な資本蓄積の空間はしかし、世界全体を圧倒するわけではなく、世界の大部分の地域とその住民は、この世界資本空間から実質的に排除された状態にあり、半永久的にかろうじて生存を支えるにすぎない経済のなかで生活を維持せざるをえない。

第三に、世界都市とは、高次の社会経済的相互行為を実現する大規模都市空間のことをいう。

第四に、世界的規模のシステムの管理上の結節点である世界都市は、空間的に分節ないし連接した階層構造に編成されているが、その編成原理は、それぞれの都市が行使できる経済力、すなわち、世界的投資を吸引する能力、に基づいているという点である。

第五に、世界都市の階層構造を管理する主体は、超国家的資本家という特別の社会階級である。極めて汎世界的な性格を備えた世界都市の「主流的文化」が存在するが、それは世界規模の資本蓄積システムを管理する超国家的資本家階級によって担われるという点である。[17]

3　一九九〇年代以降のグローバル・シティー研究
――現代グローバリゼーション論と現代多国籍企業論への示唆

(1)　グローバル・シティーという新たな概念

一九八〇年代の世界都市研究はフリードマンの言う「到達点」に行き着いたが、九〇年代に入ると、グローバリゼーションの急激な展開とともに、さらに理論的深化を遂げることになった。こうした九〇年代における研究の代表的な論者は、サッセン（Saskia Sassen）である。(18)

「経済活動のグローバル化は新しい種類の組織構造を生み出す」とするサッセンは、その種の組織構造の概念化の必要性を説く。すなわち、世界都市のより精緻かつ新たな概念の構築である。サッセンによる新たな概念としての「グローバル・シティー（global city）」は、多国籍企業や国際金融業務の戦略中枢としての都市機能が発揮されるための諸条件が整備された特別の都市空間を意味している。すなわち、その具体的内容は、証券市場、銀行業務、保険業務、広告代理店、法律事務所、会計事務所、ビジネス・コンサルティング会社といった専門業務を多国籍企業に提供できるような「対事業所サービス業務部門のネットワーク」が整備されていることである。このような「対事業所サービス業務部門のネットワーク」に対し、多国籍企業は主要な専門的業務をアウトソーシング（外部委託）でき、経営的に効率化ないし合理化できるのである。この点こそサッセンが、今日の都市をとりわけ「グローバル・シティー」として注目する所以である。

サッセンによれば、経済のグローバル化を分析する場合、都市に注目することで「特定の場で展開される具体的で複雑な経済事象としてのグローバル化の過程」が分析可能になる。すなわち、経済のグローバル化の説明のためには、多国籍企業の力を単純に引き合いに出すのではなく、むしろ場と生産に焦点を合わせるべきであり、そうすることによって、「工場、サービス活動、市場が織りなす世界的なネットワーク」を作りあげ維持するための活動内容や組織構造がより鮮明になるという。このように、サッセンは、グローバル・シティーを、「国際貿易、投資、統括本部業務と資金調達を（多国籍企業が）行う中枢」と理解する。(19)

また、同様の都市機能について、ピーター・ディッケン（Peter Dicken）は、「多国籍サービス業コングロマリット」の形成と位置づけている。すなわち、サービス業それ自体は、専門的なサービス業務を営む主体であるが、しかしそれらの専門業務はきわめて強い補完関係にある。例えば、航空会社と国際的ホテルチェーン、異種の金融サービス企業間、会計および経営のコンサルタント会社間、広告・宣伝・通信メディアの会社間などには、「ごく自然な」つながりが認められる、とディッケンは指摘する。そのため、数多くの関連するサービス業務をグローバルに展開し、「地球規模でのパッケージ契約」の提供を事業目的とする「多国籍サービス業コングロマリット」が成長するという。ディッケンは、その顕著な例として、グローバルな広告産業が広告サービスの単なる提供者に止まることなく、各種の戦略の計画的推進に関わる広範囲な業務を担う「マーケティング・サービス・コングロマリット」に成長した点を挙げている。(20)

また、グローバル・シティーの概念と関連するものとして、マイケル・ポーター（Michael E. Porter）の「産業クラスターモデル」がある。ポーターの言う産業クラスターとは、特定分野における関連企業、専門性の高い供給業者、サービス提供者、関連業界に属する企業、関連機関（大学、規格団体、業界団体など）が地理的に集中し、競争関係にあると同時に協力している状態をいう。(21)

ポーターは、このような産業クラスターが企業の競争上の優位性にどのような意味を持つのか、を議論している。すなわち、クラスターが存在するということは、競争優位のかなりの部分は、任意の企業の内部どころかその業界の内部にさえ存在せず、むしろその「事業部の立地」に由来するものである、という[22]。産業クラスター理論は、「地理的な立地におけるネットワーク関係の構造が個々の企業にメリットを生み出す仕組みを解明することにより、社会資本という概念をさらに拡張する」とポーターは主張する[23]。このように、産業クラスター理論を説明したうえで、ポーターは次のように結論付けている。

こうして見ていくと、グローバル競争の時代における経済地理には、一つのパラドックスが含まれている。つまり、高速な輸送・通信手段を持ち、グローバル市場にアクセスできる経済においても、依然として立地が競争の根本であることは変わりないのである。……すると、逆説的ではあるが、グローバル経済において持続的な競争優位を得るには、多くの場合非常にローカルな要素、つまり専門化の進んだスキルや知識、各種機関、競合企業、関連ビジネス、レベルの高い顧客などが、一つの国ないし地域に集中していなければならないということになる[24]。

(2) 労働市場としてのグローバル・シティー

経済地理学における世界都市論では、世界都市間の階層構造が重要な論点とされてきた。世界都市の階層構造を分析した代表的研究として、ピーター・ホール卿（Sir Peter Hall）の研究がある[25]。サッセンも都市間の階層性について「中心性と周縁性の新たな地理的力学」として言及している。サッセンによれば、グローバル経済は、国際ビジネスや国際金融の中枢に至る戦略的に重要な場を世界的規模で網の目状に配置するが、それは、国境や旧来の南北間の区分を縦横に分断する「中心性の新たな経済地理的力学」を形成するという。その中で最も強力なものは、ニューヨーク、ロンドン、東京、パリ、フランクフルト等々の国際ビジネスの中枢を結びつけているものである。しかしながら、今日の新たな地理的力学は、サンパウロ、ブエノスアイレス、バンコク、台北、ボンベイ、メキシコシティー等の都市も包含しており、これらの諸都市における取引は、金融市場、サービス貿易、投資により集中度と規模を拡大している。

このような都市の階層化が認められるとともに、サッセンは、ますます戦略的に重要な資源や活動の集中を通じて、これらの都市と国内の他の諸都市との間の不均等発展が顕著になったことを指摘し、その結果、グローバル・シティーに経済力と多国籍企業の管理中枢機能が限りなく集中してゆく一方で、旧来の製造業の中心地は極度の衰退に陥ることにならざるをえない、という[26]。

しかしながら、グローバル・シティーあるいは世界都市間の階層構造とともに、本章でとりわけ重視すべき点は、都市内部の階層構造化であり、その底辺部分で絶対的貧困化が進んでいることである。グローバル・シティーは、現代グローバリゼーションの矛盾、すなわち、都市内部における所得と消費水準の階層化を最も顕著にする。わが国におけるワーキングプアやネットカフェ難民と言われるような人々の群れが、まさしくこれに該当する。それればかりではない。外国人研修制度の悪用によって入国してきた外国人出稼ぎ労働者の群れもこれに該当する。グローバリゼーションは雇用水準や賃金水準を都市間で平準化していくと言われているが、それればかりでなく、都市の新たな役割を担うべき新たな労働力、換言すれば、多国籍企業に奉仕する新たな職業が都市内部に造り出されていくのである。この点について、サッセンは「世界都市における新たな単純労働力需要」として論じている。

グローバル・シティーは、多国籍企業や国際金融業の活動拠点としての機能を補完する専門的サービスを提供する反面で、多くの移民労働者が集中し、移民を含めた低賃金労働者の雇用によって成立する膨大なスウェット・ショップ（sweat shop）が乱立し、売春や麻薬の売買などのアンダーグランドにおけるインフォーマル経済が蠢く場でもある。サッセンによれば、一九八〇年代から九〇年代にかけて、自動車産業など米国の基幹産業が衰退するなかで、経済活動の重心が従来の産業都市からグローバル・シティーへと地理的にシフトすると同時に、グローバル・シティーの内部における所得階層が鮮明に両極化していったという。

このように、サッセンは、多国籍企業の活動拠点が地球規模で拡大するとともに、発展途上国の経済構造や産業構造を劇的に変化させるだけでなく、その一方で、多国籍企業の本社機能が集中するグローバル・シティーに「新たな単純労働力の需要」を生み出したとしている。サッセンのいうグローバル・シティーの中に生み出される「新たな単純労働力」とは、次のようなものである。

・ビル管理や警備からデータ入力までの本社機能を支える単純サービス労働
・高級レストランやブティック、ネイル・サービス等の都市の二四時間化と都市の新しい生活スタイルの拡大に対応した都市サービス労働
・ベビー・シッターや家事労働などに就く家庭内労働
・ファッション産業の下請けに典型的にみられるスウェット・ショップと呼ばれる過酷な労働条件の都市製造業
・コンビニエンス・ストアやレストランなど多くの低賃金労働者にサービスを供給する労働(27)

もとより都市労働として必要な職種には高度な専門職もあるし、それを求めて都市へ高学歴の人々が集中するという構図もある。南アフリカは、英国やその他のEU諸国の主要都市に対する医療スタッフ等の専門知識と技術を持った人材の供給源となっている。同様の人材の流出入は、経済大国と発展途上国間で一般的に見られる。しかしながら、多国籍企業に奉仕することが期待されるグローバル・シティーに必要な仕事は、高度な専門職だけではない。前述のように新たに創出される膨大な数の単純労働力人口にこそ、都市の矛盾が集中して現れる。そしてそれらの矛盾は、多国籍企業が都市を活用して効率的な経営を実践することと深く関連していると言わざるをえない。

(3)　消費市場としてのグローバル・シティー

多国籍企業が都市を活動拠点とするという意味には、もう一つの側面がある。それは、商品およびサービスの販売市場としての都市という消費空間の効率的活用であり、「情報化と結びついた消費化社会[28]」の創造である。さらに重要な点は、このような消費空間を創出するため、都市の消費者を対象に画一的な消費文化を強制することにある。このことは、都市で活動する多国籍企業が、前述のように、「マーケティング・サービス・コングロマリット」と称されるような広告代理業を必要とすることとも関連している。この点について、国連開発計画（ＵＮＤＰ）は、次のように警告している。

今日の文化や文化製品の流れは富める国から貧しい国への一方向に大きく偏っている。…（中略）…米国をみてみると、現在最大の輸出産業は航空機でもコンピュータでも自動車でもなく、映画やテレビ番組などのエンターテインメントである。文化財の取引はニューテクノロジーに乗って広がる。一九八〇年代半ばからの衛星通信技術は、地球全体に電波を送る強力な新しい媒体を出現させ、ＣＮＮのようなグローバルなメディア網を台頭させた。

文化的な製品が取引されるグローバル市場には占有化が起こりつつあり、現地の零細企業を追い出している。エンターテインメント産業の中核をなす映画・音楽・テレビ業界では米国製品の集中度が高まっており、多くの国で国内のエンターテインメント産業が衰退している。……このような脅威に対し、多くの国は文化財を自由貿易協定からはずすべきだと主張している。……この問題は多国間投資協定の協議で再び取り上げられ、文化財を他の経済的な財・サービスと同一視する主な輸出国（ドイツ、日本、英国、米国）と、文化財は固有の価値をもち芸術的な多様性と国家の独自性のために保護すべきであると主張する国（カナダ、フランス）とに大きく分かれた。

文化的な同質化および『グローバルな消費文化』の拡大を懸念する声が高まっている。グローバル・メーカーは、ナイキやソニーなど人々があこがれるライフスタイルを象徴するようなグローバル・ブランド製品を販売している。……文化の同質性は本当に起こっているのだろうかという人類学者の論争はまだ続いており、結論は出ていない。人々がすべて似通ってきているという調査結果はない。また、ある者はグローバリゼーションはグローバルな文化を強いるある種の思想的プロセスであると唱えれば、ある者は、文化的製品が世界中を行き来してはいても、人々は異なった受け取り方と使い方をすると主張する。(29)

英国の経営史研究者であるジェフリー・ジョーンズ（Geoffrey Jones）は、「多国籍企業は、国境を越えて移転した資源パッケージを支配し、国境を越えて支配し続ける。この資源移動は、しばしば、もっぱら金融的な面から考察されてきたが、実際のところ国家間で資本を移動するという多国籍企業の役割は、さほど重要な機能とはいえないのである。国境を越えて多国籍企業が移転する重要な資源は、技術と組織、企業者精神と文化といった領域に見出される。多国籍企業は、世界中に技術や思想を移転するがゆえに重要なのである。」[30]と指摘しているが、このように多国籍企業が進出先国市場（標的市場）に持ち込む消費文化に関しては「文化帝国主義」[31]的理解があり、またそのマーケティング手法を批判する声も後を絶たない。しかも、それは、新種の多国籍企業である「グローバル・メディア・コンプレックス」の世界戦略によって産業の寡占化が進行するプロセスでもある。マンフレッド・B・スティーガー（Manfred B.Steger）は、この点に関して、次のように述べている。

現代のグローバルな文化的フローの大部分は、強力なコミュニケーション・テクノロジーに依拠してメッセージを普及させるグローバルなメディア帝国によって生み出され、方向づけられている。…（中略）…少数の非常に巨大な多国籍企業グループが娯楽、ニュース、テレビ、映画の世界市場を支配するようになったのは、ここ二〇年のことである。二〇〇〇年には、たった一〇社のメディア・コングロマリット（複合企業）―AT&T、ソニー、AOLタイムワーナー（現・タイムワーナー）、ベルテルスマン、リバティ・メディア、ビベンディ・ユニバーサル、バイアコム、ゼネラル・エレクトリック、ウォルト・ディズニー、ニューズ・コーポレーション―が、コミュニケーション産業が生み出す世界全体の年間収益二五〇〇～二七五〇億ドルのうち三分の二以上を占めた。この年の上半期にグローバル・メディア、インターネット、テレコミュニケーション分野で行われた合併取引の総額は三〇〇〇億ドルにのぼり、これは一九九九年上半期の三倍である(32)。

国連開発計画(UNDP)が看破しているように、今日の多国籍企業が販売するエンターテインメント商品ないしは「文化商品」は、販売促進のためのブランド戦略とともに、ますます消費市場の中に画一的な消費文化を作り出す傾向を強めている。それは、都市の二極化された所得階層の上層を標的としたビジネスである。さらに言えば、その傾向は、グローバル・シティーと認められるあらゆる都市に存在する高所得層を国境を越えて水平的に連結することで同質的な消費階層を生み出す。かくして、都市内部では格差構造が堅固なものとなり、ますます不均等かつ歪んだ形で都市を「成長」させるのである。

4　むすびにかえて――検討すべき課題

本章は、現代グローバリゼーションにおける多国籍企業と都市機能との関係について考察してきた。議論の多くの部分は、多国籍企業論や経済地理学の分野における世界都市論のこれまでの研究の蓄積に基づいている。一九九〇年代以降の現代グローバリゼーションは、企業経営のみならず、市民生活をも劇的に変化させた。その変化著しい経済空間こそが、本章で議論してきた都市という空間であった。現代グローバリゼーションがICT革命と表裏一体であること、冷戦構造と言われた世界の政治経済システムが終焉し新たな多極化の時代に入ったこと、などの構造変化を伴うものであるがゆえに、それを分析するための新たな枠組みが必要とされている。その意味で、都市研究も新たな段階に入る必要があるが、本章との関連で言えば、さしあたり次のような検討課題が残されている。

第一に、多国籍企業の新たなビジネスモデルと産業立地の関係についてである。

第二に、グローバル・シティーないしは世界都市ネットワークと多国籍企業組織およびその設計原理との関係についてである。

第三に、多国籍企業本国のサービス部門ないし事務部門の空洞化という新たな雇用を巡る問題と、他方で、多国籍企業が進出した都市における人材囲い込みに伴う諸影響についてである。

第四に、大量生産を持続するための消費市場の飽くなき拡大と、それに伴う都市生活者に対する消費文化の強制、そのような意味での文化帝国主義の拡大とメディアの役割についてである。

第五に、都市の労働市場における雇用格差が生み出すスラムの形成と、それに伴う市民生活の不安定化についてである。

第六に、都市の生活環境の悪化と環境汚染についてである(33)

（1）　この多国籍企業と投資対象地域との関係については、ジェフリー・ジョーンズ（Geoffrey Jones）の次のような指摘もみられる。

「受入れ国を国単位で焦点を当てて捉えると、大変な間違いを犯すことになる。なぜなら、多国籍投資が受入れ国のなかで均等になされていることなど、まずありえないからである。鉱山や油田に対する多国籍投資は、明らかに特定の地理的地域に集中していた。対外直接投資が地理的に集中する傾向は、近年、強まってきたといえるかもしれない。…（中略）…多国籍企業の影響は、ほとんどの場合、こうした地域単位で現れるのであって、国全体のレベルではない。受入れ国としての国家の魅力度とは、特定地域の魅力度のことであるということもできた。この図式に従えば、都市の役割はいっそう増しつつある。」（ジェフリー・ジョーンズ／安室憲一・梅野巨利訳『国際経営講義：多国籍企業とグローバル資本主義』有斐閣、二〇〇七年、三六〇－三六一頁。）
（2）ウルリッヒ・ベック／木前利秋・中村健吾監訳『グローバル化の社会学―グローバリズムの誤謬―グローバル化への応答』国文社、二〇〇五年、四五頁。
（3）スーザン・ジョージ／杉村昌昭・真田満訳『オルター・グローバリゼーション宣言』作品社、二〇〇四年、一〇頁。
（4）ユルゲン・トリッティン／今本秀爾監訳、エコロ・ジャパン翻訳チーム訳『グローバルな正義を求めて』緑風出版、二〇〇六年、四〇－四一頁。
（5）スーザン・ジョージ、前掲『オルター・グローバリゼーション宣言』、二四頁。
（6）同書、二六頁。
（7）*Economist*, June 23, 2001, p. 13. およびジョン・マクミラン／瀧澤弘和・木村友二訳『市場を創る―バザールからネット取引まで―』NTT出版、二〇〇七年、三〇四頁。
（8）リチャード・T・ディジョージ／麗澤大学ビジネス・エシックス研究会訳『ビジネス・エシックス―グローバル経済の倫理的要請―』明石書店、一九九五年、二四－二五頁。
（9）スザンヌ・バーガー、MIT産業生産性センター／楡井浩一訳『グローバル企業の成功戦略』草思社、二〇〇六年、二四－二五頁。
（10）同書、九九－一〇〇頁。
（11）水岡不二雄編『経済・社会の地理学』有斐閣、二〇〇二年、三二〇頁。世界都市からグローバル・シティーの研究に至る時期区分についても、同書を参考にしている。また、サスキア・サッセンによれば、「世界都市」はもともとゲーテの言葉であり、それが一連の研究の中で再定義されたものである。サッセンは、「世界都市」と似通った用語として、「情報都市」や「スーパーヴィル」を挙げている。（アレン・J・スコット編著／坂本秀和訳『グローバル・シティー・リージョンズ』ダイヤモンド社、二〇〇四年、九二頁および一一〇頁。）
（12）スティーブン・ハイマー／宮崎義一編訳『多国籍企業論』岩波書店、一九七九年、三九五頁。
（13）同書、三九一頁。
（14）同書、四〇四頁。

(15) D・A・ヒーナン、H・V・パールミュッター／江夏健一・奥村皓一監修、国際ビジネス研究センター訳『グローバル組織開発―企業・都市・地域社会・大学の国際化を考える―』文眞堂、一九九〇年、一〇頁。

(16) ポール・L・ノックス、ピーター・J・テイラー共編／藤田直晴訳編『世界都市の論理』鹿島出版会、一九九七年、一九一―二〇一頁。

(17) 同書、二七―二八頁。

(18) サッセンの研究に関しては、本章で取り上げた以外のものとして、さしあたり次のような著作がある。

Saskia Sassen, *Global Networks, Linked Cities*, Routledge, 2002.

———, *Territory・Authority・Rights : From Medieval to Global Assemblages*, Princeton University Press, 2006.

———, *Cities in a World Economy*, Third Edition, Pine Forge Press, 2006.

———, *A Sociology of Globalization*, W.W. Norton & Company, 2007.

(19) サスキア・サッセン／田淵太一・原田太津男・尹春志訳『グローバル空間の政治経済学―都市・移民・情報化―』岩波書店、二〇〇四年、三五―四〇頁。

(20) ピーター・ディッケン／宮町良広監訳『グローバル・シフト』（下巻）古今書院、二〇〇一年、五一一頁。

(21) マイケル・E・ポーター／竹内弘高訳『競争戦略論Ⅱ』ダイヤモンド社、一九九九年、六七頁。

(22) 同書、六八頁。

(23) 同書、一〇六頁。

(24) 同書、一二〇頁。また、国境を越えた産業クラスター概念として、前述のピーター・ディッケンは、「メソ・スケール（Meso-scale）」という概念を用いる。すなわち、マクロスケールのグローバル三極体制と、経済活動の著しい局地的集積との間には、メソスケールの経済地理構造が存在しており、それには国境をまたいでいるものや、時には国境沿いに連なっているものがある、という。また、こうしたメソスケールの構造は、政治的国境によるものもあれば、単に機能的なつながりでもって国境を越える場合もある。その代表的なものが次の三地域に見られるという。

・ヨーロッパの経済成長軸：ヨーロッパにおける経済活動パターンは、各国内でも各国間でも著しく不均等であるが、国境を横切りながら中核地域を北西から南東に走る、明瞭な「成長軸」が認められる。
・アジア太平洋地域における都市回廊：この地域に誕生したいくつかの経済的ハブは、基本的には、国境を越えたある種の相補性、とりわけ労働供給面での相補性の上に成り立っており、具体的には、シンガポール／バタム／ジョホールのトライアングルや、華南／香港／台湾のトライアングル等、幾つかの「成長のトライアングル」から成る。
・アメリカ・メキシコ国境地帯：これは、経済発展・都市発展の形態が国境線の存在によって明確化され創出される場合である。国境を接する両国間に、例えば、税率や生産費の面で著しい格差があるところでは、国境の一方の側に反対側で生じる利益を利用しようとする強い動機付けが生じる。（ピーター・ディッケン、前掲『グローバル・シフト』上巻、七六－八一頁。）

（25）ピーター・ホール卿「二一世紀のグローバル都市地域」、アレン・J・スコット、前掲『グローバル・シティー・リージョンズ』第五章、七〇－九〇頁。

（26）サスキア・サッセン、前掲『グローバル空間の政治経済学』四三－四四頁。

（27）伊豫谷登士翁「訳者解題」、サスキア・サッセン／伊豫谷登士翁訳『グローバリゼーションの時代―国家主権のゆくえ』平凡社、一九九九年、一九五－一九六頁。

（28）「情報化と結びついた消費化社会」は、見田宗介氏の次のような理解に基づいている。
「古典的な資本制システムの矛盾―需要の有限性と供給能力の無限拡大する運動との間の矛盾、これが『恐慌』という形で顕在化することによって、『資本主義の矛盾』の典型的な証明として語られてきた―この基本矛盾を、資本のシステム自体による需要の無限の自己創出という仕方で解決し、のりこえてしまう形式が、〈情報化／消費化社会〉にほかならなかった。このようにして、〈情報化／消費化社会〉は、初めて自己を完結した資本制システムである。自己の運動の自由を保証する空間としての市場自体を、自ら創出する資本主義。人間たちの欲望をつくりだす資本のシステム。資本制システムはここに初めて、人間たちの自然の必要と共同体たちの文化の欲望の有限性という、システムにとって外部の前提への依存から脱出し、前提を自ら創出する『自己準拠的』なシステム、自立するシステムとして完成する。」（見田宗介『現代社会の理論』岩波新書、一九九六年、三〇－三一頁。）

（29）国連開発計画（ＵＮＤＰ）『グローバリゼーションと人間開発』（人間開発報告書一九九九）国際協力出版会、一九九九九年、四二－四三頁。また、同『消費パターンと人間開発』（人間開発報告書一九九八）国際協力出版会、一九九八年、同『人間開発報告書二〇〇四』国際協力出版会、二〇〇四年、も参照されたい。

(30) ジェフリー・ジョーンズ／桑原哲也・安室憲一・川辺信雄・榎本悟・梅野巨利訳『国際ビジネスの進化』有斐閣、一九九八年、三頁。

(31) 文化帝国主義に関しては、ジョン・トムリンソン／片岡信訳『グローバリゼーション—文化帝国主義を超えて』青土社、二〇〇〇年、を参照されたい。

(32) マンフレッド・B・スティーガー／櫻井公人・櫻井純理・高嶋正晴訳『一冊でわかるグローバリゼーション』岩波書店、二〇〇五年、九七頁。

(33) 都市における環境問題については、クリストファー・フレイヴィン編著『ワールドウォッチ研究所　地球白書　二〇〇七—〇八』ワールドウォッチジャパン、二〇〇七年、を参照されたい。

第五章　グローバル化と構造改革

徳重昌志

はじめに

二〇〇七年のアメリカ住宅不況を契機に発現したサブプライムローンの不良債権化と、そのサブプライムローンを証券化した債務担保証券（CDO）などの巨額な金融商品の損失がアメリカやEU諸国の金融機関に発生し、二〇〇八年現在、世界経済は深刻な金融危機に陥っている。震源地のアメリカでは五大証券のうち四位のリーマン・ブラザーズは破綻し、五位のベア・スターンズはJPモルガン・チェースに、三位のメリル・リンチはバンク・オブ・アメリカに救済合併され、それぞれの企業名は消滅した。一位のゴールドマン・サックスと二位のモルガン・スタンレーは投資銀行（証券会社）から普通に業態転換した。底なしの金融危機は、アメリカはじめ各国の公的資金の投入をもってしても好転の兆しは見えず、株価の下落やリストラで各国の消費需要も大幅な減退となっている。象徴的なのは、世界の自動車産業に君臨していたアメリカビックスリー（GM、フォード、クライスラー）の深刻な経営危機である。すでに、公的資金の投入がなされなければ早晩破綻に直面すると言われている。しかし、さらに重要な問題は、国際的なドル資金の枯渇である。依然として国際基軸通貨として機能しているドルの枯渇は国際的な信用破綻を招くことから、ＦＲＢ（アメリカ連銀）やＥＣＢ（欧州中央銀行）、イングランド銀行、日銀などが緊急の資金供給を実施している。すでに世界の金融機関の損失は１００兆円を超え、実体経済も不況局面に入った。一九二九年恐慌以来と言われる今回の金融危機と世界同時不況の引き金を引いたのが、ウォール街の投資銀行（証券会社）によって証券化された住宅ローンなどを担保にした債務担保証券（ＣＤＯ）であった。金融の証券化を極限まで進めたウォール街の巨大金融機関の責任は重く、シティーグループなど世界最大級の金融グループでさえも深刻な経営危機に陥った。

かつて、我国でも、小泉政権の構造改革路線に代表される市場至上主義と金融の自由化を目指した政策が強力に推進された。郵政の民営化もその一環であることは言うまでもない。今日の世界的な金融危機と不況を目の当りにして、あらためて、小泉政権の推進した構造改革路線を検討することも意義があると思われる。

二〇〇一年四月に発足した小泉政権は、同年七月の参議院選挙で、自民党の改選議席の過半数を超える議席を獲得したことを理由に国民から信任されたとして、六月二六日に閣議決定された経済財政諮問会議の「今後の経済財政運営及び経済社会の構造改革に関する基本方針二〇〇一年」（以下、「基本方針」）にそった「聖域なき構造改革」を強行していった。小泉政権は、「構造改革なくして景気回復無し」のスローガンを選挙戦で徹底的に宣伝することによって、深刻な長期不況と歴代自民党政権の大企業、大銀行の利益を最優先にした政策に政治不信を募らせていた多くの国民から「構造改革」への支持を取り付けることに成功した。しかし、この「構造改革」がはたしてどのようなものなのか、そしてそれが国民生活にどのような影響を与えるのか、国民の多くがはたして十分に理解した上で小泉政権を支持したのかは疑問の残るところである。多くの国民が日本経済の景気回復を「期待して」小泉政権を支持したにもかかわらず、「構造改革」の結果が、多くの国民に耐えがたい痛みをもたらすことになるならば、いったい何のための「構造改革」だったのか。ただし、はっきりしていることは、この構造改革が日本経済をグローバル化した世界経済に一層強く結びつけ、そこを活動の拠点とする多国籍企業の資本蓄積を促進することを結果としてめざしたものであったということである。本章では、「基本方針」の内容を検討しながら、小泉政権の「構造改革」について若干の検討を加えたい。

1　経済財政諮問会議の設置とそのねらい

さて、小泉政権になってから重要な役割を発揮し始めたのが経済財政諮問会議であり、その機関は、二〇〇一年から実施された中央省庁再編にともなって内閣府に設置された経済財政政策に関する首相をトップとする内閣とは異なる合議制機関であり、その任務は主として経済全般の運営の基本方針、財政運営の基本方針、予算編成の基本方針を審議し、首相に答申することである。この諮問会議の特徴は、第一に、首相のリーダーシップの下に運営されるということ、第二に、議員の数が一一名以内と少数に絞り込まれ、政府からは議長としての首相の他、官房長官、この会議の担当大臣としての経済財政政策担当大臣、総務大臣、財務大臣、経済産業大臣、そして日銀総裁が議員として参加していること、第三に、四名の民間有識者が参加していることである。この最初の四名の民間議員は、牛尾治朗（ウシオ電機代表取締役会長）、奥田碩（トヨタ自動車代表取締役会長）、本間正明（大阪大学大学院経済学研究科教授）、吉川洋（東京大学大学院経済研究科教授）の各氏（肩書きは当時のもの）であった。他に、不良債権処理や社会保障や雇用や公共事業見直しなどが議題になるときには担当の金融担当大臣や厚生労働大臣、国土交通大臣などが臨時議員として参加することになる。小泉政権では、諮問会議担当大臣として竹中平蔵慶応大学教授が加わることになった。

このようなメンバーから構成される経済財政諮問会議は、首相のリーダーシップの下に経済財政政策を一元的に策定し、徹底した規制緩和と構造改革によってグローバル化する世界経済に対応する競争力を再強化しようとするものであった。

二〇〇一年一月六日に第一回経済財政諮問会議が開催され、四月に小泉政権が発足後、竹中氏が経済財政政策担当大臣に就任した以降、諮問会議の議論の方向性は構造改革を軸とするものになっていった。小泉首相と竹中大臣が参加するのは五月一八日の第八回経済財政諮問会議からである。この会議で、小泉首相は「構造改革なくして景気回復はない」と「聖域なき構造改革」を強調し、参院選の前の六月中には「骨太の方針」を作成することを指示した。この指示を受けて、竹中担当大臣は「基本方針」策定に向けて行うべき議論の道筋を示した「新世紀維新のための経済財政政策」（検討すべき論点）を提案した。それによると、これからの日本経済が「自助・自立」の経済に転換するためには、「日本経済の再生のシナリオと政策対応」として不良債権を処理し、潜在成長力を引き出し、中期的な財政再建の展望を打ち出すことが重要であること、そのために不可欠な日本経済の構造改革を議論する場合の要点として以下の四点を示した。第一点は、「活力ある二一世紀の創造」で、潜在成長力を高める政策＝規制改革、競争政策、新成長分野の育成と科学技術の振興、循環型の社会の形成、第二点は、「雇用とセーフティーネット」で、雇用の流動化や社会保障制度の見直し、第三点は、「新しい役割分担」で、行政と民間、国と地方などの役割分担のあり方、第四点は、いかに民意（すなわち、多国籍企業を中心とした財界の意向）を政策決定に反映させるのか、ということを検討すべき論点として示した。これを踏まえて、六月に「骨太の方針」すなわち「基本方針」を策定し、一四年度の予算に反映させようとした。小泉政権下の経済財政諮問会議では、竹中担当大臣が主導権を握って議論を進めていった。

竹中氏は、市場競争主義の立場から徹底した規制緩和を主張する論者である。その主張はつまるところ、民間資本の、すなわち大企業の資本活動を国内的にも国際的にも自由にし、その自由な大企業の資本活動の障害になるものはすべて取り払われなければならないとする。そこから、国家の経済過程への介入、すなわち経済的規制を否定し、小さな政府を主張するようになる。この小さな政府論[1]には、国民生活に重要な意味を持つ社会福祉政策や教育などの財政負担を回避し、国家予算を効率的に大企業に投入することを目的としているということも留意しておかなくてはならない。竹中氏は、小泉政権の重要閣僚として経済政策の策定に携わっているが、周知のように、小渕政権のときに設けられた経済戦略会議のメンバーでもあった。この戦略会議の提言をまとめるにあたって竹中氏が中心的な役割をはたしたことは言うまでもない。竹中氏がこのように、小泉政権の経済政策において中心的な役割を発揮しているのは、彼の徹底した規制緩和と市場競争の促進による構造改革の主張が、一九八〇年代までの経済成長をリードしてきた重化学工業を中心とした産業の国際競争力の低下に対して、一九九〇年代以降に急速に発展してきた情報通信産業を中心とする新しい産業部門の利益や、規制緩和の恩恵を最も受けている金融部門の利益を代弁していたからである。かれは、サプライサイド政策の観点から、大企業の競争力の強化をはかることが日本経済の再強化にとって最重要な課題として、そのためには競争力のない企業は淘汰され、リストラと倒産によって大量に発生する失業も当然のことと考えた。このことが、労働法制の改定による製造業への派遣労働の自由化など非正規雇用の拡大を促進し、社会的格差を拡げた。

2　経済財政諮問会議の役割

「構造改革なくして成長なし」をスローガンに「構造改革」を推進してきた小泉政権は、経済財政諮問会議を経済財政政策の司令塔として重用し、財界の利益と直結した規制緩和と民営化による市場競争原理の貫徹を強行してきた。この結果が、経済のグローバル化の下で、多国籍企業が利益を増大させる一方、他方では勤労者の所得が一向に増えないという深刻な格差社会を生み出してきた(2)。

そして、このような「構造改革」の推進役を担ったのが、小泉改革の旗振り役を自任した竹中経済財政担当相（当時）が所管する経済財政諮問会議であった。

同諮問会議の民間議員のうち、奥田碩日本経団連会長（当時）は民間議員の中心として、日本の財界の利益を代弁し、規制緩和と民営化を軸にした改革で「小さな政府」を実現するように迫り、政府側では、竹中大臣が民間議員の主張に呼応して構造改革の基本的な政策を取りまとめ、いわゆる「骨太方針」（基本方針）として、毎年の政府の経済財政政策の方向性を決めてきた。とりわけ、二〇〇一年六月二一日の第一一回会議で示された「骨太方針」（今後の経済財政運営及び経済社会の構造改革に関する基本方針）は、小泉政権の下で推進される「構造改革」の内容を端的に示していた。要約すれば、第一に、不良債権の処理と企業淘汰、第二に、財政再建と国民負担増、第三に、労働市場の規制緩和と多様な雇用形態（非正規労働）の導入、第四に、郵政事業を含む民営化、第五に、金融の自由化の推進と金融再編がその内容であった。これらの方針が、一貫して小泉改革をバックアップしてきた財界とアメリカ政府の要求に応えたものであり、その結果として、大企業と大銀行の急激な収益回復と、他方における深刻化しつつある今日の格差社会をもたらしたことは明らかである。すなわち、アメリカを最大の推進力とするグローバリゼーションは国民経済の枠組みを脆弱なものにし、多国籍企業による生産拠点の海外移転は国内経済の地域格差と雇用の不安定化による所得格差を拡大した。

小泉政権の下での経済財政諮問会議は、二〇〇一年五月一八日の平成一三年第八回会議から二〇〇六年九月二二日の平成一八年第二一回会議まで実に一八七回、月平均三回も開催されたが、このことは、まさに経済財政諮問会議が、財界と政府の一体化を実現し、日本の経済財政政策の実質的な司令塔として機能してきたことを如実に物語っていると言えるであろう。

3　基本方針の重点――不良債権処理

それでは、「今後の経済財政運営及び経済社会の構造改革に関する基本方針」（以下、「基本方針」）の主要な内容を検討し、小泉政権の構造改革の本質を明らかにしたい。

この「基本方針」は、方針の基本的考え方をまとめた「新世紀維新が目指すもの―日本経済の再生シナリオ」（以下、「再生シナリオ」）とそこでの論点をさらに詳しく述べた六章からなる本論から成り立っている。「再生シナリオ」では、今後二―三年間を日本経済の集中的調整期間と位置づけ、不良債権の処理を進めることによって不良債権問題の抜本的解決をはかり、〇―一％の低い経済成長を予測した。しかし、竹中担当大臣は、「諮問会議」後の記者会見では、「国民の生活水準が継続的に低下するような……明示的マイナス成長がまとまった期間続くということは避けたい」と発言していることからすると、いわゆる「調整期間」に、日本経済が例えば四半期単位でマイナス成長になる可能性は否定していなかった。このように、「基本方針」策定の中心人物の竹中担当大臣自身が、この「基本方針」の実施によって日本経済がさらに悪化することを認めていた。にもかかわらず、小泉政権がこの「基本方針」にこだわった理由は、「構造改革なくして景気回復なし」というスローガンに見られるように、景気回復よりも「構造改革」を優先したからである。そもそも、この「構造改革」の本質は、多国籍企業など大企業と合併や資本統合によってますます巨大化する大銀行のグローバル化した世界市場での競争力を強化するための基盤整備にあった。(3) そして、基盤整備の前提に不良債権の処理があった。

「基本方針」は、不良債権問題を解決する理由として、第一に、不良債権による銀行の収益性の低下や、追加的な不良債権の発生を回避すること、第二に、不良債権を発生させるような非効率で低収益の産業分野から、資源を成長分野に移すようにすることの二点を挙げている。ここには、不良債権の処理が銀行の利益を優先し、日本の経済を支えてきた多くの産業分野の企業、特に「非効率で低収益」とみなされる中小企業を切り捨てることがあからさまに述べられている。小泉首相が選挙中に繰り返し語っていた「構造改革に伴う痛み」とは、まず第一に、このような中小企業の切り捨てであった。問題は、不良債権の処理によって中小企業が蒙る「痛み」は、銀行の収益性の向上の代償となっていたことである。中小企業の倒産が増大するならば、失業率の上昇をともないながら実体経済の悪化は強まり、当時（二〇〇一年）の政府の月例経済報告でも、基調判断は月を追うごとに厳しい見方となった。例えば、当時六月の「景気は悪化しつつある」から七月の「景気は悪化している」と一段と厳しい景気判断となった。消費の低迷、設備投資の鈍化、住宅投資の停滞、二〇〇一年六月の完全失業率が前月に引き続き過去最悪の水準の四・九％、完全失業者が前年同月比で一七万人増えて三三八万人となるなど雇用環境の悪化、同月の鉱工業生産が前月比〇・七％低下し、九九年四月以来の水準に落ち込み、民間シンクタンク（野村総研）の予測では、二〇〇一年四―六月期の実質GDP成長率が前期比マイナス〇・二％となるなど、当時の景気の悪化は顕著なものがあった。本来ならば消費を増やし、設備投資を活性化させる適切な景気政策を実施するべき時にもかかわらず、不良債権の集中処理により膨大な数の企業を倒産させる政策不況を一層激しいものにした。

しかも、不良債権の処理は、同年四月六日に経済対策閣僚会議で決定された「緊急経済対策」に基づき行われることになったが、それによると銀行は二―三年のうちに不良債権をオフバランス化、すなわち直接償却しなくてはならない。同時に、「緊急経済対策」は不良債権償却の対象になった企業の再建についての基準を決めているが、債権放棄などで企業再建の支援を受ける企業は、大手ゼネコンやその他大手企業に限られ、中小企業は実際には清算されることになる。「基本方針」が「緊急経済対策」の不良債権処理の方式をそのまま導入し、「非効率で低収益」の中小企業を大量に倒産に追い込むことになった。

しかし、ここでいう不良債権とは何なのか。バブル経済の過程で積み上がった不良債権はすでに一九九〇年代に基本的には解消されていると考えられるとすると、基本方針が問題とした不良債権の多くは、九七年以降の不況の中で新たに形成されたものである。特に、金融健全化法の施行以降、株価の低下で銀行の株式含み益が減少する中で自己資本比率の規制（国際業務取扱行八％以上、国内業務行四％以上）をクリアしようとする銀行による貸し渋りが強まり、中小企業の倒産に拍車をかけた。もちろん、消費不況の影響を受けた流通業や公共事業の削減によって過剰供給になった建設業では、拡張路線の破綻から大手企業でも経営危機に陥って、巨額な融資が不良債権化するケースも発生したが、このような大手企業には、債権放棄や追加融資で企業再建を支援し、中小企業に対しては融資引き上げや貸し渋りを強め、倒産を余儀なくさせた。このような中小企業の不良債権の新たな発生は、深刻な不況の中で生じたものであり、本来、景気の回復によって解消される性格のものである。したがって、景気回復を実現する政策を早急に実施し、中小企業への融資を継続するならば、不良債権を解消しながら、大量倒産を回避することは可能であった。「基本方針」が実施されると、銀行は中小企業に融資した資金の回収を強化し、企業倒産を増大させることになった。

そもそも構造改革は、国民経済全般の均衡的発展という視野を持ち合わせていないものかも知れない。日本経済をグローバリゼーションにいかに対応させるのか。この一点に政策の基準が求められた。かくして、不良債権の処理を名目とする中小企業の整理は構造改革の合理的目標となった。

しかも、付け加えておくと、経営不振に陥る中小企業が増大しているのは、近年の中国や東南アジア諸国の低い労働コスト（これは為替相場にも原因があるが）による安価な製品の輸入急増で、国内の産業が打撃を受けていることも主要な原因の一つであり、このことが不況と相俟って中小企業の経営基盤を一層弱体化させていることを考えれば、適正な貿易政策と中小企業政策が実施されなければならなかった。

不良債権を「基本方針」のように、一挙に直接償却することになると、中小企業を中心に大量倒産が発生することになったが、このことは、必然的に膨大な数の失業者を生み出し、景気を一層悪化させることになった。当時、政府（内閣府）の試算によっても、大手銀行の破綻懸念先以下の不良債権一二・七兆円を直接償却した場合、最大六〇万人が失業し、第一生命経済研究所によると全国銀行の破綻懸念先以下の不良債権二三・九兆円を直接償却した場合、一一一万人が失業すると予測された（『日本経済新聞』二〇〇一年六月二一日朝刊）。また、日本経済新聞社の総合経済データーバンク（ＮＥＥＤＳ）の当時の試算では、二〇〇二年度末に失業者が二〇万人増えると、二〇〇二年度の平均失業率は五・三％に上昇し、個人消費を〇・二％引き下げ、成長率を〇・一％低下させる。また、失業者が一〇〇万人増えると、失業率は六・三％に上昇し、個人消費を〇・八％、成長率を〇・六％低下させる（『日本経済新聞』二〇〇一年六月二二日朝刊）。これらの当時の試算をみても、「基本方針」が最優先課題とする不良債権処理が、当時過去最悪の失業率四・九％、失業者三三八万人（二〇〇一年六月現在）という深刻な失業問題を一層耐え難い状況に追い込む可能性があった。「構造改革」に伴う国民が甘受しなくてはならない第二の「痛み」が、この未曽有な規模で発生する失業であった。

さて、「基本方針」では、「構造改革」によって発生する失業問題の解決策としてさかんに「セーフティーネット」のことを強調する。つまり、「構造改革」によってどんなに失業が増大しても「セーフティーネット」が整備されていれば再雇用が進み、失業問題は解消するというのである。それでは「セーフティーネット」とはどんなものなのか検討しておこう。

「基本方針」の掲げるセーフティーネットは、「雇用対策法、雇用保険法、離転職者向け教育制度、緊急雇用創出等奨励金の制度・施策を活用」し、また、「離職後失業期間中の住宅ローン負担・教育費負担に対する支援、起業者に対する支援など、制度横断的な施策の拡充を行う」ということであった。雇用保険の改悪が行われ、実際はセーフティーネットを外すような措置がとられた。「構造改革」が「自助・自立の経済」を構築することを目的にしている（二〇〇一年第八回諮問会議での竹中担当大臣の発言）ことからすれば、失業者への支援は少ない方が良いということになる。雇用問題の実質的なセーフティーネットとなる「解雇規制法」には与党が一貫して反対していたことをみれば、「基本方針」のセーフティーネットが労働者の雇用の安定化に繋がらないことは明らかであった。

「基本方針」が掲げる「労働市場の構造改革」をみてみると、低成長分野から成長分野への労働力の移動を促すために、日経連などが前から主張していた派遣労働など多様な就労形態や女性労働の活用などを提言しているが、これらの雇用政策の本質は、労働者に安定した職場を提供するのではなく、正規労働者のリストラと不安定雇用の増大を促進することにあった。

バブル経済崩壊後の一九九〇年代、企業は労働コストの削減を至上命題として、正規労働者の解雇と派遣労働者など不安定雇用の増大を進め、そのために労働法制の改悪を強行してきた結果が、失業率の持続的な上昇であり、高失業率社会の出現であった。企業の収益性だけが上昇した「雇用を伴わない景気回復」が九三年、九六年、九九年とみられたが、いずれも本格的な景気回復にはつながらなかった。雇用の増大と個人消費の拡大を伴わない景気回復の脆弱性をここにみることができる。

九〇年代以降の不況は、失業を増大させ、賃金の引き下げをもたらしたが、この状況の中で多くの女性労働が不安定で低賃金の労働に就くことを余儀なくされた。もちろん、女性の労働機会の拡大は、本来女性の社会的役割の増大と男女機会均等の視点から望ましいことは言うまでもないが、九〇年代を通じての女性労働者の増大は、家計所得の不足を補うために不安定・低賃金労働に動員されたという側面を持っている。失業率が上昇する中での女性労働者を主要な部分とする不安定・低賃金労働の割合は増加しつづけ、労働者全般の雇用環境を悪化させる要因ともなった。(4)

4　構造改革と国民経済

それでは、構造改革が経済実体にどのような影響を与えたのか。若干の検討を加えてみたい。この点は、グローバリゼーションと国民経済との関係を考える際にも留意すべき論点と言えるであろう。

(1)　不良債権の処理と不況の深化

小泉政権発足後、完全失業率は二〇〇一年一月、八月についに五・〇%の大台を記録したあと、九月には五・三%、一〇月にはさらに五・四%と過去最悪を更新した。四月に小泉政権が発足したときからわずか半年あまりで、実に〇・六ポイントも上昇したことになる。完全失業者は九月に過去最大の三五七万人に、一〇月に三五二万人に達した。そのうち一一四万人はリストラなどによる非自発的失業である。また、製造業の就業者数が九月に六五万人、一〇月に八三万人減少するなど、連続して減少したことは、産業空洞化の影響が国内雇用環境の悪化に拍車をかけたことが分かる。

しかも、注目すべきは、二〇〇一年八月に実施した総務省の労働力特別調査によると、過去一年間でパートなど非正規労働者数は六四万人増加し、正規労働者は反対に九八万人減少している、この結果、雇用労働者に占める非正規労働者の割合は二七・七%となり、一年で一・五ポイント増加した。このことから、企業が、労働コストの切り下げのため、正規労働者から低コストの非正規労働者への切り替えを強めた結果である。正規労働者から非正規労働者への切り替えの理由は、労働省（当時）の九九年度の調査でも、「人件費節約のため」が六一%でトップを占め、つづいて「景気変動に応じて雇用量を調節するため」が三〇・七%となっている。非正規労働者への切り替えの目的は、要するに、低賃金で、企業にとって都合の良い労働者の比重を高め、企業の利益を最大限追求することにあった。

このような雇用環境の悪化は勤労者の消費意欲を減退させ、そのことによって過剰生産能力を顕在化させるという、典型的な過剰生産不況に入った。設備投資は減退し、実質GDPも二〇〇一年第二・四半期よりマイナスに転化した。

アメリカのITバブル崩壊を契機にした「世界同時不況」は不可避となった。このような中、日本政府は依然として構造改革の推進を言明し、中小企業の倒産や失業率の上昇に効果的な対応を避けた。国会の質疑で、日本経済の不況の深刻さについて見解をただされても、「そんなに深刻になる必要もない」というような認識でしかなかった（二〇〇一年一一月二二日の衆院予算委員会）。しかし、同年一一月の経済月例経済報告は「景気は一段と悪化している」と、不況が一層進行していることを認めていた。

このような状況の中、構造改革の中軸とも言える不良債権の処理が強行され、景気を一層悪化させる結果となったことは留意されなくてはならない。

(2) 財政改革と国民負担増

政府が、この財政改革を言う時に用いる常套手段は、国民負担の増額と社会福祉政策の引き下げである。医療保険制度における自己負担分の増額、老人医療の対象年齢を七〇歳から七五歳に引き上げるなど、医療保険制度の改悪が二〇〇三年四月から導入された。国民負担を増やしながら、医療サービスは引き下げる、これが、構造改革の一つの帰結である。

国民健康保険料の滞納世帯と一年以上滞納して保険証を取り上げられた世帯が急増している。これらの保険料滞納世帯の多くは、失業など収入が著しく減少した世帯であり、健康を害しても病院に行くことのできない世帯が増大するという、およそ先進諸国では考えられない事態が起きている。失業などによって収入が激減し、生活が困難になった世帯には、本来公的な支援を国や地方自治体が積極的に行うのが当然なことなのに、小泉政権は、構造改革の名の下に国民の健康を守る制度を弱体化させてきた。

また、政府は、安定的な税収源として、消費税の引き上げを常に念頭においている。これら、国民負担の増大が、消費を抑制するように作用するのは明らかで、不況は一段と進み、かえって、税収の減少をもたらすという結果になるだろう。

財政危機の解決には、道路特定財源の一般財源化の完全実施等により、その財源を国民生活に寄与する福祉などへの分野に回すことは重要である。

(3)　産業空洞化と日本経済

今日の日本経済に対して、グローバリゼーションの下で進行する産業空洞化はどのような影響を及ぼすのか。一九八〇年代後半以降、急速な円高によって顕著となった製造業の生産拠点の国外移転は、一九九〇年代後半以降再び、いわゆる世界市場での競争激化（いわゆるメガコンペティション）とともに顕著に増大してきた。日本の労働者の名目賃金の二〇分の一から三〇分の一というアジア諸国や中国の低賃金労働を利用しようとする多国籍企業は、国内工場の閉鎖と下請け企業の切り捨てを行い、日本の製造業の基盤を支えてきた多くの中小企業とその技術集積地の破綻を引き起こしている。一九九〇年代を通じても、大企業の高い収益性は維持される一方、失業率が持続的に上昇し、二〇〇一年にはついに五・四％までにいたった。ここに、グローバリゼーションの一つの帰結がある。円高は、円で表示される輸入原材料価格の低下をもたらすが、逆に、ドル表示の名目賃金を上昇させ、それが、日本の製造業のコスト上昇要因となった。日本の輸出産業は、このコスト上昇を徹底的な生産の合理化で克服しようとして、リストラを推進し、大幅な人員削減を行ってきた。経済産業審議会の新成長政策部会の最終報告案（二〇〇一年一一月一九日）は、産業空洞化の歯止めがかからなければ、二〇〇六年から二〇一〇年までの年平均成長率は〇・五％にとどまり、二〇一〇年までに製造業でさらに二五〇万人の雇用喪失が発生すると試算している。政府も産業空洞化の日本経済に及ぼす深刻な影響を認識し始めた。財務省は、「産業空洞化と関税政策に関する研究会」（田中直毅座長）を同年一一月二二日に立ちあげ、一一月二六日の経済財政諮問会議では、産業空洞化問題が議題として取り上げられた。当日、提出された資料によると、二〇〇〇年度の製造業の海外生産比率は一四・五％で、一九九〇年度の六・四％から八％ほど上昇している。また、国際協力銀行の調査によると、海外生産比率は二〇〇〇年度にすでに二三％に達し、〇四年度には二九・九％まで上昇すると予測されている。後者の数字は、他の先進諸国のそれとほぼ同じ水準であり、日本でも生産拠点の海外移転と産業空洞化が急速に進展したことが分かる。『海外事業活動基本調査（第三七回）』（経産省）によると、この海外生産比率はその後も上昇を続け、二〇〇六年には一八・一％、海外進出企業だけで見ると三一・二％に達している。

グローバリゼーションは世界市場を単一のルールでコントロールするように作用するが、それは、多国籍企業の資本活動にとって最適な市場を提供するためにのみ意味がある。多国籍企業は、急速なＩＴ革命の進展と、アメリカが主導するＧＡＴＴやその後継機関のＷＴＯを梃子とした貿易と資本取引の自由化によって、最適なコストの実現と市場を獲得することができる。しかし、中国の労働者の賃金水準と日本の労働者の賃金水準だけを取り出して比較することはそもそも無理がある。価格体系全体の比較を通じて、両国間の賃金水準の比較が行われるべきであろう。多国籍企業は、ドルで表示された日本の労働者の名目賃金の高さを理由に、安価な労働力を調達できる生産拠点の国外移転を推進してきたが、移転先は、次々に安価な労働力を利用できる国にシフトしていき、このことによって、世界の労働者の労働条件はますます悪化させられていくことになる。

発展途上国が自立的な経済社会を構築し、そこに近代産業を発展させていくことは、それらの国々の当然の選択であるとしても、そのことによって、先進諸国の産業空洞化と労働者の賃金引き下げや労働条件の切り下げが当然視されて良いわけではない。国民経済が農業部門を含めて、可能な限り均衡的な発展をすることは、安定した国民生活の持続化には不可欠な条件である。グローバリゼーションが進展し、各国間の経済的関係と相互依存性が強まるにしたがって、実は内需を基盤とした国民経済の構築が経済の安定的な発展のためにはきわめて重要になってきている。

多国籍企業の進出が、その国の工業化と雇用拡大をもたらしたことは事実であったとしても、それは、多国籍企業の利益追求の手段としてのみ意味を持ち、結果的に、多国籍企業の利益は、労働者の利益を犠牲にしながら増大し、多国籍企業の資本を増殖し続ける。多国籍企業の進出によってある程度実現した発展途上国の経済的発展とその国民の消費生活の向上が、先進国の労働者のリストラと生活破壊、産業の空洞化を不可欠な前提とするとするならば、発展途上国のこのような展開は、多国籍企業の利益に貢献するだけになってしまう。多国籍企業のグローバル資本蓄積主導の経済発展ではなく、その国々に根ざした、自立的な経済発展を考え、そのことを前提に国際協力のネットワークを構築することが重要である。

現在起きている産業空洞化は、社会的に不要になった産業の問題ではない。今でも、日本の製造業を支える重要な技術を持つ産業が、海外との比較不能な低賃金と競争させられ、その生産基盤を失っていく問題であり、また、最先端の半導体などの産業や、家電や自動車などの耐久消費財の生産拠点の空洞化である。日本は中国の賃金の賃金水準まで日本の賃金を下げるべきだと言う意見もあるが、まさに暴論と言うべきだろう。価格体系を無視して賃金だけ下げたらどうなるのか。企業だけ莫大な利益をあげながら、労働者の生活は引き下げられ、しかも、労働者が消費者として機能しなくなるのだから、結局は企業の利益も実現不能となる。そうすれば、企業の抱える債務は返済不能になり、大量な不良債権が発生し、金融市場は機能停止になるだろう。だからこそ、さすがに、多国籍企業も、国内賃金を中国並に引き下げることなどできないということになる。しかし、そうは言っても、海外の労働者との競争を強いられる労働者の雇用条件は悪化の一途を辿っている。企業収益が増大する下で、労働分配率は低下し続け、正規雇用から非正規雇用への切換えが進んでいる。

多国籍企業の利益優先の生産拠点の海外移転を抑止することが、国民経済の安定的発展には不可欠な条件になるが、同時に、多国籍企業に依存しない地域経済の発展を展望することも重要であろう。その場合、カギを握るのが、生産者と消費者の共同体の構築である。その地域で生産し、十分な需要を見いだせる産業を確立することができれば、相対的に自立した地域経済を発展させることができるであろう。もちろん、その地域では供給できない製品は、より大規模な生産拠点と経済力を持つ大企業や多国籍企業が依然として重要な役割を果たすが、各地域が自立した経済基盤を構築することができれば、多国籍企業に対してもより柔軟な経済関係を確立し、その地域の経営と労働と生活を守ることができるはずである。グローバリゼーションに対する対抗軸は、国民生活に密着した地域経済共同体の構築である。国民の生活基盤に直接かかわる消費財の供給を軸にした農業を含む生産と流通基盤の強化は、グローバリゼーションの進展の中で、安定した国民生活を実現する基礎を提供するものになるだろう。さらに、そこに教育や医療・介護などの不可欠な住民サービスが安定的に供給される体制が確立するならば、地域社会の自立性が強化され、住民自治も実体化されることになるだろう。

おわりに——構造改革の基本的性格

小泉政権、とりわけ竹中経済財政政策担当相が推進する構造改革は、九〇年代以降、それまでの重化学工業中心の経済から情報通信産業を中心とした経済への転換に際して、徹底した規制緩和と市場競争原理を導入することを目標とし、また、アメリカを中核とする先進諸国の多国籍企業および多国籍銀行の世界市場支配戦略の実現をはかるグローバリゼーション（そこにはＧＡＴＴやＷＴＯの機能も含む）の進展に対応しようとする、日本独占の基本戦略という本質を見ておくことが重要だろう。

ところで、グローバリゼーションの中心はアメリカである。世界最大の赤字国であるアメリカは世界中から資金を集め赤字を補填する一方、日本のような黒字国はアメリカを最大の市場として、商品の供給を行なっている。アメリカの消費過剰を対米貿易黒字国の日本や中国の商品供給が対応しているため、アメリカからは継続的にドル流出が起こり、世界的に過剰資金が形成され、その一部が投機資金化した(5)。

しかし、グローバル化した世界経済では何が起きているのか。世界の多国籍企業は、最大の利益を上げるために、安価な労働力を利用できる国へ工場を移転し、また、安い部品を世界各国から調達し、自国の労働者の大量解雇と部品メーカーの大量倒産を引き起こしている。金融の証券化によって、金融市場の投機性は強まり、市場はますます多国籍企業の利益と世界市場の支配にとって、このようなグローバル化はきわめて好都合であることは明らかであるが、労働者の立場は世界的に全体として悪化することになる。日本でも、ここ十数年の間に主要な企業の生産拠点の海外移転は加速度的に増大し、産業の空洞化が進んでいる。「日本経済が本来持っている実力」が弱体化されてきているのが現実であろう。言葉の意味通りに考えれば、日本経済の実力を強化するには、中小企業を含めた国内産業の発展と、個人消費を豊かにする雇用政策が必要であることは言うまでもない。小泉政権、特に経済財政諮問会議による「基本方針」はそのことと全く逆の政策を導入しようとしている。

「基本方針」には「頑張りがいのある社会システム」を構築するための手段の一つに、個人の預貯金を株式投資に切り替える制度を整備することを主張している。巨大金融資本が法外な国際的投機を繰り広げている世界へ、個人の金融資産を大規模に動員しようとでも言うのか。「基本方針」の救い難い思想の貧困さをみる思いがする。

（1）グローバリゼーションが進展していくことによって国民経済の機能と役割が低下し、その結果として「小さな政府」論が、新自由主義と一体化して主張されるようになったことを鋭く指摘したものに、水野和夫『人々はなぜグローバル経済の本質を見誤るのか』（日本経済新聞出版社、二〇〇七年）がある。

（2）『労働経済白書』（二〇〇八年版）第一―（2）―九図「労働分配率の推移」（資料出所、財務省「法人企業統計調査」）によると、資本金一〇億円以上の大企業の労働分配率は、ピークの九八年度の六五％から、〇六年度の五三・三％まで八年間で一一・七ポイント低下している。また、ドナルド・ドーア『誰のための会社にするか』（岩波新書、二〇〇六年）の表四「株主天下への軌跡」によれば、二〇〇一―二〇〇四年の大企業の役員給与＋賞与、従業員給与、配当のそれぞれの増加率は、五九％、マイナス五％、七一％であり、役員給与、配当に比べ、従業員給与が著しく落ち込んでいることが分かる（資料出所、財務省「法人企業統計調査」）。

（3）竹中氏が直接かかわった経済戦略会議の膨大な提言の主要な内容は、今回の「基本方針」にほぼ含まれている。このことは、竹中氏が経済戦略会議においても経済財政諮問会議においても中心的な役割をはたしてきたし、現にはたしていることからすれば、きわめて当然なことといえる。二〇〇一年第一〇回の諮問会議の後の記者会見で、竹中氏は質問に答えて、経済戦略会議と経済財政諮問会議の違いを、前者の提言は閣議決定がなされないあくまで私的アドバイスの意味しかなく、したがって、その実現には何の保証もなかったのに対して、後者の「基本方針」は、閣議決定され、政府の基本方針として具体的に実行されていく政策である、という点に求めている。ここから分かるように、竹中氏は今回の「基本方針」の策定を、議論だけされて実行に移されてこなかった「構造改革」を実現する機会として重視している。

（4）『労働経済白書』（二〇〇八年版）第一―（1）―二二表「雇用形態別雇用者数の推移」によると、非正規労働者の比率は、一九九〇年二〇・二％、一九九五年二〇・九％、二〇〇〇年二六・〇％、二〇〇七年三三・七％と上昇し、とくに、一九九五年当時の日経連が出した『新しい日本的経営』が、非正規雇用の積極的導入を強調するようになって以降、非正規労働者の比率は顕著に増加した。

（5）アメリカを中心としたグローバリゼーションの分析で鋭い視点を打ち出している論者として前出の水野和夫氏がいる。氏は前掲書の中で、ドル資金のアメリカへの還流と過剰資金の形成、「帝国」としてアメリカの世界市場支配の問題など刺激的な論理を展開している。

第六章　わが国のインフレ目標政策論

――その反歴史性と伝統性――

笹原昭五

はじめに――本章の目的

わたくしは一昨年（二〇〇七年）一月、「インフレ目標政策論の史的位置――クルーグマン見解を対象にして」(1)を公表したが、ここではその続編を執筆する。もっとも、前回はアメリカにおける代表的インフレ目標政策論を批判するという趣旨でP・クルーグマン見解を取上げたのにたいし、今回は標記のごとくわが国でおこなわれている同種の主張を論評対象にしているけれども、意図するところは前回同様、当該論説の論理構造の吟味である。とはいえ、現実の経済情勢や政策の動向を流目しながら筆をすすめることになるはずである。ついては、前置を兼ねて、そうした事柄にかんし、あらかじめ寸評をかいておこう。

顧みるにわが国はこれまで波瀾万丈の年月を過してきた。取敢えず、数十年ほど先まで遡ってみると、一九八〇年代後期の〝バブル〟の付けとして一九九〇年代前半に〝平成不況〟に見舞われた点も然る事ながら、それを打開しようとして一九九〇年代中頃、時下の〝グローバル化〟に便乗しながら伝統的、ないしはマネタリズム型の自由化政策(2)が強行されたこと、ところがその結果として銀行業界に大混乱を誘起したことなどに言及すれば、かような感慨を首肯してもらえるであろう。加えていえば、こうした予期せぬ事態に驚愕して強引な収拾策が断行され、なんとか窮状をしのいだものの、好況なんぞには程遠い状況がつづいて、やがてデフレ傾向が人目をひくようになったことも記憶に新しい出来事であるに違いない。本章が取り扱う、上記の政策論は正しくこのような経済情勢を背景にして登場したのである。

同論説の内容紹介は本文に譲ることにして、ひとまず以降の景気動向を概説しておこう。この場合は、当該政策論は当然の成行としてデフレの克服を謳うものであったこと、そして事態改善の任をになって採用された日銀の量的緩和政策は事実上、その主張に添うような施策になっていたことも付記しておかねばならないであろう(3)。その後、確かに物価は幾分、落着きを取戻した。一昨昨年（二〇〇六年）三月の量的緩和政策解除、あるいは同年七月のいわゆるゼロ金利政策からの離脱はその効あってのこととみる向きもあるに相違ない。もっとも、わたくしはこうした所見には従えない。デフレはどうやら食止めたとしても、その根源となった景気不振までもが打開されたとは到底、断じがたいからである。現に続いて、金融政策の指標になっている無担保コール翌日物金利の引上げ措置まではなんとか遂行したとはいえ、その後は続かず、御負けに極く最近は、「サブプライム」問題が起きて金融不安さえ、またしてもグローバル化する有様であったので、新たな景気対策を模索しなければならなくなっている。とはいえ現時点では、もう一度、インフレ目標政策が巷で耳目をあつめうるような情勢ではなさそうである。なぜならば先頃、不況の最中でありながらも物価が高騰してインフレ問題が懸念されたばかりであり、こうした事態をどのように説明するか、ということも退引ならぬ課題になっているはずだからである。にもかかわらず、著名なインフレ目標論者は依然として自説に固執されているように窺えるし、さらに不況の激化が目前の事態になるにつれて、利に聰い人々がまたしてもインフレを待望しはじめる、と予想される。そうであれば同政策論を過日のものとして取り扱うわけにはゆかないであろう。かような判断にもとづき、かねてからの計画にしたがって私見を公表しようと決めたような次第である。

なお、わが国においてもインフレ目標政策論の主張者は多数にのぼる。そのため、本来ならばかような論者の主張を遂一、とりあげるべきであるけれども、残念ながらその作業はわたくしの力量をこえている。そのため、岩田規久男教授を中心とする研究者集団の方がた、ならびに伊藤隆敏教授の論説のみを対象にして論評をおこなうようにさせてもらうが、これらの方々は当分野においてとりわけて話題作を発表され、学界や評論界、そしておそらくは実務家や政界にたいしてさえもおおきな影響力をもっておられる。ついては、その点に配慮して論評対象の狭溢さを許容してもらいたい。

1　わが国のインフレ目標政策論〔I〕——岩田派見解

(1)　提言内容

この節では、岩田規久男教授を中心とする研究者集団（以下では「岩田派」と略称する）のインフレ目標政策にかかわる論説を紹介する。なお、あえて集団の論説として取り扱うのは、岩田教授単独の著書に加えて同教授編著の著作集という様式をつうじて所説が公表されており、しかも同集団所属者の単独の著作であっても、他者の論説や研究成果がしばしば相互に活用されているからである。細部におよべば所属者間でそれなりに主張のずれがあるかもしれないけれども、上記のような事情のため、そうした点には特段な配慮をおこなわずに、一括して紹介、あるいは論評をすすめるようにするので、あらかじめその旨を断っておく。もっとも、具体的な執筆者名も尊重すべきである、とかんがえられる。そこで、注記を参照すればその氏名があきらかになるように処置する。

さて、同派の所説を論評しようとするならば、なにをさておいても、インフレ目標政策の提言内容の紹介が必要であろう。しかも、なるべく丁寧におこなうほうがよい、とおもわれる。そこで、同派の、それにかかわる論述をありのまま引用するという方法で趣意をはたすようつとめる。1—①および②という番号がうたれた、下記の文章はそうした意図にしたがって引き合いにだす例文である（なお、これ以降も同様な配慮に基づき、わたくしの論評対象になる、ないしは関連資料になる文章を頻繁に引用するが、そのため説明が混乱するおそれがあるので、改行して掲げる場合には、同様な要領で番号を付記するように取りはからう）。そこにはもちろん、目標物価上昇率など、具体的な提起事項が開示されている。しかし、そうした点にくわえて主張の論拠になると思考された現実の経済動向や、経済学説にかかわる歴史上の事項がいろいろと挙げられていることに着目してもらいたい。インフレ目標政策を支持するとしても、それを妥当と判断した事由はけっして一様ではないが、同派の主張は史的論証を重視しているという点が重要な特徴になっており、インフレ目標政策論者の歴史認識の実態をしるうえで格好の判断素材が提案されているとかんがえられるので、そうした、わたくしの感想もあらかじめ開陳しておく。

1—①　「デフレからの脱却については、財政支出を民間投資誘発型にする政策も一定の効果を持つが、根本的な政策は……金融政策のレジーム〔regime〕転換である。そのようなレジーム転換を図るためには、まず、金融政策の目標としてインフレ目標を設定することが必要である。……そこでまず、インフレ目標の下限を一％、上限を三％程度に設定する。しかし、インフレ目標を設定しても、いつまでに達成するのかを明示しなくては、誰も金融政策を信用しない。過去の歴史的事例をみると、金融政策をはっきりとリフレ政策にレジーム転換すれば、一年以内にデフレから脱却できると考えられる（第五章を参照）。したがって、日銀は一年以内（長くても二年以内）にインフレ目標を達成すると宣言し、そのためには、できることはなんでもやるという姿勢、すなわち、インフレ目標への強いコミットメントを鮮明にする必要がある。」(4)

1―②「一九九〇年代から二〇〇〇年初頭にかけて。日本経済には、戦後、それまでは起こったことがないような、さまざまなことが起きました。一九八〇年代にくらべて四分の一に低下した平均実質成長率、マイナスの名目成長率、失業率の大幅な上昇、新卒の就職難、長期にわたる物価の下落（デフレ）……。これらは一言で、長期経済停滞と呼ばれることもあります。」(5)「じつは、今回と同じようなことは、七〇年以上も前になりますが、一九三〇年代のアメリカや日本でも起こったことなのです。今回の長期経済停滞を理解するには、これらの歴史に学ぶことが、きわめて大切です。本書の立場は、これらの歴史に学ぶとともに、経済理論を適切に適用して実際に起きた経済現象を診断すれば、……日本経済が長期にわたって停滞した原因は、日本経済がデフレに陥り、人々の間にデフレ予想が定着してしまったことにある、というものです。」(6)

こうした叙述に関連付けて取急ぎ、わずかながらも私見をもらしておくけれども、わたくしとて「歴史の教訓」(7)を汲み取ることの重要性にかんしてはまったく異存はない。ただし、教訓を正しく読み取ることもけっして忽せにしてはならない、と自戒している点もあわせて強調しておきたい。もっとも、かような事柄については、今は深入りをさけ、あらためて論述しようとかんがえているので、同派が自説の具体的目標実行手段として訓示された内容を先ずもって紹介する。1―③は「日本経済の未来は明るい」という見出しに次ぐ文脈であるけれども、そのための要件としてあげられた諸点、たとえば、「適度」と限定されながらも、地価や株価の上昇に特別な関心を表明されたこと、あるいは「デフレをとめるだけでは不十分で、物価が一～三％で上昇し続けることが必要」と断定された点などは迂闊に看過するわけにはゆかないであろう。というのは、地価や株価の高騰はつい先頃、〝バブル〟の典型的証しとして世上で話題になったばかりであり、さらに「おだやか」とはいえ、デフレ脱却後においても物価を上昇させつづけるならば、事実上、恒常的なインフレを志向している、ということになるからである。とにかく、記述内容をみてほしい。

1―③　「一～三％程度のおだやかなインフレのもとで、名目変数の増加率や上昇率が高まれば、地価や株価などの適度の上昇や収益向上などにより、企業のバランス・シートも改善しますから、設備投資や雇用の本格的な拡大も望めるようになります。そうなれば、『不景気やリストラ等による収入の頭打ちや減少』を心配して、消費が落ち込むこともなくなりますから、消費の落込みを原因として、景気が悪くなる心配もなくなります。……勇ましい掛け声だけでなく、本格的に構造改革を進めることにより、潜在成長率を四％程度まで高め、そのうえで、名目成長率を五～七％程度に維持しようとすれば、GDPデフレーターは一～三％で上昇しなければなりません……。つまり、日本経済が真に復活するには、デフレをとめるだけでは不十分で、物価が一～三％で上昇し続けることが必要でしょう。(8)」

ところで、インフレの効能を強調するにととまらず、インフレ政策の実行手段にかんしても、耳目をそばだてたくなるような提言も記述しておられる。例えば、つぎに引用する1―④がそれであるが、そこに登場する日銀による長期国債の購入策は同派が頼りとされている史的検証と関連していそうであるけれども、はたして筋書きどおりに収まりうるか。しかし、この点にかんする、わたくしの回答もさておいて、かような施策の究極的な狙いは要すれば「じゃぶじゃぶのマネー」で市中を氾濫させることにあるとする点に注意を喚起しておきたい。もっとも、最近まで実施された〈日銀資金の気前の好い流し込み〉戦法をおもいおこせば、別に、気にするにはあたらない、と言われるかもしれないけれども。

1―④　「これまで日銀は、長期国債の買いオペ額は……制限するとか、日銀が保有する長期国債の残高を……抑えるといった制約を設けてきた。そのような制約はすべて取り払うことが必要である。そうした上で、一年以内に一～三％程度のインフレ目標を達成できるように、長期国債を買っていく。……この政策では、銀行が発行市場や流通市場から長期国債を購入し、その国債を日銀が購入するということが、大量に繰り返される。銀行が市中から長期国債を買うときには、銀行は購入先の預金口座の預金を長期国債代金だけ増やすことによって支払うから、預金（マネー）が市場に大量に出回ることになる。日銀は、マネーはすでにじゃぶじゃぶだと主張してきたが、企業と家計はそうしたじゃぶじゃぶのマネーを飲み込んだ上で、なおも、現金や預金の保有を増やし続けている。それは、人々や企業の間にデフレ予想がすっかり根を下ろしてしまい、マネーを持っていればデフレ分だけ利子がつくと思っているからである。このような状況で、デフレから脱却してマイルドなインフレに移行するには、まず、日銀がインフレ目標の実現に強くコミットした上で、大量のマネー需要を飲み込む以上に、マネーを供給し続けることが必要である。そのことによってはじめてデフレが終息し、インフレ予想も形成されるようになる。(9)」

(2) 経済と経済学にかんする史観

同派が主張する政策自体にかんする紹介は以上でとどめて、次はその支柱となった史観を概説する。こうした処置はすでに説明したごとく、自らの所見の妥当性を取分けて歴史上の事実にもとめているからであるけれども、そのさいに採用する史実は日米の経済や景気対策、ならびに学会や評論界における論説の推移にわたっている。ついては、そのうちから、わたくしがとくに関心をもった叙述を順次、とりあげるようにする。初めは、アメリカの経済実態にかんする説明に注目したいので、つぎの文章1—⑤～⑥を引合いにだすが、これまでと同様に、あらかじめ留意をうながしたい点にふれるとすれば、史書では通常、〈大恐慌〉として特筆される一九二九年恐慌よりも、それにつづく「大不況」が重視されている点を指摘しなければならないであろう。こうした処理の背景に、〈大恐慌〉自体は主として金融政策のたんなる失敗に起因し、それにつづく景気不振は本来的には「普通の不況」にすぎなかったと断定する論理があることは看過できない事柄である。さらに、「普通の不況」が「大不況」へと悪化した原因についても「FRBの政策ミス」と断定しながら、あわせて当時の金本位制を問題視していることも一目に値するかもしれない。というのは、後でおこなう論評を少々先取りして開陳してしまえば、かような論述はさして新奇ではないけれども、そうした態度をとることが「国際学派」を自称する根拠になりうる、と考えておられるからである。もっとも、その点を言挙げしただけでは同派の意図にそわないかもしれない。なぜならば、金本位制を足枷ととらえて、それと代替された管理通貨制の意義を謳いながら、さらにこれを踏み台として「リフレ政策へのレジーム転換」が達成されたことを同派の論説の妥当性にかかわる重要史料と解釈しているからである。この間の政策転換はたしかに有名な史実であり、それを重視することにかんしてはわたくしも吝かでないけれども、後の論評に備えるため、取敢えずつぎの二点に注意をうながしたい。当時の新政策はあくまでも、「インフレ政策」ではなくて「リフレ政策」であり、他所はともあれ、当所では同派自らもそう説明していることがそのうちのひとつであるが、さらにこの時に起きたとされる「レジーム転換」がひたすら「人々のクレディビリティ」の如何にかかわる事柄として解説されていることも学説史上の位置を暗示しているという理由で、看過できない論説とかんがえている。そこで、これも第二点としてくわえておく。

1—⑤　「フーバー政権のデフレ下でのデフレ加速政策により、三〇年と三一年の物価は一〇%も下落し、三三年には失業率はなんと二五%にも達した。このように、フーバー政権は普通の不況を大不況にしてしまったのである。この状況を反転させたのは、フーバー大統領に代わって、三三年三月に登場したルーズベルト大統領によるリフレ政策へのレジーム転換であった。ルーズベルトは大統領に就任すると同時に金本位制を放棄した。……ルーズベルトはフーバーのデフレ容認政策から、リフレ政策へとはっきりと転換して、大不況からの脱却に成功したのである。(10)」

1—⑥　「一九二九年のアメリカにおける恐慌は、政策当局であるＦＲＢの、一見決定的とは思われない政策ミスから始まった。問題は、一国における一つの政策ミスを、世界的な災いへと拡散させたものとは何かである。国際学派の最大の意義は、相互的な金融引き締めをもたらすメカニズムを内包する金本位制こそが、それを媒介するものであったことを明らかにした点である。(11)」「しかし、金本位制離脱は、リフレーション（物価回復）を目的とした拡張的マクロ政策実現のための必要条件ではあっても、その十分条件ではない。本格的なレジーム転換は、拡張的金融政策の発動に対する人々のクレディビリティが確認されて初めて実現されるのである。(12)」

ついで、わが国の史実にかかわる論説に目を投ずるようにする。そうした事柄にかんする記述としては、おおむね昭和恐慌からの回復期、つまり浜口雄幸首相・井上準之助蔵相主導期から高橋是清蔵相の最後の活躍期におよぶ過程にかぎられている。別言すれば、そこにいたるまでの状況はなんとも軽くあしらわれすぎている、という感がある。ついでに付言すると、アメリカの史実にかんしても同様な処理がおこなわれているのであるが、かような点もかんがえあわせると、そうした論述の運び自体に同派の思考の特徴が反映されている、と判断せざるをえない。もちろん、昭和恐慌にいたる経緯も歴史の一齣であり、現にその期にかんする説明もないわけではないので、正確を期すという趣旨にもとづいて関連する文章、1―⑦～⑧を以下にあげるようにする。なお、昭和恐慌以前の恐慌として昭和初年の金融恐慌には論及しておられるけれども、それに先立つものとして第一次世界大戦終結直後の反動恐慌にかんしては、あいにく特段の説明を拝見できなかったため、残念ながら引用できなかったことを付記しておく。

1―⑦　「第一次世界大戦中とその直後に、日本は輸出によって大きな利益を上げ、『戦争景気』と呼ばれる好況を経験した。しかし、戦後、戦場となっていた欧州経済の経済再建が進むにつれて、こうした日本の特需は急減し、高騰した株価も急落し、『バブル崩壊』を招いた……。浜口雄幸内閣（一九二九年七月～三一年四月）の井上蔵相は……経済を再生させるためには財界整理（破綻企業の最終処理）と、官吏俸給の引下げを含む緊縮財政、さらに『不当な水準』まで騰貴している物価水準を『正常な水準』に引下げることが必要であり、そうした『清算主義』の実現のためには、旧平価による金本位制への復帰が不可欠である、と考えた。こうして井上が採用した一連の政策は、井上財政と呼ばれる。井上財政のレジームは、『金本位心性＋清算主義』レジーム……である。」(13)

1―⑧　「昭和金融恐慌は、①　大正末期の第一次世界大戦景気による中小貿易商社の放漫経営と、②　それらの企業に対する過剰融資を抑制できなかった『機関銀行』が『大戦景気』の反動による景気悪化によって経営破綻を起こしたこと、③関東大震災の事後処理における金融的処理の混乱（国会審議の紛糾等）でこの過剰融資の実態が明らかになり、これが一部金融機関の取付け騒動に発展し、これが大阪や東京、横浜といった都市部を中心にパニック的に波及した、ためである。つまり、昭和金融恐慌当時の不良債権は一種の『都市型・バブル崩壊型』に近いものであった……。」(14)「昭和恐慌時に破綻した銀行に関しては、昭和金融恐慌期には、事前に破綻を予想させる財務指標の悪化はなかった……。つまり、一九三〇年、および一九三一年の銀行経営破綻のケースは、昭和金融恐慌によって生じた不良債権の処理を先延ばししたために破綻したのではなく、昭和恐慌によるデフレの激化が原因で新たに不良債権が発生し、その結果、破綻に追込まれた可能性が高い……。」(15)

ついで、昭和恐慌からの脱出過程にかかわる論述に目をうつすことにしよう。1—⑨～⑩はその例文であるけれども、そこでは「高橋是清蔵相による金輸出の再禁止と国債の日銀引受」がもっとも重要な史実になっている。それに着目することはたしかに史書の慣例であり、わたくしもそうした取り扱い自体にかんしてはとやかく言う気を持ちあわせていない。しかし、こうした施策がどのような思考をへて実行されたか、そしていかような効果をともなって景気回復を誘起したか、というような点について私見を若干、披露したいとかんがえているので、とりあえず、同派の特徴的な史実解釈、例えば、「株価はまだ下がる」なかでの「デフレ予想」の「終息」や物価の「急激な上昇」、ないしは「強烈なデフレからマイルドなインフレ」への「反転」というような文言、あるいは国債の日銀引受発行策によって「マネーを供給する」ことが企図されたというがごとき説明、更には当時の不良債権問題にかんする「バブル崩壊型」と「デフレ進行型」の区分、およびそれと「レジーム」論との関連付けなどに着目されるよう要望しておく。なお、文中では「インフレ」と「リフレ」が混在しているが、こうした語法にかんしても後で批評をおこなう。

1—⑨ 「この自体〔昭和恐慌〕を救ったのは、〔一九〕三一年一二月に登場した高橋是清蔵相による金輸出の再禁止と国債の日銀引受であった。金輸出の再禁止により金本位制を離脱すると、円はドルに対して四割も切り下がった。これによってデフレ予想が終息し、物価は急激な上昇に転じた。つまり、強烈なデフレからマイルドなインフレに反転したのである。しかし、金輸出が再禁止されても、株価はまだ下がり続けた。これは、金輸出は再禁止したものの、金融は緩和しなかったからである。本格的に金融緩和に転ずるのは、三二年一一月末で、財政支出を国債発行で賄い、その国債を直接日銀が引き受けて、マネーを供給する政策を打ち出してからである。これにより株価は反転して、急騰に転じ、以後も上昇し続けた。これは、国債の日銀引受けによって、デフレ政策からリフレ政策へと金融政策がはっきりとレジーム転換したと受けとめられたからである。それ以後、安定的なマイルドなインフレが保たれ、生産も拡大の一途を遂げることになる。[16]」

1—⑩ 「昭和初期の日本は『バブル崩壊型』の不良債権問題と『デフレ進行型』の不良債権問題が時代を隔てて別々に発生し、これを克服したきわめて稀な例である。……現存の不良債権の多くが『デフレ進行型』である……。つまり、この平成デフレ期は、昭和初期の教訓を生かすことができる環境下にあると考えられる。『まず、デフレを止める』べきであり、そのためには『政策レジームの転換』を含む大胆なリフレ政策が必要であるのは云うまでもない。[17]」

戦間期の実態にかんする論説の紹介は以上でとどめて、つづいてはその間における経済学界の動向、ならびにわが国の評論界で主張された政策論についての解説内容を通観するとしよう。初めに、経済学会にかかわる記述を取りあげるが、具体的な論及対象がJ・M・ケインズ、I・フィッシャーそしてG・カッセルにかぎられている点は当時、わが国でしばしば話題になった近代経済学者がそうした人物であったという理由で容認できるとしても、かれらの貨幣政策論のみに限定して論評をおこなうという手法は安易に看過できない。例えばケインズの所見を取り上げるとしたら、『貨幣改革論』だけでなくて、当人のもっとも重要な著作、『一般理論』に触れなければならないが、そうなれば自ずから貨幣政策論以外の主張にも言及せざるをえないであろう。もっとも、かような処理法は同派が信奉する学説に由来すると推測しているので、それなりの事由も所在するとおもっているけれども。おなじような所感は、道筋の錯綜を若干は指摘しながらも、上記の三者を強めて同一部類の経済学者として解説しようとする論理展開にかんしてもわいてくる。そこでこうした点もいずれ論評の対象とするが、その準備として以下ではこうした経済学者にかんする、おもな記述、1―⑪～⑭を引用しておく。なお、1―⑪中で「未開社会の遺物」という文言が登場していることを記憶されるよう希望する。

1―⑪　「すでにこの当時〔第一次大戦後の金本位制再建時〕から、金本位制の持つ問題点は、何人かの経済学者によって明確に把握されていた。例えばそれは、イギリスのジョン・メイナード・ケインズ、アメリカのアーヴィング・フィッシャー、スウェーデンのグスターフ・カッセルである。彼らは、金本位制それ自体は一般物価の安定を保証するものではないこと、旧平価による金本位制復帰は望ましからぬデフレを必然化させることを、さまざまな形で人々に説き続けた……。この局面で〔一九二二年のジェノヴァ会議の頃〕最も注目すべき役割を果たしたのは、やはりケインズであった。ケインズが、金本位制を『未開社会の遺物』と喝破し、金の足かせから自由な管理通貨制度への移行を説く記念碑的な著作である『貨幣改革論』……を出版したのは、一九二三年のことである。[18]」「その後〔一九二五年に『チャーチル氏の経済的帰結』を刊行した後〕、ケインズ自身は意図的な為替切り下げ政策の提唱に慎重になり、金本位制の中での最善の策を探るようになる。[19]」「再びケインズが金本位制を批判するのは一九三一年の八月初めになってからだった。[20]」

1―⑬　「フィッシャーは一九一一年の『貨幣の購買力』から物価安定化の計画の一環として金本位制の改良を提唱し……、それ以降も貨幣価値、物価安定化計画の強力な提唱者であった。……〔だが〕この時点で〔一九二八年刊行の『貨幣錯覚』段階において〕フィッシャーは管理通貨制度の下では貨幣発行の適切な規律付けを保証するのが難しいという点から金本位制の廃止に反対している。しかし、非常時には離脱すべきことは示唆していた。一九三二年になり世界恐慌が激化すると、フィッシャーは金本位制からの離脱・廃止を提案するが、それは彼の物価安定化提案として首尾一貫していたのである。[21]」

1―⑭　「購買力平価説の提唱者として知られるカッセルは……世界的に著名であった。そのカッセルは、第一次世界大戦後の著作ではインフレとともにデフレの弊害を強調し、物価安定化を目標としていた。……このようにデフレ施策には明確に反対していたカッセルが、イギリスの旧平価による金本位制復帰には賛成したのは皮肉である。それは、実勢レートが旧平価に近づきつつあるという判断に基づくものであった……。[22]」

つづいては、わが国における「経済政策論争」にかんする解説をしらべることにする。とはいえ、対象となる政策論は金解禁からリフレ問題におよぶとはいえ、おおむね通貨政策にかかわる論議にかぎられているけれども、それは同派の判断に基づくものであることは先に記した経済学者の場合と同様である。かような点はともあれ、論及の範囲を広範にわたり、政界、実業界、評論界、さらには本邦の経済学者の所説にも目をくばろうとされている。そうした努力には敬意をかんじるので、できうれば全般的に紹介すべきところであるけれども、如何せん本稿の紙幅の余地にも配慮せざるをえない。そこで、まことに失礼ながら、同派が自らの主張の先行者として、とりわけ重視する評論家、石橋湛山と、同派が推奨する政策の施行者としてたびたび引合いにだされている政治家、高橋是清にかんする論評のみを本章の論及対象にさせていただくことにして、それにかかわる文章を引用するが、これまでどおり、前もって留意点も付記しておく。1―⑮においては同派が湛山のもっとも重要な主張と判断されたものにかんする二文をかかげる。「金本位心性と清算主義」との「対決」およびデフレ「害悪」説がそれである。なお1―⑯の文言を案じれば、「試行錯誤」の結果としてこうした論説を展開した、ということになりそうであるが、そうであれば、さらにどのような事情が背景になって、何時、如何様に「転換」したか、という点が問題になるであろう。しかし、それにかんしてはさしたる説明がみられない。もっとも、その時どきに「実感」ではなくて「カッセル、ケインズ、フィッシャーなど」の「改訂され続ける経済学的知見」を積極的に取り入れていた」からである、と注意されるかもしれない。だが、かような解説で事足りるか、とわたくしは考え込まざるをえない。なにはともあれ、カッセルなど、外国の論者の足跡にかんする事柄ともあわせて、当方がしっている事実とはうまく照応しない。こうした訳で後ほど湛山、さらには上記経済学者の論理の変遷過程を概説するけれども、その内容は、当該人物が果してインフレ目標政策論者の先達になりうるか、という点を吟味することにも通じるであろう。

1―⑮　「新平価解禁派の中心は云うまでもなく石橋湛山である。……石橋は金解禁論争を通じて金本位心性と清算主義の二つと対決した。[23]」「インフレと同時にデフレも害悪である。この点を最も明快に指摘したのが石橋湛山である。[24]」

1—⑯「新平価解禁派に試行錯誤がなかったわけではない。それどころか試行錯誤は彼らにこそあった。……試行錯誤といえば、石橋湛山も例外ではない。石橋は高橋亀吉の説得によって旧平価解禁から新平価解禁へと論調を転換した。しかも、石橋は一時期、新平価解禁を断念さえしている……。その論調の転換がどのようにもたらされたかは重要である。新平価解禁を唱えた民間の経済学者たちが意見を変える柔軟性を有していたことは云うまでもないが、彼ら、特に石橋湛山はカッセル、ケインズ、フィッシャーなどの外国の先端的理論によく通じており、改訂され続ける経済的知見を積極的に取り入れていた。彼らは『実感』に基づいて論議したのではなく、むしろ論敵たちからは理論的、観念的、抽象的とさえ批判されている。[25]」

次には、昭和恐慌期から高橋財政期に移行した後の湛山見解にかんする論評をいくつか紹介するが、その手始めとして1—⑰~⑱を以下に引用しておく。これらは、文中に明示されているごとく、同派が絶賛してやまない図書の一節であるけれども、若干の補足をすれば、基になった原典は五・一五事件直前の時期に数回に分けて、つまり一九三二年三月二六日から五月一四日にかけて『東洋経済新報』誌上に「インフレーションの意味方法及効果」と題して公表された論説である。そうした事柄はともあれ、先ず1—⑰についていえば、これはまさしく湛山が説く「インフレーション」、ないしは「リフレーション」の含意にかんする肝要の注釈であるけれども、そうした所為を当所で同派自らがおこなっていることははなはだ好都合であるので、ぜひ注目してほしい。もっとも1—⑱については逆の趣旨で注意を喚起したい。というのはたしかに、それに照応するような文章もふくまれているから、それらだけを摘出すれば湛山は「財政施策にはあまり期待をかけない」という結論もみちびきうるかもしれないが、じつは別の判断を許容するような文言も記述しており、その後における当人の論説をふまえれば、そちらの判断のほうが筋道に適っているとかんがえているからである。こうした事柄にかんしては後の論評を参照してもらいたい。

1―⑰　「この時期〔一九三二年〕、新平価解禁派はさらなる政策発動を求めて論陣を張る。論戦の戦線はさらに移動し、金輸出再禁止論はリフレ政策論へと変貌を遂げる。……後に『インフレーションの理論と実際』の第一六章として所収されるこの論説は、石橋の経済論説の最高傑作の一つである。……ここでいうインフレは『経済活動の進展に必要なる以上の多量の通貨を供給せよと言う意味では決してない』……、リフレーション……とは、『スタビリゼーション（物価の安定）、あるいは今までのデフレーションの弊を解消するに必要な限りのインフレーション』……にほかならない。[26]」

1―⑱　「石橋は三つの政策を挙げている。第一に中央銀行の金利政策、第二に中央銀行の公開市場操作、そして第三に政府による財政政策である。そのうち、理論的には直接政府が財・サービスを購入し需要を刺激する財政政策の効果を大きいと見なしながらも……財政政策にはあまり期待をかけない。しかも石橋は財政政策単独では物価上昇につながらないことも知悉していた。公債が日銀によって応募されない限り、通貨量が増えず、通貨量が増えなければインフレーションは引き起こされないからである。そこで、石橋は中央銀行による二つの政策〔金利政策と公開市場操作〕がもたらす通貨膨張にリフレ策の本命としての期待をかけ、両者とも有用としながらも、直接的なのは後者の公開市場操作であると考えた。[27]」

いずれの解釈が妥当であるかという点はさておくとしても、五・一五事件後に成立した斉藤内閣においては本格的な景気振興策が採用され、赤字公債依存の積極財政がその中核に位置付けられた。その際、同派が「政策転換の象徴」として重視する、日銀引受の公債発行も実施されることになったが、こうした施策を考案し、実行した人物が高橋是清蔵相であったことは周知の事柄である。そうであれば、同派の高橋蔵相観は抜きにはできないであろう。幸い、幾分、批判的評価を交えつつも、これにかかわる叙述がその著作のなかにしるされている。ついては、その例示として1—⑲〜㉑を以下で取りあげる。もっとも、わたくしはこうした解説には疑念を感じている。と言うのは、高橋蔵相見解の肝心な点が評価対象から除外されていると思慮されるからである。こうしたことをいう以上、わたくしが知っている史実を明らかにすべきであろう。そこで後で当人および1—⑳中で言及された深井英五の回顧文を紹介する所存である。なお、1—㉑にかかわる一件として他所で「リフレ政策はフィッシャー、ケインズへと進化を続けていた」[28]と解説されることも付記しておきたい。ただし、「進化」の具体的内容があきらかにされていない点はなんとも心残りといわざるをえないのであるが。

1—⑲　「高橋是清は、〔金解禁問題については〕一貫して時期尚早論の立場だった。一九二九年（昭和四年九月）には、基本的には、金解禁、緊縮に賛成としながらも、『金解禁の根本は、輸入超過の大勢を圧え、輸出を奨励すること』とする……また同年一〇月には、財界の準備が不十分であるとして解禁に警鐘を鳴らしている……、解禁の前提として国内産業振興を挙げているように、内国重視、対内均衡重視に基づくプラグマティズムが高橋の本領である。[29]」

1—⑳　「犬養毅政友会内閣は蔵相に高橋是清を起用し、高橋は日銀副総裁深井英五の建策をいれ即日金輸出を禁止、日本は金本位制から離脱した……。この機を境に、一九三六年二月二六日高橋が暗殺されるまで……いわゆる高橋財政の時期が始まる。ところが、せっかく金本位制の『足かせ』を脱したにもかかわらず高橋是清と深井英五はそれ以上の財政金融政策を発動しなかった。高橋是清ですら金本位制に固執し、そこからの離脱を一時的な事態と見なしたからである。[30]」

1―㉑「高橋是清が新平価解禁派の議論や、フィッシャーをはじめとする海外の議論にある程度学んでいたことも事実である。一九三三（昭和八）年四月二一日の講演、『国際経済情勢と我国の非常時対策』では『フィッシャー氏及びシカゴ大学に於ける研究会……』、『ケインズ』、『マクミラン委員会報告』、『ホートリー』に言及している。[31]」

2　わが国のインフレ目標政策論〔Ⅱ〕――伊藤見解

(1)　提言内容

この節では伊藤隆敏教授の論説をとりあげる。同教授はさまざまな分野で健筆をふるっておられるが、本稿はあくまでもインフレ目標政策論の吟味を主題にしているので、同政策にかかわる著作だけを対象にして私見を開陳する。ところで、同氏の説明にしたがえば、一九九九年秋の『ファイナンシャル・タイムズ』寄稿論文が当該分野の最初の著作だそうであるけれども、ここではそれ以降の邦語文献だけを論及対象にする。なお、この間には力点や論法などに変化がおきているようであるが、それは彫琢の現れと拝察すべきであるとおもわれるので、別段の区別をせずに解説をすすめさせてもらう。

ところで、同氏の高説を論題にするからには、ここでも先ずは同政策にかんする提言内容を紹介しなければならないであろう。そこで先ず、最近（二〇〇六年）の著書にしるされた、それにかかわる文言を以下に2―①として引用する。

2―①　「インフレ・ターゲティングの枠組み……とは、簡単にいうと、金融政策の目標を物価安定に絞り、物価安定をインフレ率の数値目標で明示的に表現して、中期的にこの目標の近くにインフレ率を誘導するように金融政策を行う、というものである。たとえば、中期的に二±一％になるように金融政策の舵取りをすると宣言して、金融政策手段（金利）の変更を、その中期的インフレ目標達成のため、として説明するという中央銀行の政策運営が、インフレ・ターゲティングである。この枠組みで注目すべき点は二点ある。第一に、それまでの金融政策の議論とは異なり、物価目標という金融政策の最終目標をそのまま唯一の『目標』として掲げることで、それ以外の目標（たとえば完全雇用）には言及しない、あるいは副次的なものとして扱う点である。第二に、政策目標を数値化することである。数値目標を揚げることで、市場とのコミュニケーションが容易となり、責任の所在が明らかになる。(32)」

この文章をよむさいには、ある種の「物価安定」策であると強調しながらも、具体的な目標値としてあえて正値の物価上昇率を挙げていることに留意しなければならない。同氏の説明にしたがえば、現在、公表されている消費者物価指数には「上方バイアス」がふくまれているらしい。したがって適正な（同氏の文言を使用すると、「理想的な」）物価指数はそれよりも下回る、という点は同氏がしばしば指摘されているところであるけれども、そうした「上方バイアス」分を除去したうえで、なおも物価上昇率が正値でなければ「絶対的な物価安定（真の物価指数でのゼロ・インフレ）」にはなりえない、と主張されていることになる。これは正しく同氏の力説点であり、それ故にこそインフレ目標政策論が紛れもなく「インフレ」目標政策論たりうるのである。以下の引用分２―②、あるいは２―③はかような点を明記している。なお、適正値からの超過分にかんしては「のりしろ」という譬喩をあげておられるが、そこに「デフレに陥らないため」という特別な意図がこめられている以上、ただの付け足しとしては受け取れないであろう。とりわけ、こうした論説は、すでに説明したごとく、岩田派においてもみられ、したがって同政策論者の共通論説と判断できるので、なおのこと軽々しくは取扱えない。そのため、後でこの点にかんしても批評を書こうとおもっている。

２―②　「現行の消費者物価指数を使う場合には、インフレ目標を一～三％にするものの、もし理想的な消費物価指数が開発された場合には、インフレ目標を〇～二％にすればよい……。(33)」

２―③　「消費者物価指数（ＣＰＩ）で計測するインフレ率には上方バイアスがあることが知られているので、下限は一％程度の値でも、絶対的な物価安定（真の物価指数でのゼロ・インフレ）とは矛盾はしない。さらに、これにはデフレに陥らないための『のりしろ』を確保する意味もある。上限の三％は、インフレ率は高めとなるショックがあった場合の許容できる上限であり、この程度であれば、インフレによる社会的・経済的コストはそれほど大きくない。(34)」

ところで、同氏が目標とされるインフレ論には他にも、看過できない事柄が内包されている。一時的ならば目標を超過したインフレ率であっても、これを許容すると言明したうえで、さらに――短期的ではなくて――長期的なインフレをあえて志向されている、という点がそれである。別言すると、かりに施策が効を奏して、当面のデフレから脱却できたとしても、岩田派と同様、引き続いてプラスの物価上昇率の護持につとめることが肝要、とさえ主張されている。そうなれば、これも並々ならぬインフレ志向論であると断ぜざるをえない。つぎにあげる引用文2—④や⑤を参照すれば、かような点を認識できるであろう。

2—④　「インフレ目標は（時期を選んで）いったん導入されれば、長期にわたって持続すべきものであり、景気状況によって破棄すべきものではない。[35]」

2—⑤　「たとえ、現在のインフレ率が目標を大きく上回っていたとしても、将来の目標到達の期間を明示することで、期待に働きかけるというインフレ・ターゲティングの効果はある。現在のインフレ率が目標に到達している場合には、それを維持しつつ、将来にわたる目標の維持を掲げることで、インフレ率（期待および実現値）の安定化に寄与することができる。逆に、一九九八〜二〇〇五年、日本が陥っているデフレの状況でも、中期的には一%、最終的には二%のインフレ率が最適である、というような段階的な引上げを提示することは、導入の経過措置として適切である。[36]」

なお、公正を期するために取急ぎ付記しておくが、同氏が提言されるインフレは一〜三パーセント程の物価上昇であって、一〇パーセント、二〇パーセントのインフレを引き起そうとしているわけではない。したがって、同氏とても第一次オイルショック時のような狂乱物価の再現を企図されていないことは十分に承知しておかなければならないけれども、その傍、例えば一九七〇年代の円高に起因する不況の対策として提唱されたといわれている「調整インフレ論」にたいしては、それは一時的な緊急対策にすぎないという理由で「完全に一線を画[37]」す、と叙述されていることにも注目すべきであろう。なぜならば、その論述を布衍すると、インフレを必要とする事情は一過性のものでなくて、もっと長続きする、と判断されているように臆測できるからである。そうであれば、対応措置はおのずと長期にわたらざるをえず、したがって、インフレ率自体はともあれ、すくなくとも施策方針においては前述のごとく本格的なインフレ政策を企図されている、と思考しなければならないから、それに付随してかような提案の基盤を吟味することも等閑にはできない。このような問題意識にうながされて引き続き、これに関連すると推察される同氏の学説史観や実証内容を順次、紹介してゆく。

(2)　政策論の史的背景

始めに同氏の論説の理論的側面を確認したいのであるが、わたくしにとってはこの作業は容易でない。しかし、有難いことに、同政策をめぐる論争史にかんしては、ある程度、解説をかいておられるので、とりあえずはその筆跡をたどりながら、同政策発想の理論的基盤が那辺にあるかという点をさぐってみるようにする。わたくしが参照できたのは、わずかながら、一九六〇年代以降の動向にかんする論評にすぎないけれども、一九六〇年代と一九七〇年代においてはケインジアンとマネタリスト間で際立った対立があったことにふれ、後者の陣営においては「金融政策は一定のルール、とくに貨幣供給量を一定率で伸ばす（k％ルール）という中間目標を遵守する政策に従って運営するほうが、長期的な経済の安定（成長率の安定とインフレ率の抑制）につながると論じた」[38]むね記述されている。対立があったことは事実である。しかしそのさいには世界的に問題化した〈クリーピング・インフレーション〉の成因などをめぐって議論がたたかわされたはずであるのに、それが論及されないのは何故か、と気になる。また、この文章中の「k％ルール」からはM・フリードマン Friedman 見解を念頭においたうえでの解説と推察できるけれども、当人の場合、はたして「中間目標」、あるいは「インフレ率の抑制」を意図した主張であったか、どうかという点は俄には同じがたい。しかし、こうした点は同氏の微妙な立場を反映しているのかもしれないとおもい直せば、それはそれで興味深い叙述と思慮される。

ついで、一九七〇年代についての叙述に目をうつそう。この時期にかんしては「新古典派総合」に着目して、「これは、ケインジアンとマネタリストの双方の良いところだけを採用したいわば『休戦協定』である。つまり、短期の景気循環には、ケインジアンのような政策的対応が有効であるが、長期的には、マネタリストの貨幣数量説が正しい、つまりインフレ率は貨幣供給量の増加率と密接な関係があるという考え方である」(39)と説かれている。当時、「新古典派総合」が耳目をあつめたことはたしかな史実であって、その限りではこの文章は妥当であるといえるけれども、そうした見解の主張者、P・M・サムエルソン Samuelson はいわゆるアメリカ・ケインジアンの代表者であったにせよ、ケインズの論説の適正な解釈を強調する人びとの所見までも代言しえたか、どうかという点については慎重な配慮が望まれるであろう。とはいえ、「長期的には、マネタリストの貨幣数量説が正しい」という所見は「良いところ」だと想定されている辺りもまた同氏の立場をにじませているようである。なお、同氏は「一九七〇年代後半から八〇年代にかけてマクロ経済学は大きな変革期を迎える」(40)と断ったうえで、「インフレ期待を含むフィリップス曲線の理論がマクロ経済学の主流になった」(41)と説明されているので、その曲線にかんしては次項で再度、解説する。

ここで一九八〇年代に話をうつすが、この時期の特記事項としては、「合理的期待を中心概念にすえる『新しい古典派』(42)」、つまり合理的期待学派の台頭を指摘し、同派においては、「人々は合理的に行動するから、市場による賃金の自動調節機能が高いときには、金融政策は無力になるという命題を掲げた」(43)、と解説しておられる。そのような論者がこうした所見をのべたこと自体にかんしては、とかくの補記は不要であろう。しかし、それにくわえて、かれらの論説にしたがったとすれば「政策論としては、〝無為無策がベスト〟という現場の常識には反する結論になる」[44]と批判したり、「合理的期待による金融政策の無効性……は世界中の中央銀行のスタッフやエコノミストの間ではほとんど支持を受けなかった。モデルの前提となる仮定に、多くの単純化が行われており、現実的ではなかったといえよう」[45]、と回顧されている。こうした叙述を素直にうけとめれば、次には合理的期待仮説を忌避するという文言に出喰しても奇異ではなさそうであるけれども、事実は思案と相違している。ついては、こうした状況を露にするため関連する文章2―⑥～⑦を引用する。わたくしはそれをよんで、インフレ目標政策をあえて提示するまでの、入り組んだ考察の次第を推し量るうえで、別言すると、「公約型」と「裁量型」の長所・短所を説明されながらも、詰まるところ「公約」という経済外的手段で期待を如何様にも調節できるとする、同政策論の重大仮説の由来を垣間見れるようにおもわれて参考になった。

2―⑥　「一九八〇年代後半には、合理的期待仮説は、少なくとも長期的なモデルでは無視し得ない考え方であることが認識される一方で、さらにマクロ経済政策の考え方に大きな変化を迫る問題が提起された。それは、『時間整合性』……の議論にかかわる『裁量的政策か公約型政策か』という問題である。……たとえば、将来のインフレ率について、ある一定率以上にはしないという公約を揚げて、それが信用されると、将来のインフレ率期待が変化して、その結果として、現在決められる長期金利になる。このように、将来の政策を縛ることで、現在の経済変数に影響を与えることができるのが、公約型の政策である。」[46]

2―⑦　「ただし、公約型政策にも欠点があることが知られている。……公約をしても、将来それを破るインセンティブを当局がもっていることを企業や家計が見抜けば、そもそも公約型政策の一番の長所である期待に働きかける効果がなくなるからである。……ところが、一九九〇年代に入ると、金融政策についての論争は急速に『収束』に向かう。インフレ・ターゲティングに多くの賛同が得られるようになったからである。[47]」

なお、後々の論評にそなえるという狙いがあって、もうひとつの関連事項にも注意を喚起したい。つぎの引用文はその点にかかわっている。この文章は論争「収束」の由来についての解説文であるが、「長期フィリップス曲線が垂直」という主張はマネタリストの金科玉条であることに配慮すれば、おのずと同氏の所見の出自を開陳することに通じているように推察できたからである。

2―⑧「金融政策は実体経済の生産や成長に対して長期的には中立であるという考え方は、経済学の共通の理解となった。このことは、長期フィリップス曲線が垂直である、と表現してもよい。……一九九〇年代以降になると、金融政策をめぐる学界の大勢は最終目的を直接揚げて金融政策を運営するほうが適切である、という方向に変化した。[48]」

(3) 所見の理論構造と実証内容

この項では自説の支えとして採用された理論、とりわけ近著に登場した「L字型」の「長期フィリップス曲線」論、およびその裏付けとして提示された実証内容を対象にして同氏の所見を示しながら、若干の補足をくわえるようにする。先ずは、上記の曲線論にかんして記述する。これは先程、一九七〇年代後半以降、「経済学の主流になった」と解説された「インフレ期待を含むフィリップス曲線」の改訂版ということになるが、インフレ率が相対的に高度な局面では垂直であるけれども、二%以下の部分では屈折して、やがてゆるく傾きながらも右下方に向かう斜線になる、という点が特徴になっている。（具体的な形状にかんしては4節の(2)に掲載する図を参照してもらいたい。）ところで、その垂直部分は「自然かつ構造的な失業（需要と供給の間で、労働の職種・質・地域にミスマッチがあるために起きる失業）」[49]にかかわり、それ以下には「長期間保つことはでき」[50]ず、「長期的にインフレなく成長することができる潜在成長率と対応している」[51]とされる「自然失業率」が基盤になっているから、失業率の定義などにかんしては多少の差異はあるものの、論理の基盤にはM・フリードマン見解に順応しようとする志向が色濃くただよっている、と窺える。つぎの文章2―⑨はおそらくそうした内情を反映したものであろう。こうした想定はもちろん同氏見解の重要部分になっているので、いずれ核心のひとつとして論評する。

2―⑨「短期的には、民間企業や家計の予想を超える、裁量的な金融・財政政策によって景気刺激をすることで、インフレ率を多少上げて失業率を引き下げることができる。つまり、短期的には成長とインフレの間にはトレードオフが存在するが、長期的にはこのようなトレードオフは存在しないと考える。いま失業率 u を横軸に、インフレ率 π を縦軸にとると、『長期フィリップ曲線』は垂直、『短期フィリップ曲線』は右下がりとなる。さらに、短期フィリップ曲線の位置は今期……に実現すると民間経済主体が予想するインフレ率……によって移動する……。[52]」

なにはともあれ、この程度の事柄ならばフリードマン自身も論述しているところであるから、マネタリズムの本流もさして問題視しないであろう。しかしながら、二％以下の局面についての論述にかんしては捨置けぬ離反と映ずるかもしれない。しかし、この部分は同氏見解のもうひとつの核心にあたっているから、なんとしても固執しなければならない所である。そうした事情をあきらかにしたうえで、次いで当該部分に視点を移そう。そこでは「最近、重要な追加が行われた。すなわち、インフレ率が非常に低い状態……では、長期的にも、フィリップス曲線は右下がりの可能性が高いという議論である」(53)、という注釈をくわえながら、3―⑩のような所見が記述されている。なお、その文中においては、例えばインフレ率が二%から零までの間にかんしては物価がなお多少なりとも上昇しているにもかかわらず「デフレ」と説明されるなど、理解に苦しむ点があるうえに、同所では長期線と短期線が事実上、同類の傾斜線になるため、両者をどのような論理、あるいは手段によって区別するのか、と懸念されるけれども、そうした事柄については別に解説されていないので、後であらためて私見を述べたいとおもっている。

2―⑨　「デフレになることで、さらにデフレが継続すると期待すると、投資や消費が低下して、失業率が上昇する。……名目金利を引き下げることもできないので、経済を政策的に、自然失業率の状態に戻すメカニズムも働かない。こうして、デフレ・スパイラルのなかでは、失業率が高い状態が持続する。図一―一は、以上のような議論を一枚の図にまとめたものである。ここで、長期フィリップス曲線は、インフレ率が二%以上では垂直であるものの、インフレ率が二%未満では非常に傾斜が緩やかになり、全体的に見るとL字型をしている。また、短期フィリップス曲線は……右下がりの直線で表されて、長期フィリップス曲線と交わる点のインフレ率は、期待インフレ率……に等しい点となる。(54)」(同氏が提示した図にかんしては前述のごとく後程、フリードマン見解と対比しながら論評しようとかんがえているので、ここでは掲載を差控えることにする。)

さて、現実の事態がこのような想定に適合しているとすれば、「今期（t）に実現すると民間経済主体が予想するインフレ率……（期待インフレ率）(55)」に照応する短期フィリップス曲線を金融政策によって誘導できるかぎり、その曲線と長期フィリップス曲線の交点で経済動向がさだまり、したがってインフレ率が二%ながらも失業率は自然失業率水準におさまることになるかもしれない。それはまさしくインフレ目標政策論の教導が見事に結実する事態であろう。

ただし、万事は前提になった事柄が現実性をそなえていると断定できた場合の話である。というのは、例えば、推論の主軸となった自然失業率や長期フィリップス曲線仮説にかんしてはその有為性があらためて問われなければならないし、かりにこうした点を抜きにしても果して当該曲線が「L字型」であるか、どうかも再検討せざるをえないからである。もっとも、かような疑念は余計な思案かもしれぬ。なぜならば同氏は確かに手抜かりなく、自説の妥当性の実証も試みておられる。ついては、さらに同氏の統計分析の概略と、その結果についての解釈も紹介するとしよう。

この箇所ではアメリカおよびわが国を調査対象にえらび、前者にかんしては一九五六年から二〇〇四年までの間、後者については一九七五年から二〇〇四年にいたる期間におけるインフレ率（ないしは消費者物価指数のインフレ率、いずれも%）と失業率（%）の関連を点描されている。（図自体にかんしては原典の該当箇所を参照してもらうことにして、ここでは掲載を遠慮する。）その状況からどのような事態を窺いしれるか。これこそは同氏の推論の妥当性を判別する鍵になるはずであり、したがってわたくしも所感を披露したいとかんがえているけれども、提示した当人の認定内容はなにをさておいても承知しておかなければならない事柄であるから、後の論評にそなえるために若干の感想をまじえながらも、まずはその点を説明しておこう。

始めにアメリカにかんする部分に着目すると、「一九六〇年代後半から一九八〇年にかけて、短期フィリップス曲線がしだいに上方にシフトし[57]」たが、「一九八〇年から九〇年代半ばにかけては……短期フィリップス曲線は下方へシフトしていった[58]」と叙述され、かような推移は「民間経済主体の期待が裏切られる（サプライズ）と、次期には、高い期待インフレ率に改訂されることで、上方にシフトしていった」[59]からである、と解説しておられる。なお、民間経済主体の期待の変化にともなって短期フィリップス曲線が上下に移動する点は同氏が提示された模型図でもえがきだされているところである。したがって、その文言だけをみているかぎりでは首尾一貫しているようにみえるけれども、残念ながらこの間における長期フィリップス曲線の状態は記述されていない。

そこで、わたくしの感想を差しはさむが、仮に長期曲線があくまでも存在し、しかも直線でありつづけるとしたら、右へ転移したといわざるをえないであろう。かような臆測はまんざら不当ではなさそうである。というのは続いて、「一九九〇年半ば以降のアメリカ経済（ニューエコノミーと呼ばれた）は、この図においては、低インフレ率のもとで失業率を下げていく（長期フィリップス曲線の左方シフト）こと」[60]がわかった、と記されているからである。もちろん、こうした解釈は長期曲線垂直説に依拠した場合の説話である。別言すると、実証の対象になった全期間中の出来事を通観すれば、物価上昇率二％前後の次期（一九五六―六九年および一九九二―二〇〇四年の両期）にかんしては、図上の点はほとんど横軸に沿った線の周辺に分布しているように見える。したがって、もしかすると、この辺にL字型の下部を想定されたのかもしれない。しかし、それらが長期線と短期線のいずれを反映しているのかは判然としない。たしかに両線は渾然一体になったという解釈が可能かもしれないけれども、そうなると今度はそれを是とする論理が問題になることはすでに指摘したところである。

次いで、我国の状況にかんする叙述をみると、いきなり「こちらは……L字型のフィリップス曲線である」[61]、という文言に出くわす。この辺りは説明を極力、簡略化されているようであるので、あくまでもわたくしの判断にしたがって解説をすすめるけれども、その「曲線」は長期フィリップス曲線であり、したがって同曲線の典型的な姿態と主張されたものがそこに現出しているという論旨になっているらしい。もっとも、そうであれば短期フィリップス曲線にかんしても同氏の典型図との対照結果を伺いたいのであるが、その内容はどうやら「一九九〇年代までは、日本の失業率はインフレ率とはほとんど相関をもっていなかった」[62]、そのためあえて短期線を探るに値しない、ということになるかもしれないし、実証資料として提示された図からも確かにそれに該当しそうな短期フィリップス曲線を想起しがたい。とすれば続いては、ここでも「期待を含むフィリップス曲線」の論理自体と実態との関連性が問題にならざるをえない。しかし、いまはその点を差し置いてすぐに、記述された文章（２―⑪）を引用しよう。

２―⑪　「〔同期間中は〕垂直の長期フィリップス曲線が多少、右へとシフトしてきたものの、顕著でない。ところが、インフレ率が低位にとどまり、デフレすら経験した一九九〇年代前半から二〇〇四年にかけては、日本のフィリップス曲線はほぼ水平に近くなってしまった。これが、さきに議論した、フィリップス曲線が〇％に近いところでは水平になるかもしれないという議論の一つの根拠となっている。このようなインフレ期待を含むフィリップス曲線の議論は、インフレ期待を管理することの重要性を示唆している。インフレ期待が簡単に変化しなければ、景気過熱や不況を経験することなく、インフレ率を一定の目標値に安定させることができるからである。[63]」

そこに記述されている事柄にしたがえば、屈折水準にかんしては幾分、含みをただよわせながらも、要すればＬ字型長期フィリップス曲線は現実の日本経済に適合し、したがってインフレ目標政策論は実際上の基盤をそなえている、ということになる。とはいえ、そうなると、わたくしが次節で論述したいと企図している諸点に不都合な影響をおよぼしそうである。こうした訳で早手回しながら、上記の説明、ならびに同氏の実証資料についての感想も注記させてもらう。先ず、わが国にかんしても長期線の右方移動を想定されていることに注意を喚起したいし、さらにすくなくともわたくしの眼には図上の諸点は一九七五—一九九二年間では、右下がりの度合は急激であるにせよ、垂線というよりは、原点にむかって凸状を呈した双曲線の一端と判断するほうが素直な見方であるように写り、次の一九九三—二〇〇四年間においては右下りの程度はいちじるしく小幅になり、物価上昇率〇％水準近辺ではその周辺を上下するような様相をしめしながら、横軸よりやや下目の点にむかって点在しているようにみえたが、そういえれば下部も同様に双曲線の一端をほのめかしている、ということになる。したがって、もしもわたくしが余儀なく両期間にわたる一本の線を記入するとしたら、やや下方に位し、しかも物価上昇率〇％近辺では急激に屈曲させつつも、本来の双曲線型フィリップス曲線らしきものをかくことになりそうである。その当否はともあれ、かりに長期線の移動があったにせよ、「L字」の上部と下部を分別する屈折部を想定することは難事といって差し支えないであろう。斯くなれば、インフレ目標政策論に重大な支障が生ぜざるをえない。そうした次第で後でこのような点を再論する。

3　インフレ目標政策論の吟味〔I〕——史的論拠の実態

(1)　戦間期日本の景気の推移

わが国の代表的インフレ目標政策論の紹介は以上にとどめて、これからは趣向をかえ、同政策論にたいする、わたくしの所見を開陳してゆくことにしたい。ついては、先ず岩田派の諸氏が重視する、わが国の戦間期を対象にして、それと齟齬する史実をあれこれしめしながら同政策論者の歴史認識の不備を明らかにする。その手始めとして、一九二〇年代から三〇年代初めにいたる間の経済動向の解釈をめぐって、同派が軽視した、ないしは不当に判断した重要事柄をいくつか指摘するように努める。こうしたことをいう以上、同派とても確かに「長期停滞」期、あるいは「失われた一三年」として論及されたことにはふれなければならないであろう。ただし、わたくしが参照しえた文面にかんしていえば、すでに記述したごとくその期の内情にかんする叙述がいちじるしく不足している、とおもわれてならない。そこで、当期の解釈をめぐってはなんとしても蔑ろにされてはならないと思量される歴史上の出来事を数点、挙げることにする。

そうした事柄のなかのひとつとしては、第一次大戦中の好況につづいて、戦後間もない一九二〇（大正九）年と二二（同一二）年の二回にわたって惹起された、いわゆる大戦後の反動恐慌を指摘したい。念のため付言すると、第一次反動恐慌の場合には増田ビルブローカー銀行についで、貿易商社茂木合名や七十四銀行などが経営破綻をきたし、あまつさえこうした自体が発端になって世界的規模の一九二〇年恐慌を誘起したことは著名な史実になっているが、第二次恐慌にかんしても石井某にかかわる刑事事件などが混乱にまつわるエピソードとしてつたえられている。それらのうち増田ビルブローカー銀行や石井某事件にかんしては金融引締め、あるいは株式投機による金融面の失態として処理できるものの、茂木合名や七十四銀行の場合には明らかに戦後における輸出減退を抜きにして史実をかたりえないから、安易にバブルの崩壊として片附けるわけにはゆかない。

しかし、それにもまして注目されるべき事柄は同派も言及した「一三年」間の事態である。この時期においては、アメリカの「ニュー・エラー」景気に刺激されて輸出が進展したので、一時は活況もみられたけれども、大勢としては景気は低迷し、まさしく「長期停滞」の様相を呈した。したがって、その点に着目されたこと自体は評価するけれども、その内情、とりわけ当時の貨幣政策の含意があまり考察されなかったことは不備な処置といわざるをえない。ついては、わたくしなりの判断に基づいて補遺をおこなうことにするが、その点に関連して先ず指摘したい事柄は問題になっている「一三年」余りの間には物価が明確に下降趨勢をたどっていたという点である。そこで、インフレ目標政策論者であれば、多分、デフレの時代であった、とみるであろうし、そこから同政策の支援材料を探そうとするかもしれない。しかし昨今の状況を基にして安易に当時の実態を解釈するわけにはゆかない。というのはその頃は法制面では金本位制下にあったからである。もっとも、戦時下の非常措置として実施された金輸出禁止がなおも継続されていた。それは、各国が次々と金本位制への復帰を断行したにもかかわらず、それに追随しかねて、いわゆる金解禁の延期をはかったからである。けれども、なにゆえに追随しなかったか、と問われれば、解禁によって物価低落の激化が顕著になるとおそれられたからであると答えることができる。したがって、当時の貨幣政策は事実上、物価下落の下支えを旨にしていた、といえる。ただし、その結果、外国為替市場では円安傾向をまぬがれなかった。このような訳で、デフレ傾向下でわが国は――その本来の語義にしたがえば――インフレ政策を余儀なくされた、という解釈も成りたつ。しかし、このような糊塗策では苦境を改善できかった。おまけに関東大震災によっても打撃をうけた。その直後には震災景気が突発したけれども、これは束の間の活況であって経済界の苦境はますます深刻化した。しかも、そこから抜け出そうとする足掻きのなかで政界も混迷し、ついに金融恐慌をひきおこしたことは著名な史実になっているはずである。このような経緯からはデフレ対策としての物価下支えの不毛さをよみとれる。そのため、見方によってはインフレ目標政策の限界を暗示している、と推論できるであろう。

ところで、わたくしはすでに大戦後の恐慌時の破綻企業を引合いにだして、紛糾は実体経済の変容にもかかわっているので、バブル崩壊というような捕え方では処理しかねる、と記述したけれども、金融恐慌に説明がおよんだことを口実にしてその点をさらに明確にしておこう。当時の経営の行詰り企業は数おおい。そこで、ただの一例と断ったうえで、同恐慌の焦点のひとつになった十五銀行と川崎造船所の経営実体の一端にふれた調査報告を参考資料として引用する。3—①がそれであるが、文中の十五銀行は華族銀行として一目がおかれていた点は措くとしても、預金規模は普通銀行中で最大で、一流銀行と定評されていた。しかるに、同文書で非難されているごとく、「松方一門」系企業、とりわけ川崎造船所への「機関銀行」的融資が祟って経営危機に直面してしまった。この点は岩田派の著作でも特記されている事柄であり、そうした振舞いへの批判は間違っているとはおもわないけれども、十五銀行の「固定」貸の原因になった川崎造船所の不振は3—②に明記されているように、戦中・戦後における実物経済面の需要動向の激変にふかくかかわっていたこともあわせて承知されなければならず、それ故、安直にバブル問題と短絡させるわけにはゆかないことも読みとられるべきであろう。

3—①　「当行〔十五銀行〕破綻ノ因ハ一言ニシテ云ヘハ貸付ノ偏倚特ニ松方一門ノ諸事業ニ対スル融資ノ固定ナリ、……其関係事業タル造船、海運、製鉄、機械製造等戦時急激ニ膨張シタル諸事業ニ資力ノ大半ヲ注キタルハ銀行経営ノ大原則タル危険ノ分散ヲ顧ミス而モ之カ貸出ニ当リテハ無担保ノモノ頗ル多ク……有価証券類ニハ……確実ナル証券類少キハ如何ニ当行当事者カ其貸出ニ際シ不用意ナリシカヲ示スモノト云フヘシ。」(64)

3—②　大正三年世界大戦勃発シテ運賃、暴騰、船腹ノ不足ヲ生スルヤ茲ニ〔川崎造船所ノ〕社運隆昌ノ第一歩ニ入リタリ、即造船並ニ修理、注文殺到シテ之カ為メ利益大ニ挙リシカ更ニ船価ノ先高ヲ見越し主力ヲ『ストックボート』ノ製造ニ注キタル処果シテ船腹ノ世界的不足ヲ来し右、『ストックボート』ハ空前ノ空前ノ高価ヲ以テ売行キ……同社ノ黄金時代ヲ現出セリ。(65)「休戦条約成立スルヤ船価ハ急転直下シ運賃ノ暴落ト相俟テ造船海運業ハ大打撃ヲ蒙リ船舶ノ需要消滅セシカハ『ストックボート』ノ製造ハ当然中止スヘキ筈ナルニ当社ハ……尚其製造ヲ続行シ休戦後、製造高ハ却テ休戦前ニ比シ増加セリト云フ……」(66)。

もちろん、川崎造船所のこのような、時勢をわきまえぬ強気の経営方針は当時の同社社長、松方幸次郎の意向にしたがったものであることについては疑う余地はないであろう。[67] そのため、金融恐慌を激化させた十五銀行や川崎造船所の失態は株式市場での投機にも似た同人の無謀な賭的所為に由来しているから、当時の混乱はやはり、バブル崩壊に類する事態にとどまる、という見解も成り立ちうるかもしれない。しかし、かような反論にたいしてはこう発言したいとおもっている。松方幸次郎にみられた将来見通しの誤りは方々でみられた世相であって、実体経済の迷走はえてしてかような事態によってはなはだしくなる。現に、岩田派が称賛してやまない石橋湛山も実は同様な誤りをくりかえしていたのであり、こうした史実は「試行錯誤」などという、穏便な言葉では片付けられないようにおもわれる。この点を納得してもらうために、以下では同人の論説の変転状況と、それに関連する高橋是清の所見を概説しよう。[68]

(2) 石橋湛山と高橋是清の経済政策論

最初の評論（引用文3—③）は一九二一（大正一〇）年三月に発表されているから、わが国の景気変動史にそくしていえば、戦火が治まってから間もない第一次反動恐慌後の石橋の論説になるけれども、あえて「大胆」と断わったとはいえ明年になれば「世界的大好景気時代を現出」するといって憚らなかった点などに注意してもらいたい。なお当時のかれの経済政策論は旧平価による金解禁論であったことも合せて付記しておこう。それをしってもらえば、後年の所見とは明確に相違していることも認識していただけるであろう。もっとも、そうした主張の基盤となった楽観論は実情の推移のなかで次第に影をひそめることも確かである。引用文3—④は一九二四（大正一三）年四月の主張であるが、ここではそうした景気観の変化が写しだされている。

3―③　「財界の景気は引き続いて悪い、一時回復の曙光の見えかけたらしく伝えられた海外の状況も、実は真当の曙光ではなかった、……是に於て問題は依然として『いつになったら、此世界的不景気が幕を閉ずるだろう』の一点に懸っている。……併し吾輩は此〔予測の〕不可能を敢て冒して茲に可成り大胆な予言をしたい。曰くあらゆる方面より考察して、一・明年〔一九二二年〕は、世界的大好景気時代を現出すべき運命にある。二・而して世界的大好景気時代は今年中に、其現れの曙光を認め得るに至るであろう。三・若し其曙光を今年中に認め難く、明年世界的大好景気時代を現出し得ざるが如きことあらば、世界は啻《タダ》に経済的にのみならず、愈よ社会的大混乱時代に突入する外はない。(69)」

3―④　「大正九年の反動の時には、一年間に物価は四割の低落を見た、併し此時は、それ以前の好景気で、財界に蓄積せられた力があったから、割合に大なる破綻を生せずして凌いだ、諸会社が、隠して置いた利益を吐出して、配当を維持したが如きである。併し今度は既に久しい不景気と、且つ震災の打撃とで、財界は疲れに疲れたあげくである。譬えば其状は、破綻の土俵際に辛うじて爪立して身を支えている形である。一割四分乃至三割の物価低落の影響は、此際決して軽視することは出来ぬ。(70)」

もっとも、心底、事態の深刻さを認識したかと問われれば、かならずしもそうではなかったようだ、と答えざるをえない。その証拠がつぎの引用文3―⑤である。というのはここでは「不景気も決して無意義でない」と胸を張るほどだったからである。念をいれるため金融恐慌後の時評（引用文3―⑥）もかかげておこう。その文中に登場する「不良分子」は破綻した銀行・会社を意味しているに違いない。だとすれば、当時の湛山は――岩田派の用語をつかえば――「清算主義者」と隣合わせしていたとも評せる。くわえて、当時のかれは新平価金解禁論者に転じてはいたものの、「不良分子」の発生は金輸出禁止に起因する、と断じている辺りは旧来の立場を固執している現れとすることができる。

3—⑤「艱難汝を玉にすとは古めかしい格言だが、人の心懸如何と依っては、不景気も決して無意義でない、とすれば今我国は、万人が万人困難を嘆く深刻なる不景気に襲れておるが、単にそれだけの事ならば少しも悲観するには足らぬ。寧ろ天は、我れに此試練の期を与えたりと喜んで可いのである。(71)」

3—⑥「金の輸出が禁止されている為め、為替相場が非常に下った。それは、まだ好いとして、今度は又政府の金輸出解禁気構えで、急激に上った。それに伴って物価が崩落した、斯う云う事で、即ち各方面に大きな損失を重ぬる者が生じ、銀行の貸出には穴があき、昨春〔昭和二年春〕の大恐慌〔つまり金融恐慌〕は捲き起された。つまり云う所の財界の不良分子は、一言にして〔いえば〕金輸出禁止が、之を作ったと云えるのである。……財界の所謂不良分子の発生は永久に之を防ぐに由なく……、仮令昨春の如き大恐慌は起らずとも、世人の気着かぬ恐慌は絶えず各所に繰り返えさるるものと覚悟せねばならぬ。(72)」

とはいえ、こうした文言ににじみでている楽観論がやがて世界的な恐慌、つまり一九二九年恐慌によって打ちくだかれたことはいうまでもない。加えて、わが国の場合は恐慌とほぼ時をおなじくして金解禁を断行したこともあって、かれの批判はかような施策にむけられ、新平価解禁論からもう一段、進展して金輸出再禁止、さらには管理通貨制の必要性を力説するようになった。そのような論点の変容は遅れ馳せながら、物価下落の重大さをあらためて痛感したからであろう。引用文3—⑦はかような姿をうつしだしている。しかしながら、積極政策、とりわけ財政政策の活用を説くまでには至っていないが、こうした状況はもしかすると、岩田派見解と符合する局面かもしれないので、関連する叙述を引用文3—⑧として以下にかかげるようにする。

3—⑦　「金本位制度は、却って今や世界の通貨価値に恐るべき変動を与えつつあるのである。……列国の通貨は、斯くして次第に管理通貨……に近づきつつあるのである。……私の真当の気持ちを素直に云えば、寧ろ我国は金本位廃止で行きたい。[73]」

3—⑧　「私は、金輸出再禁止後は、暫時の過渡的処置は別として、出来る限り速に、且つ徹底的に財政を整理せよと主張する、政友会の諸君は、金解禁問題に就ては、近来大分理解が進まれたとの噂を聞くが、財政問題に就ては果して何らか、相変わらず、所謂積極政策を取らんと夢みて居るならば、私は今からその非を攻めねばならぬ。[74]」

もっとも、このような積極政策批判は長続きしなかった。政友会内閣によって金輸出再禁止がおこなわれ、事実上、管理通貨制へ移行してもさして景気が好転しない、という事態が明らかになれば、かれ自らも積極政策論者に鞍替えせざるをえなかったからである。そして、こうした態度変更と軌をいつにして主張しはじめた論説が「インフレーション」（ただし、内実は「リフレーション」）政策論だった。しかし注意が必要である。というのは、このように説明をすすめれば、現代のインフレ目標政策論と同類の所見を述べるに至ったと早合点されやすいけれども、事実はそうでない。なぜならば、なる程、金融政策面からの「インフレーション」誘導も思案のなかにはいってはいたものの、当人があわせて期待したものは——インフレ目標政策論者の想念とは相違して——むしろ財政政策、もうすこし端的にいえば公共事業政策の発動であった。この点は引用文３―⑨の後半まで参照してもらえば判然とするけれども、くわえて引用文３―⑩にも眼をむけてもらいたい。そこでは「購買力」、つまり――ケインズ革命以降の語法にしたがえば――有効需要の増出を企図していたことも暗示されているからである。こうなれば、湛山を迂闊にインフレ目標政策論者と同一視するわけにはゆかないことも明らかになるはずである。

３―⑨　「国民の生活を安定せしむるには、如何なる場合に於いても、唯だ金の輸出を禁止しただけでは駄目である。金の輸出を禁止した上に、更に適当に国内の通過を増加し以って物価を騰貴せしむる方法――つまりインフレーション政策――を講じなければならない。……是非共中央銀行が、必要なだけ通貨の供給を国内に増加する方法を講ぜねばならぬ。……併し私は、中央銀行の方の金融政策に加えて、更に政府は適当の方策を以て、公共事業を起こすことを希望する。私は以上の二つを合せて、暫くインフレーション政策と名づくるのである。今日の我国には、国民の福祉と将来の産業の振興との上から考え、道路、運河、河川修築、上水、下水等是非共大いに之を起こすを必要とする公共事業は頗る多い。此等は素より金輸出禁止問題とは関係なく其事、それ自身に有用な事業である。併し幸にして今物価の騰貴をはかる必要があるとすれば、之と結び付けて右の諸事業を政府が（或いは政府の指導により地方自治体が）企画することは、所謂一石二鳥の妙法である。」[75]

３―⑩　「今日の深刻なる経済恐慌を征服する為めには、組織的にインフレーション政策により、国民の購買力を増進し、物価を或る程度に騰貴せしむる外はない。」[76]

ところで、需要が「購買力」としての機能をそなえるためには通貨、あるいは資金の裏付けを必要とすることはいうにおよばないけれども、財政収支の兼合いに苦吟している政府がそれに起因する政策を打開しようとすれば、公債発行も資金計画のなかに組み込まざるをえない。事実、当時の政府は公債消化面にも配慮して日銀引受け発行という手法を案出し、実施にうつしたが、これにたいしては湛山も上述のような思考にうながされて、すすんで是認した。ただし、「生産力に余力」があるかぎり、あるいは生産の増加に照応する限度内で実施される一時的措置として許容したのであり、したがって「インフレーション政策」を主張する傍らで、企図するところは「インフレではない」という注釈もけっして忘れなかった。別言すれば、かれの狙いは、不況を脱して需給が均衡するまでの間に実施される、過渡的、つまり本来の意味のリフレーション政策であり、そのため均衡達成後は「増税」さえ許容される、といって憚らなかった。引用文3―⑪および⑫はそうした点を証拠立てている。とすれば、「自然成長率」に復帰したのちも継続されるような、現代の論者のインフレーションは、いかに小幅であるにせよ、到底、湛山の意にかなうものとはなりえないであろう。

3―⑪　「公債の発行は……国民の生産力との関係に於て、其の過不足は論ぜられるべきものである。……公債に依る財政膨張が国民の生産力を動員し活躍せしめる作用を営む限り、公債発行は決して悪性インフレを導くものでも、財政を破綻に誘うものでもない。……然れば或は一時一般金融機関に発行公債の全部が吸収し切れず、多少日本銀行が之を背負込み、信用の拡張を来す場合が起るかも知れない。併しそれでも構わない。其の信用の拡張が生産の増加に伴う限りは、決してインフレではないからだ。」(77)

3―⑫　「生産力に余裕がない時には公債を発行し、通貨の膨張を来す時には直ちにインフレーションを起す危険があります。……無暗なインフレーション等を起して、その為めに日本の産業を弱らせる、経済界を混乱に陥れるというようなことがありましては大変でありますから、そういうことはやれない。……そこで、じゃどうすればよいかというと……時局がかうなった上はやむを得ない、つまり増税によってこの財政を賄う以外には方法はないと思います。(78)」

さて、以上の説明をつうじて、湛山の叙述を断片的に散見する限りでは、或いはインフレ目標政策論の所信と類似しているように見えても、総体的としては、それとは明確に一線を画した論述であることを示しえたようにおもわれる。しかし、その点は措くとしても、当時の政策は同論者が説けるごとくに実行された、という異論が提起されるかもしれない。なる程、かような主張には、もしかすると理があるやもしれぬ。ついては取敢えず、そうした施策の最高責任者であった大蔵大臣高橋是清を証人席に招聘して当該期の思慮の実態を回顧してもらうことにする。(79) 以下の引用文はこんな夢想をしながら記述するものであるが、その最初の引用文3—⑬にはいわゆる高橋財政の発想基盤になった景気変動観がつづられている。そこからは、金解禁政策の転換にあたって当人が重視した点は、同政策下での「購買力」、つまり有効需要の不足であって、物価下落はあくまでもこれが「為に」おきた付随現象にすぎないと判断したことを把握してもらえるであろう。次いで引用文3—⑭をみてもらえば、論点は同趣旨であるものの、問題状況の根因を第一次大戦以降の生産力の拡大と判断していることが分かる。この点に留意すると、「一三年」さえ超える長期的観点にたって事態を究明しようとしていることも知れるであろう。さらに、引用文3—⑮を挙げておく。それにかんしては労働者の立場にたってその賃金動向に心を痛めているという実情にぜひ注目してほしい。見方をかえれば、資本家、あるいは有産階級の不当利得には峻厳な態度を持したということになるけれども、かような所信は言葉尻の次元を超えて「資本利得税」の発議にまで及んでいることも念のため付記しておこう。

3―⑬　「昭和四年七月浜口内閣の成立するや、金解禁を以て主要政綱となし……是が為に我経済界は、日に月に不況に沈淪し、産業は衰頽し、物価は暴落して、農工商等の実業に従事する者は、苟《イヤ》しくも物を作れば損失を招き、之を売れば更に其の損失を加ふるの有様でありました。勿論世界不況の影響が、我国に波及した事も争はれない事実であります。世界各国は孰れも、戦後の財政整理に努むると同時に、金本位の復活に専任し、其の前後を通じて財政上に収縮政策を行ふに急なりしを以て、世界的に増大したる物資の供給と、之を消化すべき購買力との間に均衡を失ひ為に物価の下落となり、失業者の増加となり、米、仏両国を除くの外、概ね所謂不景気風に襲はれつゝあったのでありましたが、其の米国も一昨年十一月〔正確にいえば、一昨々年一〇月〕、遂に財界の恐慌を惹起したる事は、ご承知の通りであります。」(80)

3―⑭　「斯くの如き〔世界経済の不況の〕惨状を見るに至りたるは決して人類の生活に必要なる物資の欠乏に基くものに非ざることは明かであります。……〔これは〕近年に於ける生産技術の発達進歩は非常なるものであり、殊の欧州戦争〔第一次大戦〕以来各国は学術の応用、発明発見の利用、技術の進歩等に依り生産能率は非常の増進を来したに拘らず、一面之を各国民、各階級間に分配利用せしむる為の設備と用意とが之に伴わず、為に消費者は十分に其の余慶に浴するを得ず、換言すれば生産と消費との間に均衡を失するに至りたる結果であります。」(81)

3―⑮　「労力に対する報酬は資本に対する分配額より有利の地位に置いて然るべきものと考へます。……資本家が労働を以て唯々単に生産の為の道具視《ママ》し、……其の懐を肥しつつあるものなりとの感想を有する間は容易に労資の争闘は解決されない次第であります。」(82)

このような政策担当者の文言をふまえれば、目指すところは有効需要の増大であって、通貨の増大どころか、物価引上げさえも特段、意図したわけではないことが明らかになるとおもわれるけれども、施策の内実が国債依存、しかも日銀引受けの国債発行を重要な手段とする積極財政政策である以上、通貨や金融機構との絡み合いがおのずと起こらざるをえないことも明白である。そのため、岩田派においては、高橋財政は日銀引受けによる国債発行でインフレーションの発生を策したものと解釈され、自説の史的根拠になるとされたことはすでに説明したところである。しかし事実はどうか。わたくしはかような論法の是非を判断するために続いて、高橋にたいして協力を惜しまなった当時の日銀副総裁、深井英五の回顧談に助力をもとめるようにする。それをみてもらえば、已む無くこうした奇策を採用したものの、あくまでも「一応」の、つまり一時的な便法として使ったにすぎず、そのため、なんとか効を発するにおよべば高橋は政策の転換を断行して、これを肯ぜぬ論者に抗しようとしたことを窺える。そうであれば、高橋（そして深井）の心中はむしろインフレ目標政策論の期待には背反していた点も判然とするであろう。

3―⑯　「日本銀行の国債引受を創意的に工夫したのは高橋大蔵大臣である。私の所説たる既発国債の買入の代りに新発行国債の引受となったので、通貨補充の見地よりして帰する所は同じである。さうして、〔生産力の活動のための〕通貨補充の外に、満州事変の為めに必要とする国債の発行を容易ならしむると、金利水準を低下するとに効があった。即ち一石三鳥の妙法であった。日本銀行は大蔵省側から協議を受けて之に同意したが、同時に通貨補充、金融緩和の目的を相当に達した上は、引受国債を売出して通貨の回収を図るべきことを主張した。日本銀行の国債引受けに『一応』と云う条件が附けられたのは、此の主張の趣旨が認められたのである。」(83)「世上では、日本銀行引受国債の消化の順調なるを見て、其の影響の憂慮するに足らざるを説くものもあった。……〔しかし〕高橋氏は、日本銀行の国債引受けを続行して止まる所がなければ、何時かは通貨の状態を悪化するであろ

うと主張して、〔国債依存の〕財政計画〔転換〕の方針を革むることを肯んじなかった。」(84)

なお、深井が日銀引受け国債の「〔市中〕消化」を重視し、それによって財政収支面から放出される「通貨の回収」を企図したのはいうまでもなく、インフレーション問題の発生を「憂慮」したからに外ならないけれども、当人が注釈したように高橋もおなじ信念をもっていた。実のところ、当時は市中消化の成り行きを楽観する向きがあった反面で、高橋をインフレ主義者として批判する論者も存在した。それだけに、向きになって自分はその類でないと弁明する一幕さえ見受けられた程である。引用文3―⑰はその点を裏書きしている。さらに引用文3―⑱を参照すれば、晩年においては日銀引受け国債発行は「消化力の限界」内にとどめられるべきであると強調しただけではなくて、深井の弁のごとく国の「借金政策」、すなわち国債発行策それ自体さえ早急に転換されるべきである、といって憚らなかった。勿論、金融政策による代置が念頭にあってのことではない。斯くなれば、施策の責任者をインフレ目標政策論の先導者に祭上げる術はないし、したがって同政策論者が高橋にたいして辛い見方をするのは成るべくして成った事柄といわざるをえないであろう。

3―⑰　「金再禁止をしたと云ふ事の、政友会の目的はどうであったか知らぬけれども、あの時は何人が時局に立っても、一刻も早く金の再禁止をしなければ正貨は皆失くなってしまふ。公債其の他海外支払の義務がある我国が正貨を皆失くしてしまって、さうして破産同様な始末になる事が明かに見えたのです。必ずしも『インフレーション』をやって物価を上げるとか、そんな目的から起ったのではない。それよりももっと大きな原因から生じた政策である。……不景気を直す為に、建直らせる為に『インフレーション』をやって物価を上げる斯う云ふやうな、さう云ふ単純な意味でやったのではない、もう少し深い大きな目的があった。」[85]

3—⑱　「今後に於て、公債が一般金融機関等に消化されず、発行公債が日本銀行背負込みとなる様なことがあっては、之は明に公債政策の行詰りであって、其結果としては所詮悪性インフレーションの弊害が現はれ、国民の生産力は消費力と共に減退し生活不安の事態を生ずるに至る惧がある。」[86]「国家の財政も其の機能に於て国民経済活動の一部を構成すると共に独自の存在を有するもので……又常識より考へても、国家其他の公共団体の経済たるとを問はず、借金政策の永続す可からざることは当然である。」[87]

4　インフレ目標政策論の吟味〔Ⅱ〕——理論関連の叙述にたいする批判

この節ではインフレ目標政策論者が記述された経済理論関連事項にかんしてわたくしの所見を開陳したいとおもっているが、最初はその政策論、とりわけ岩田派のそれのなかでの関連事項として記述された史観を論評の対象にする。具体的にいえば、J・M・ケインズ、G・カッセル、そしてI・フィッシャーの所見についての解説がそれであるけれども、わたくしがあえてかような事柄に論及しようとするのは、それらがいささか安易に一括されているようにおもわれてならないからである。そうした問題意識に基づき、上記の三者が一九二〇年代から一九三〇年代にわたって公表した論説の推移をわたくしの思考にしたがって整理してみよう。[88]

⑴　学説史観

先ず、ケインズの論著を取上げるが、同派が一九二四年の著作、『貨幣改革論 *Monetary Reform*』に注目されたことにたいしては適切な処置であった、と評価しよう。それは確かに第一次大戦後のイギリスが採用した金本位制復帰、そしてこのために強行したデフレ政策を痛烈に非難したものであり、いやしくもデフレ政策批判を志す以上、当然、先蹤者的文献として特段に配慮せらるべきものとかんがえられるからである。ただし、それなりに注意して論及されなければならないともかんがえている。例えば、インフレに内在する問題点にもあわせて目をむけていたからである。もっとも、わたくしがこれから論述しようと意図する事柄に照せば、この段階のケインズは伝統的な貨幣数量説の桎梏から脱しきれず、したがってまだ〈ケインジアン〉にはなっていなかった、という点こそが強調されなければならない、とかんがえられる。この点はおそらく、インフレ目標政策論者とは意見が対立する局面である、と判断されるので、以後における当人の思索の跡を続いて付記する。そうなれば公共事業の実施提案に関与したことを指摘しなければならないであろう。一九二八年に公表された『イギリス産業の将来 *Britain Industrial Future*』などがこれに関係している。もっとも、同書はイギリス自由党の委員会の報告書であって、別にケインズ単独の業績ではないけれども、同人が同委員会の正委員として参画したことなどを勘案すれば、当人の不況問題にかんする思考はすでに貨幣政策の次元をこえていた、と推量できる。したがって経済政策論にかんしていえば、現在、ケインズ的所見とかんがえられているものは一九二〇年代末までにほぼ形をととのえたと理解できる。

しかし、理論面ではなおも苦闘を続行した。一九三〇年に出版された大著、『貨幣論 *A Treatise on Money*』にはケインズ革命の核心となる有効需要論への関心がそれとなく投影されているとおもわれるけれども、棄却に努めた貨幣数量説などの伝統派見解は依然として足枷となりつづけ、同書の序文のなかで自ら不満の意を告白する程の有様であった。こうした状況には一九二〇年度末における世界規模の経済的混乱の影がかさなっているとおもっても、おそらく事実誤認ではないであろう。それだけに「新しい経済学」構築の努力がつよまった。このようにして、一九三六年にはついに『雇用、利子および貨幣の一般理論 *The General Theory of Employment, Interest and Money*』が出版され、いわゆるケインズ革命の狼煙があげられることになるのであるが、そのさいは当然、有効需要論やあたらしい利子論[89]などが真正面に大書されたことはいうまでもない。これ自体はなる程、学界における出来事にすぎないけれども、湛山や高橋是清の文言のなかに類似した所見が散在する以上、そうした事柄がインフレ目標政策論者の史観のなかで解説されなかったことはまことに心外といわざるをえない。

ここで、視野を移して、カッセルの所見の推移を展望することにしよう。当人の代表的論説としては、なにをさておいても貨幣数量説をあげなければならない。一九一八年に出版された当人の主著、『社会経済学 *Theoretische Sozialökonomie*』を参照すれば、その実態を知ることができる。例えば、同書中に記載された数式は後程、紹介するフィッシャーの貨幣数量説に係わって何時も引用される、著名な方程式とほぼ同じである。勿論、カッセル自身もその点を十分、承知していた。おそらくはそのために、自説の独自性の誇示に意を配った。その現れは貨幣用の金供給量の重視であるけれども、この点に関連づけて、もうひとつ興味深い史実を指摘しておこう。マネタリズムの興隆のなかでM・フリードマンのｘあるいはｒパーセント・ルールが有名になったことは周知の事柄であるけれども、これと近似した主張がすでにカッセルによってなされたことも記憶されるべきである。西ヨーロッパ諸国の正常な経済成長率を三パーセントと確信し、さらに現実の金生産量もほぼ同率で増大すると判断して同諸国は物価不変のまま恙無く成長できるとまで予言したことがそれに該当している。実はかような所信に内在する楽観論は景気変動論にも影響して、現実の景気も多少は昇降を繰返すものの、本来的には活況が永続性をそなえている、と臆面もなく主張した。そうした確信をもった当人が一九二〇～三〇年代における経済界の激動に直面してどのような態度をとったか。この点が本稿の主題にかかわっている。結論をあらかじめいってしまえば、初心に執着したがために無残な動揺を余儀なくされた、と要約できるであろう。その状況を掻摘んで説明しよう。

第一次大戦の終結後、間もない時期にカッセルがしきりと指摘した事柄はインフレーションにたいする警告であったが、敗戦国、ドイツなどで空前の超インフレーションが惹起されていたという実情をふまえれば、それは当然の所為であった、と評せる。しかし、やがてデフレ政策が批判の対象になった。各国が戦前の経済秩序の回復を目指して金本位制復帰を志向し、そのための準備として戦時下に騰貴した物価を旧水準にもどすべくデフレ政策を採用したことがこうした主張の背景になっている。一九二一年に出版された『世界の貨幣問題 *The World's Monetary Problem, two Memoranda*』などがその関連文献である。同書中には湛山をして新平価解禁論に転向せしめたといわれている購買力平価説が論述されている。ただし、この所見は過去の物価上昇の容認であり、その限りで、物価を強いて引き下げるデフレ政策には反対することになるけれども、こうした限度を超えるインフレーション政策までも主張しているわけでない。

かような点はともあれ、とにかくデフレ政策には異論を唱え、かかる立場にたって、イギリスの金本位復帰を勧告したカンリフ委員会報告にも疑義を表明した。同様な意見表明はケインズによってもおこなわれたから、この点にかんしては両者が共通していた、といいうるかもしれない。だが、すべての面でそうだったわけではない。例えばケインズは周知のごとく一九二〇年代初期に早くも金本位制自体にたいする疑念をあからさまにしたにもかかわらず、カッセルの場合は金本位制への信頼は揺るがなかった。そのため、一九二八年に出版された『戦後の貨幣安定問題 *Post-war Monetary Stabilization*』を紐解けば、各国がようやく実行した危なげな金本位制（ただし実態は金為替本位制）復帰を強いて礼賛したうえに、旧来の楽観論の再登板までも仕出かした。

こうなれば、一時はケインズと同じ行路を目指すかにみえたけれども、やがては別の道筋をたどっていたことが明確になる。そして間もなく当人が夢みた楽園がただの幻想であることを自覚しなければならなくなった。その点を思いしらしめた歴史上の出来事はあまりにも有名であるから、ここでは敢えてふれない。しかしこの場におよんで、当人はかつておこなった現状への批判をふたたび筆にしはじめたことは紹介しておかなければならないであろう。というのは、例えば一九三五年の著書『経済学の数量的考察 *On Quantitative Thinking in Economics*』では、一方ではセイ法則型の論理を披露して自らが伝統的思考を踏襲するものであることを明示しながら、他方では貨幣的・政治的錯乱を強調して、これが原因になって事態が紛糾したと広言している。しかしかれが居丈高になればなるほど自らを惨めにした、とおもわれてならない。というのは当人の最後の著作、『金本位制の没落 *The Downfall of the Gold Standard*』のなかで、過日は熱い信奉の念を表明した金本位制にたいして今度は進んで告別の辞（引用文4―①を参照してほしい）を書きつらねているからである。しかし、その苦衷には同情するとしても――同書の出版時は一九三六年であり、したがってその時点よりも十数年も以前ということになるけれども――ケインズによってすでに同様な宣告がおこなわれていたことを思いあわせると、なんとも遅れ馳せな記述という感をおさえがたくなるばかりか、こうなると、カッセルをケインズと同列にあつかうことさえ、いかにも無理算段の論法といわざるをえなくなってしまう。

4―①　「金本位制の回復は考慮されるべきではない。金本位制にたいする信仰は口先だけのお世辞にすぎない信条としては今後もなん年間は生きながらえるであろう。しかしどんな実際的目的に照らしても金本位制は過去の付属品である。われわれは実際には転換期を通過しており、ここでは新規の、そしてもっと頼りがいのある貨幣体制の基礎が設置されつつある。」(90)

最後は、I・フィッシャーの著作活動の跡をたどることにするが、そこには昨今のインフレ目標政策論と関連する面がおおいので、幾分かは文言を増して説明しよう。もっとも、かれが貨幣数量説の著名な論者であり、マネタリストの代表者、M・フリードマンが「祖師」と仰ぐほどの人物であって、その論説は江湖で熟知されているのかもしれないけれども、知ってか、知らずしてか、意外と問題視されない重要事項もあって気になるので、わたくしがとくに強調したい点をいくつか書き出すようにする。その場合にはなにをさておいても、一九一一年出版の同人の名著、『貨幣の購買力 *The Purchasing Power of Money*』中に記載され、また先でも言及した数式、MV＝PT の狙いにふれないわけにはゆかない。というのはこの式は貨幣数量説の基幹、すなわちP、つまり物価水準がM、つまり貨幣数量によって規定されるという、偏奇で、かつ一方的な因果関係を説諭する手管として活用されているからである。公平を期すためには確かにV（貨幣の流通速度）、あるいはT（商品流通量）の変動にも言及していたことを指摘しなければならないけれども、そうした事柄が主要な論議の添物にとどまっていたことは紛れもない事実である。当人の景気変動論に関連づけて、その点を具体的に解説すれば、農業や発明、あるいは期待の変化の影響にも若干は配慮しつつも、基本的には揺るぎなき安定状態のもとで、たんに貨幣量の変動によって物価が上昇・下降を繰り返し、それにともなって景気も循環する。そうした意味で景気変動は正しく、振子の揺れ動きのような「信用循環 credit cycle」[91]であると説明されていた。序ながら、昨今のインフレ目標政策論者も同類の説明をされていることに特段の注意を促しておこう[92]。

ところで、同政策論者が指摘したごとく、その傍で貨幣制度改革を提言したことは、いちおうは注目すべき事柄であるかもしれない。しかし、金本位制への執念をすてたわけではないことも承知しておくべきである。参考までに付言するが、かれはたしかに第一次大戦以前に計表本位制に言及したし[93]、大戦後、間もない段階で「合成物財ドル」を提案したことも注記されるべき事柄になりそうであるけれども、人によってはその点よりも、ケインズに先駆けて「野蛮時代の遺物 relic of barvalism」[94]（1—⑪中の訳語でいえば「未開社会の遺物」）という文言をつかって制度改革を論じたことに関心を示すかもしれない。ただし、いずれにせよ基幹とする信条を変えたわけではない。なぜならば、かれの新ドル案の目指すところは金本位制の廃止ではなくて是正、すなわち金本位を追い払うのではなくて、ドルの実際面での値打を合成ないしは物財ドルに順応せしめることに留り、したがって「遺物」と非難されたものはあきらかにケインズとは相違しており、金本位制ではなくて、たんに「不安定なるドル」[95]が「遺物」である、といったにすぎない。別言すると、ドル貨の値打ちの不安定性、つまりは変動が当人の関心事であったということになるし、さらに懸念した変動の内実は主としてインフレ問題であることも[96]顧みれば、インフレ目標政策は残念ながら当人の意向に添うものでない、と推論できる。

もっとも、そうした態度は「新時代」の到来と謳歌された一九二〇年代の、他期には類をみない繁栄下にあったればこそ、というべきかもしれない。そうした補足が必要になる所以は一九二九年の大恐慌以降、かれの論説に錯雑とした変化があらわれたからである。なお、その点の解釈をめぐっては意見が対立すると予想されるので、わたくしがとくに重視する事柄などをやや詳しく説明しておこう。こうしたさいには、なにをさておいても、大恐慌はかれにとってまったく予想外の出来事であり、しかもかような判断の誤りは当人の所説に由来していたことが強調されて然るべきである。

その点を確認する捷路は、恐慌の渦中にあえて刊行された悲劇的著作『株式恐慌とその後 *The Stock Market Crash and After*』（一九三〇年刊）のなかに存在する。その点をあきらかにするために、同書中のいくつかの文章を引用するが、これまでと同様にそれらを参照される場合に留意してほしい事柄をあらかじめ記述しておく。4—②は株価の暴落でアメリカの経済・社会が震駭するような事態に直面していたにもかかわらず——そして、事実、これまでの「強気市場の蔓延」にともなう借入の過大化や株価反落後の「恐慌の危険」に言及しながらも、あえてそれらを甘くみて——いぜんとして「未曾有の全国的繁栄」の持続を当然視するがごとく振舞っていた証文としても読みとれる文章である。こうした言辞を堂々と披露できたのは高名な大家なればこそ、と注釈したら言い過ぎになるであろうか。その点はともあれ、かような底抜けの楽観論の拠り所として長年にわたる「ドルの購買力」、つまり物価の安定を強調していたことも注目されなければならない。4—③はその点を明示している。ここからは物価の安定さえ成就できれば万事が治るという、いかにも貨幣数量論者らしい信念をうかがえるであろう。なお、合せて4—④も挙げることにした。というのは、マネタリストは当時の金融政策を非難しているのに反して、かれらの「祖師」はまったく問題がなかったと言い張っていることを紹介しておきたいからである。以上のような、恐慌直後の——幾分かは見掛倒しめいた——楽天的態度を総括するという趣意で、さらにこの本の末尾に掲げられた文章も引用するとしよう。4—⑤がそれである。論旨にかんしてはもはや付言を必要としないが、当該時点ではデフレーションにたいして一抹の不安をもらしながら、なおもあえて吹きけそうと躍起になっていたことをしる拠り所にはなりうるであろう。

4—②　「全般的にみれば、最悪の大混乱時〔さえ、それ〕を除外せずとも、〔株式市場の〕新〔株価〕水準は全国にわたる未曾有の繁栄に確と基礎付けられていたのである。」(97)

4—③　「われわれ〔アメリカ人〕は過去七年間〔つまり一九二三年から二九年にかけて貨幣の〕購買力の安定期を体験してきたが、これはわが国においてはかつて見られなかった出来事である。この要因〔すなわち物価安定〕の影響は強力であるけれども、それとなく出現する事柄であり、そのため世間一般では看過されている。」(98)

4—④「〔連邦準備制度の金融〕政策は過去七年間にわたって効をそうし、ドルの購買力を安定せしめた。かくして連邦準備制度は貸付、物価そして繁栄にかんして強大な統制力を発揮するにいたった。」(99)

4—⑤「希有の『玉の傷』は〔ここ〕数年の金不足と、南北戦争やナポレオン戦争後におきたデフレーションのごとく、長期におよんで漸増的に物価が低落する危険である。とはいえ、賢明な金融政策と金管理が適宜採用されれば、こうした危険も回避可能である。おそくとも近き将来にかんしては明るい見通しをもちうる。」(100)

もっとも、かくのごとき高踏な発言をなしえたのはほんのしばらくの間だけ——おそらくは一九三一年まで——だったことも確かである。これは当然であろう。なんとなれば予言に反して事態は好転するどころか、逆にますます深刻化する有様だったからである。事実、当人の家計さえも苛まれるにいたった、と伝えられている。さらに、こうした経済・社会の惨状が主因になって、一九三三年には従来の共和党に替って民主党所属の新大統領F・ローズベルトが就任し、ニュー・ディール政策として名高い積極的な不況脱出策が講じられるにいたったこともおそらくはフィッシャーにおおきな影響をあたえずにはおかなかった。とにもかくにも、こうした情勢変化のなかで、従前の論旨と比べて——一見したかぎりでは——趣を異にする所見を発表しはじめたが、これらはインフレ目標政策論者がとりわけて注目しているところでもあるので、以下では一九三三年一〇月に公刊された、ふたつの著作中から、それにかんする文言を紹介しながら、あわせてわたくしが強調したい留意点などを記述しておこう。

4—⑥および4—⑦は大不況下のフィッシャー見解として大書されるようになった「負債デフレ説」に直結する『エコノメトリカ』誌上の論文からの引用である。「大悪玉は負債と物価水準の攪乱」ときめつけ、「負債病」や「物価水準病（またはドル病）」というような見慣れぬ新呼称で耳目をあつめようとしている辺りは、確かにこれまでは控えられていた危機感の告白として注目に値するけれども、その傍らでは論理の倒錯も意に介せず、景気変動が「単一の、単純な自主的循環」であるとする所説を否認している点も看過されてはならないであろう。なぜならば、これは当人の持論であった信用循環説の撤回に通じているからである。ただし、それに替わるものとしては「新投資機会」[101]問題にわずかながら触れている点を除けば、さして新説を展開しているわけではなかったし、さらに代替事象を強調しすぎると、本人の意気込みに反して「負債デフレ説」の影がうすれてしまうことも避けがたくなるはずである。

4―⑥　「大悪玉は負債と物価水準の攪乱である。〔まちがっていることがあきらかになれば〕すぐにでも意見をかえるつもりであるけれども現時点では、これら二つの経済的疾病、つまり負債病と物価水準病（またはドル病）が、大規模な好・不況のさいに併発する、他のすべての要因よりももっと重要な原因になっている、とつよく確信している。[102]」

4―⑦　「景気循環にかんする旧来の考え、そしていまなおはっきりと護持されている考え、つまり……それが単一の、単純な自主的循環であり、実際に歴史上では規則的に反復する循環として具象化したという考えは神話にすぎない。ひとつの〔循環発生〕力ではなくて、多数の力が存在しているのである。とくに大事なことが単一の循環が存在するのではなくて、不断につよめあったり、打ち消しあうような多数の循環が共存し、〔しかもそのほかに〕もちろん非循環的諸力も併存しているという点である。[103]」

次いで、同年一〇月発刊の当人の著書、『リフレーションにつづくものはなにか？·*After Reflation, What?*』にかんして解説をおこなう。本書の主題は新政権のリフレーション政策擁護論であるけれども、それとからめて人目をひく事柄は多分、ケインズにたいする並々ならぬ親和感の表明である。この点は巻末の、いわば締括りの部分で、新大統領の施政方針を称賛しながら、それを支持したケインズにたいしても、「ローズベルトとおなじようにとことんまで進取的なイギリス人」(104)と誉めあげたことを引合いにだせば、おそらく納得してもらえるであろう。

ただし注意が必要である。というのは当人が着目したところは施策方針のなかの貨幣政策、具体的にいえばせいぜい物価引上げ方針であって、現在、しばしばケインズ的施策と評されている事柄、たとえばTVA計画のような雇用増大策にたいしてはむしろ批判的な立場を堅持していたからである。別言すると、さきに説明したような時には、信用循環論という持論にたいして自ら、疑念を表明するかのごとき態度をみせはしたものの、詰まるところにおよべば従来の主張に立戻って、経済上の混乱はたんに物価の異常な下落にすぎない、といって憚らず、したがって、雇用、ならびに需要増大による危機打開策にたいしては反対の姿勢を崩そうとはしなかった。こうした実態をケインズの足跡と対比すれば、両人の思考はまったく対立していた、という他はない。なぜならばすでに解説したごとくケインズの場合は一九二〇年代後半においてすでに需要増大策の必要性に着眼し、おそくとも一九三〇年代早々には有効需要論の構築に着手していた。そして、一九三六年の『一般理論』では、『貨幣論』におけるような価格変動分析という手法をあえて捨て、伝統的なセイ法則批判という基本目標を前面におしたてつつ、経済は有効需要の不足によって全般的過剰生産の危機に直面している、と告発するまでにいたったからである。こうした論告と、次の4—⑧中にかきだされたフィッシャーの全般的過剰生産論批判を参照してもらえれば、両人を同一視するような論説が史実にまったく反することは一目にして瞭然となるはずである。

以上のような事柄と関連づけて、フィッシャーの所見のなかにあった物価上昇の許容限度にかんしても一言しておきたい。というのはインフレ目標政策論者はしばしばフィッシャー見解、ないしはそれと同類の伝統的諸説を拠点にしているかのごとく振舞いながら、その傍でこれらの論理を逸脱した政策提言がいとも簡単におこなわれているからである。物価引上げ論にかんしていえば、リフレーション論を安易にインフレーション論と同一視するがごとき叙述がそれに該当している。現実の問題点としてリフレーションがインフレーションの先駆けとなる事態は十分に予想されるから、そうした意味でリフレーション政策にインフレ問題発生の危惧をかんじることは的を射ている。しかし主張の場では、フィッシャーにおいても両者峻別し、あくまでもリフレーションの範囲内でのみ物価上昇を是認したにすぎない。この点は4—⑨を参照されれば容易に確認してもらえるとおもわれる。そのためリフレーションの目標物価水準について論述し、一九二六年水準を具体的数値として挙げたことも付記しておく。デフレがたんに貨幣面の異常現象であるとかんがえているかぎりではこうした態度はむしろ取らるべくして取られた、とかんがえてもよいだろう。したがって、もしもそれに逆らうというのであれば、フィッシャーのそれに替わる論理が提示されて然るべきである。

4—⑧　「事業の行過ぎはかならずしも商品の過剰生産をともなうわけではない。〔現に〕石油やある種の農産物をのぞけば、大部分の経済学者は過剰生産の存在を確認していない。ただし信用の拡大にともなって、できもしない生産を誇大に広告して設備を過大に拡張するとか、新発明のため過大な資金調達をおこなって投機的意図にもとづき過大な在庫をかかえこもうとすることだったら、それほど珍しい出来事ではない。こうしたことはともあれ、齟齬の本質は〔全般的過剰生産ではなくて、たんに〕金融現象である。」(105)

4—⑨　「ほとんどすべてのデフレーションははじめのうちは事態を改善する。なぜならばそれはインフレーションに続くものだからである。またほとんどすべてのインフレーションははじめのうちは事態を改善する。なぜならばそれはデフレーションに続くものだからである。要するにインフレーションもデフレーションもそれ自身、毒薬的効能を持っている。故に〔然るべき〕適用範囲内では薬としての効用を直ちにもたらすけれども、その範囲を超えると、かえって毒薬本来の効力を発露する。」(106)

この頃では伊藤隆敏教授が提示されたL字型長期フィリップス曲線論に基づくインフレ目標政策論を対象にして、その難点とかんがえられる事柄を指摘し、同政策論の理論的根拠もけっして堅固でないことを明らかにしたい、とおもっている。

(2) L字型長期フィリップス曲線論

インフレ目標政策論、そしてまた同教授のL字型長期フィリップス曲線もその基幹にかんしては、「長期フィリップス曲線が垂直」(107)という発想に依拠していることは同教授も明記されているところであるけれども、そうした発想はケインジアンとの対立のなかでおこなわれたマネタリストの主張に端を発すると説明されたことなど(108)から明らかなごとく、もともとはマネタリスト、もっと正確にいえばM・フリードマンの所見に負っている点については疑いの余地はないであろう。ついてはまず始めにフリードマンの論述を回顧することによって同教授の立論の基盤を窺ってみよう。

なお、フリードマン見解にかんしては一九七六年度ノーベル経済学賞受賞にさいしておこなった講演内容がその真髄を要約しているとおもわれるので、とりあえずはこれとその直接的な関連文献に基づいて解釈をすすめるが、そのさいには、つぎの文言で開陳された当人の発想の根幹はなんとしても看過しがたい。「雇用水準と物価に及ぼす効果は、名目的総需要の変化の大きさにのみ依存するのであって、総需要の源泉には拠っていない。(109)」勿論のことながら、同人は名目的総需要が雇用水準や物価に影響をおよぼすことは承知していた。にもかかわらず、そうした因果関係をあえて軽視して、一方的に総需要の変化の影響のみを重視しようとするのである。といっても、べつに総需要それ自体を特段に吟味しようとしているわけではなくて、「政策」という形態で作動する外生変数にその全てをゆだねようとすることも留意されなければならない。その点を確認したければ、つぎの文章が参考になるであろう。「社会を破壊するようなインフレーション、そして異常に高率な失業……これらは……政府の諸政策の結末についての謟った判断に起因していたのである。」(110)

ところで、このように現下の大問題であるインフレや失業の責任をもっぱら公的部門が遂行する政策になすりつけるという所為は、見方をかえれば、それ以外、つまり私的部門はなんら与り知らない、という発想に通じている。以下の引用文は誤った政策が大問題をひきおこす経過の根因にかんする叙述であるけれども、政策によって「「名目的需要の予想されない変化」が生ずるという、そこでの想定は、見方をかえれば、労働「市場」自体にはなんとも含意深遠な「長期契約」が存在し、それなるが故に妥当な予想を当然おこなっているにちがいないという持説と対をなしているはずであるから、そうした想念の伏在を暗示していると推論できる。「失業を減少させるにはインフレーションを加速化させればよい、という外見上の傾向を説明しようというのであれば、別に安定的なフィリップス曲線を仮定するにはおよばない。資本と労働の双方の側にかかわる（暗黙の、ないしはあからさまの）長期契約の存在が特徴になっている市場で名目的需要が予想されざる変化をしたさいの衝動をかんがえれば、そうした事柄の説明は可能である。」(111)

さて、このようにして口火がきられたフィリップス曲線論批判を同類の図に依処しながら展開したもの(112)が同人の「垂直」型「長期フィリップス曲線」論、ないしは「自然失業率」仮説である。その内容は巷間に知れわたっているとはいえ、本稿にとって忽せにできない事柄であるから、とりわけて看過しがたい論点の紹介を許容してもらいたい。

そのためには、当人とても「一時的」現象としては「短期フィリップス曲線」の存在を容認していたことにふれておかなければならないが、こうした現象を前述の「名目的需要の予想されない変化が及ぼす効果」の現れと捉える辺りが当人の所見の特徴になっていることもあらかじめ知っておくべきであろう。その点を同人の文章をつうじて説明しなおすと、政策によって名目的需要が増大して物価が上昇した場合、「労働者とその雇用者はいずれも、自分らが生産した特定の財の価格の動きよりも物価一般の動きを知覚してもっと緩慢に調整する傾向がある。……その結果、名目賃金の上昇は労働者にあっては実質賃金の上昇と認識されるから労働供給の増加が招来されるが、雇用者にあっては同時に実質賃金の下落と判断されるため、供与する仕事口を増加する。」[113] かくして、在来型の右下りの曲線で表示されるようなインフレと失業との間の「トレード－オフ」関係が生ずる、という次第である。

ただし、そうした事態をあくまでも一時的なものにすぎない、と主張することが同人の所見の重要部分になっている。その点を要約すると、政策によって一般物価、そして名目賃金率が上昇するにつれて失業率が一時、低下しても、人びとが物価上昇期待を調整する、つまり名目賃金の上昇は一般物価の上昇にともなっていたのであって、実質賃金は予期したほどには変動していないと認識する。ここにおよんで、短期フィリップス曲線は上方に転移して失業率は上昇しだし、ついに状況の変化は挙げて政策によって誘起されたものにすぎないと判断するにいたれば、失業率は政策が発動された以前の水準に逆戻りしてしまう。したがって「インフレーションと失業との間には短期の『トレード－オフ』は存在するが、長期の『トレード－オフ』は存在しない。」[114] しかしながら上記の経過のなかで一般物価、そして名目賃金率・物価の上昇を招来しているから、前記の政策批判は間違っていない、という判断に達するはずだ。これが当人の結論である。

もっとも、こうした結びはあくまでも当人があらかじめ設定した前提が容認されたうえでなければ妥当性をもちえない。例えば、すでに述べたごとく、同人は雇用水準や物価が総需要に及ぼす影響を一方的に捨象すると断ったのである。そのような想定はいま要約した論述のなかで固く保持されていることに留意すべきであろう。加えて、説話の始めと終わりに言及された失業率に注目しなければならない。これこそはまさしく当人の主張の大黒柱とでもいうべき「自然失業率」であるけれども、その並々ならぬ発想基盤を抜きにしたのでは、折角の論述は宙に浮いてしまうに違いない。

かような訳で、それにかかわる当人の説明を参照するようにしよう。以下の引用文はその一部である。「自然失業率は……数値面では一定ではなく、労働市場の有効性、競争または独占の程度、各種の職業で働くさいの障害または円滑さなどの——いわば貨幣的要因と対立する——実質的要因に依存している」(115) けれども、「実質的諸力、くわえて〔人々の〕的確な知覚と両立するもの」(116) である。「もしも人々が合理的根拠に基づいて期待を形成するとして処理するならば、確立されたルールのもとでは金融・財政政策は自然失業率以外の何物も達成しえないであろう。」(117) 仮にできるとしたら「そのための唯一の方法は、不断にすべての人々よりも賢明であって、たえず新しいルールをつくりだし、人々がそれに追いつくまでのしばらくの間だけにそれを用いることである。その場合は一連の新しいルールを開発しなければならない。〔とはいえ〕今後、こんなことができる可能性はまったくない。」(118)

こうした文言から、失業率は元来、自然失業率であり、仮りに政策によって変化したとしても、やがてはそれに帰着するという説論には経済が本来的に「実質的諸力」と調和するという前提が秘められていることが分かるし、さらに企業や個人は、短期間ならばいざ知らずとも、長期的にみれば「合理的」に、ないしは「的確な知覚」を働かして行動する、と確信をもって想定されていることが窺えるであろう。なお、長期フィリップス曲線が当然、垂直であるとする、当人の著名な主張はこうした信念に基づくこともあわせて指摘しておこう。こうした事柄はほんの一例ながら、つぎのような叙述をみてもらえば容易に納得されるのではなかろうか。「全時間にわたってすべての人々をあざむくことはできないのであるから、真の長期フィリップス曲線は垂直である。」(119)

ところで、先にあげた引用文からは、当人とても自然失業率が不変であるとはけっして明言していないことを確認できる。ただし、それが依存するものは「競争または独占の程度」や「労働市場の有効性」など、つまり産業構造や労働市場の構造、ないしは制度や慣行などであって、それらは当面の経済問題が論議される中・長期の場では与件として処理されることが通例になっている点に留意すべきであろう。加えて、既述のごとく需要の変動を捨象し、実質的諸要因にかんしても、それとの「調和」を謳うのみで、その内面に立ち入ろうとはしていない。こうした実態に配慮すれば、差し当たってはもともと、それが変化する事態は想定外になっていた、と言わざるをえないであろう。

さて、ひと先ずはこの辺でフリードマン見解の回顧をとどめて本章の主題に立戻り、伊藤教授の論説の吟味に取掛ることにしよう。その場合には何をさて置いても同教授の「インフレ期待を含むフィリップス曲線」、別けてもL字型長期フィリップス曲線とフリードマンの垂直の同曲線とを対比しなければならない。すでに説明したように、比較的低いインフレ率以上の範囲では同教授も垂直と判断されているので、相違点はそれ以下の局面に限られる。そのため相反は些細な事柄に属すると判断する向きが意外と広範にわたっているように窺えるけれども、わたくしはそうした所見には疑念を禁じえない。論及対象になった経済局面や変数など、立論の操作技術には確かに違いがあるけれども、それらはさしたる原因にはなっていない。つまり、前者は経済全般を念頭におき、したがって後者とは異なって、その図の縦軸には一般物価水準（わが国にかんしては消費者物価指数）の変化率が用いられているけれども、それは特段、問題とするには当たらないであろう。それよりはむしろ、かような表面的な相違にもかかわらず、本質的な事柄にかんしては後者と軌を一にするように発想され、しかも本来の図とはちがって曲線が右に屈曲した後においても、極力、それに順応するべく努められている点こそが検討の対象にされるべきであろう。

こうした状況はすでにある程度、説明したところであるけれども、念のためとくに注意してほしい点を再説すると、同教授は「需要と供給の間で、労働の職種・質・地域にミスマッチがあるため」に発生する「自然かつ構造的な失業」の水準をフリードマンと同様に「自然失業率」と呼称されているが、失業の発生原因についての説明にかんしては後者のそれとは異なって労働市場総体の実状よりも個別市場間の構造上の差異を強調されている。しかし前者とてもそうした実態を否認するはずはなかろうから、然したる違いとはおもわれない。また、前者ではあえて「長期的にインフレなく成長することができる潜在成長率」と関連づけながら「自然失業率」を定義している。この点は後者が言外に含ませた想念を端的に表現したものと判断されるので、むしろ有為な補足といえるであろう。だが、わたくしはそうした共通点よりも、前者の場合は「成長とインフレ間」の事柄であるにせよ「長期的には……トレードオフは存在しない」という想定を共々おこない、さらに後者に呼応して「長期的には期待は合理的」と前提されていることに特段の注意をうながしたい。その理由は間もなく明らかになるはずであるが、取敢えずは、曲線の下部にかんする前者の論述を虚心に思い起していただきたい。具体的にいえば、インフレ率が二%以下の領域が対象になるけれども、そこでは両人の宥和がくずれ、前者は後者の垂直説を排して勇んで、曲線は右方に向けて屈曲すると主張されていることは既述のとおりである。参考までに、わたくしなりの手法で両者の相違を図6－1のなかで提示しておく。そこでは曲線の屈曲の結果として、インフレ率○%のさいには $u^{*}-u^{**}$ の差異があらわれるように作図されている。なお、その理由としては価格や賃金の硬直性を暗示されたり、あるいは「デフレ・スパイラル」に言及されたこともすでに説明したところであるけれども、ここではそうした理由付けで果たして首尾一貫しうるか、どうかという点をあらためて吟味しなければならないであろう。

図6－1　伊藤教授とフリードマンの長期フィリップス曲線

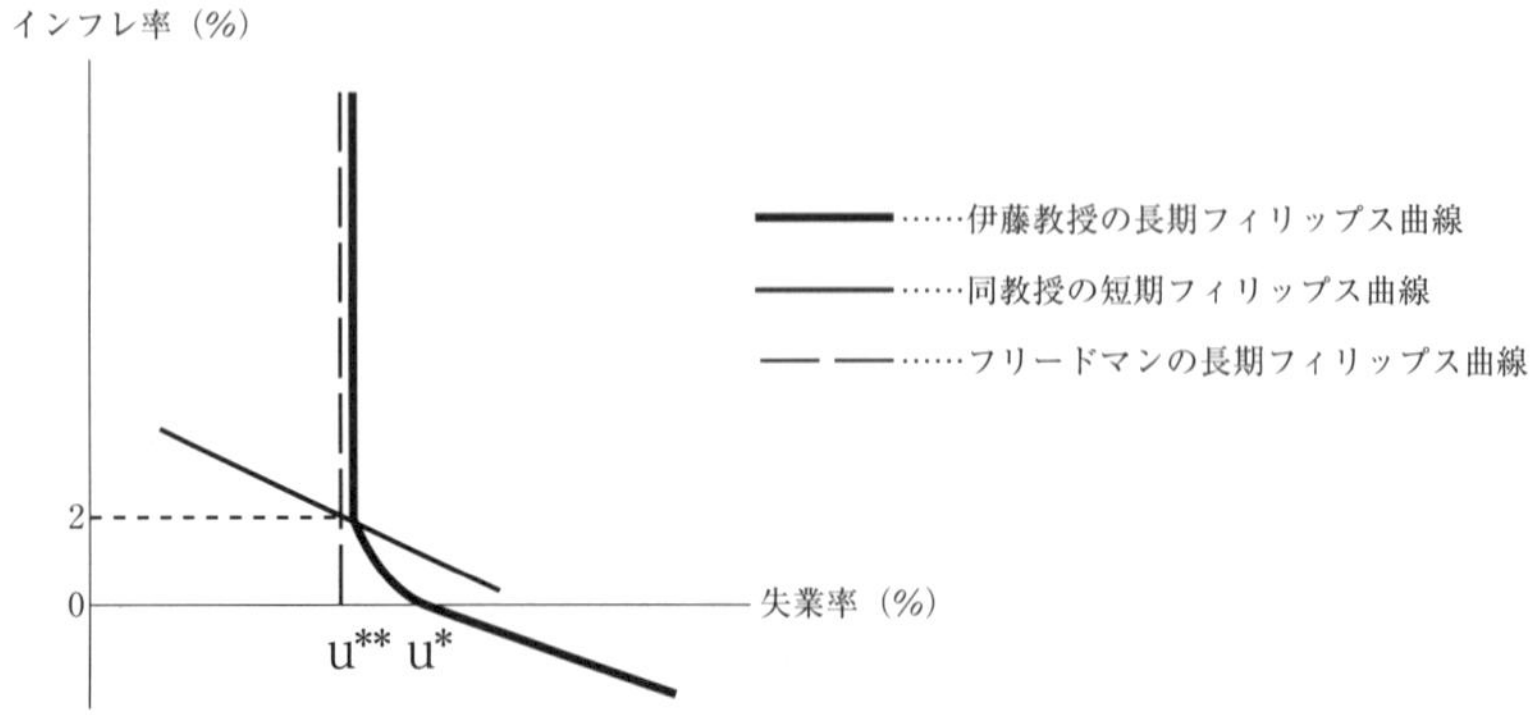

参考資料：伊藤隆敏「インフレ・ターゲティングの理論」、伊藤・林伴子『インフレ目標と金融政策』、16頁、図1－1。
M. Friedman Inflation and Unemployment, *Occasional Paper*, Institute of Economic Affairs, No. 51, p.14, Figure 2, etc.

というのは、いま問題の焦点になっている「長期フィリップス曲線」は元来は、労働の需給間の自然かつ構造的な「ミスマッチ」のみによって発生する失業にかかわる割合、つまり「自然失業率」に照応し、この率ならば潜在成長率の達成を保障しつつ、物価変動との「トレードオフ」を来たさないことになっていたはずだからである。さらに言えば、すくなくともそうした論説の祖師の場合には、かような状況に呼応する状況として、人々が「適正な知覚」をはたらかせながら「合理的」期待をもちつづけ、労資間に円満な「長期契約」がかわされているなどと想定されていたことも想起するほうがよいかもしれない。もちろん、価格や賃金の硬直性、あるいは「デフレ・スパイラル」を必然的な、ないしは已む無い事態として把握する見解もありうるけれども、それは当所で論及対象としている自然「調和」観主軸の所見とは相容れざるものになっているに違いない。加えて、事態を一時的、ないしは過渡的現象として語る術も許容されないことを強調しておきたい。なぜならば、そうした状況に対応するものとして、別途、「短期フィリップス曲線」も併記されているのであるから、迂闊にそうした手段を講ずれば、すぐさま論理矛盾に落ちいるからである。

理論に直結する事柄にたいする論評は先ずはこの辺でとどめ、つぎは統計にもとづく立証結果にかんして、わたくしの所見を開陳する。結論を先にかいてしまうと、この分野においても実証資料と、基本的論理ならびに同教授の状況判断との間に違和があるようにおもわれてならない。本人の論述についてはすでに紹介している。ついては、同教授が提示した資料をみて印象付けられた事柄を記すという仕方で、そうした感想の事由を明らかにしてゆきたい。初めは、そこに掲げられた「アメリカのフィリップス曲線」に注目しよう。この場合には三つの段階で「短期フィリップス曲線」が他段階とは相違するような形状で「シフト」した、と説明されている。（図6－2を参照してほしい。なお、当該図書では各期の「短期フィリップス曲線」は図示されているので、それにしたがった。ただし、一九九二―二〇〇四年期にかんしては記載されていないので、図中における当期の諸点の分布状況に配慮しながら、わたくしが手書きした。）その内容は第一段階（一九六〇年代後半から一九八〇年まで）にかんしては「上方」シフト、第二段階（一九八〇年から九〇年代半ばまで）については「下方」シフトがあった。ただし、それらはたんなる「上方」、ないしは「下方」シフトではなくて、第一段階では右上向け、第二段階では左上向けであるように見受けられるし、現に著者もそのような矢印を記入している。したがって、もしもこうした「短期フィリップス曲線」の「シフト」を手掛りにして「長期フィリップス曲線」を抽出するとしたら、「垂直」ではなく右上りの線にならざるをえないであろう。つづいて、第三段階（九〇年代半ば以降）に目を移そう。それにかんしては「長期フィリップス曲線の左方シフト」を指摘されたことはすでに紹介したが、一九九二―二〇〇四年期の諸点はまえの時期と比較すれば確かに左下方に位しているから当段階で「短期フィリップス曲線」の左下向けシフトがあったようだ、といえそうであるから、著者がかいたような長期線のシフトを確認できるかもしれない。そこで、上記した第一、第二段階間のシフトを勘案すれば長期線は右上向き、

図6－2　アメリカのフィリップス曲線

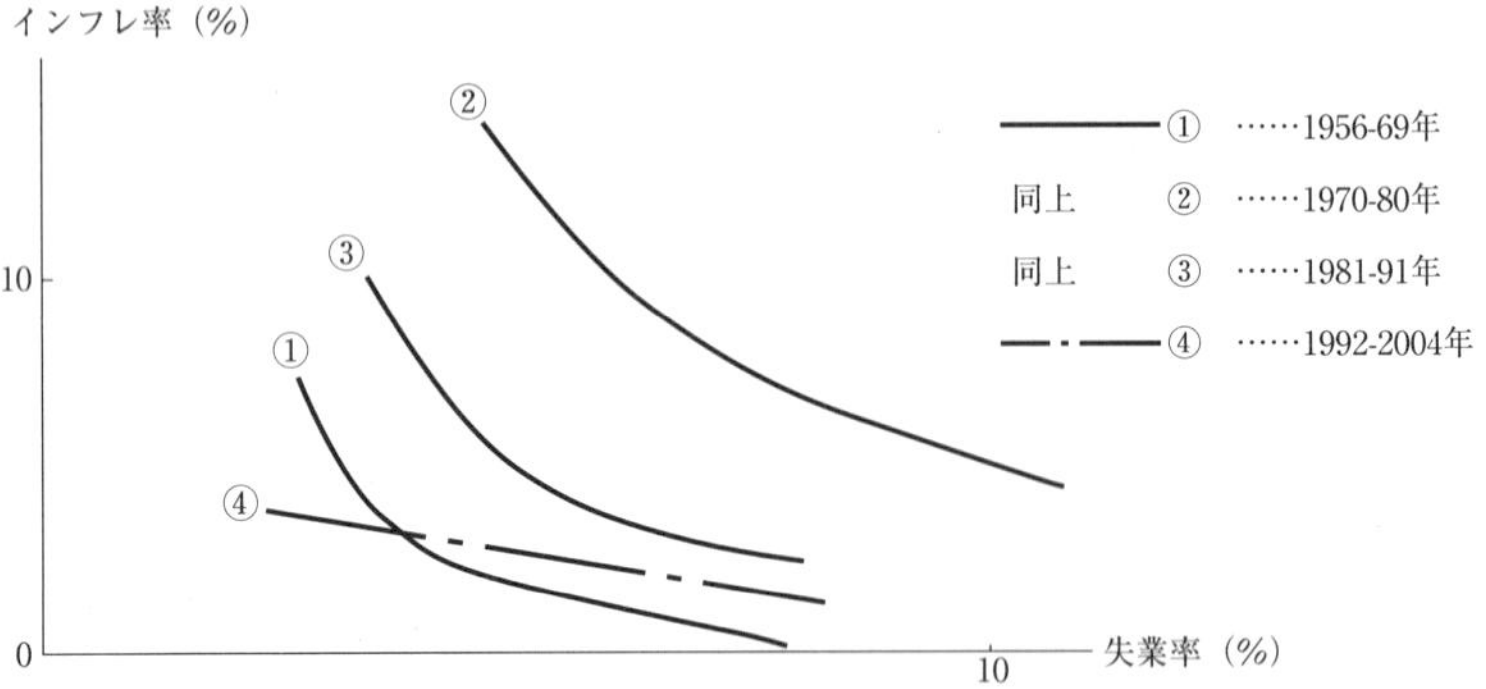

備　考：④にかんしては、提示された当該の諸点を基にして笹原が作図した。
参考資料：伊藤隆敏「インフレ・ターゲティングの理論」、17頁、図1－2。

と主張できそうであるけれども、そうしたのでは「L字型曲線」論と真っ向から対立することになるから、到底、著者の意には添いえないであろう。もっとも一九五六―六九年期および一九九二―二〇〇四年期の短期線が緩やかな傾斜になっていることなどを理由として強引に「L字」を想像するとしたら、あるいはご高説通りといえるのかもしれないけれども、如何せん、それはわたくしの能力をこえた所業である。

次いで、わが国にかんする図を吟味してみよう。同教授はその図から「L字型のフィリップス曲線」を判じ取られたことはすでに説明済みである。しかし、それが順当な判断であるか、どうか。この点が当処での課題にならざるをえない。この場合には、実態を反映している図上の諸点から出し抜けに「長期フィリップス曲線」を想定されたことが問題になるであろう。「短期フィリップス曲線」として特記できそうな諸点を指摘しにくい、というような実態になっていることを考え合わせれば、それはそれで余儀なかったと拝察できるけれども、すでに指摘したごとき長期線の特異な性格に照らせば、なんとも非現実的な論理展開であることは否めないであろう。その点をさて置くとしても、さらに、援用された図が著者の指摘のような軌跡になっているか、どうかが吟味されな

図6－3　日本のフィリップス曲線

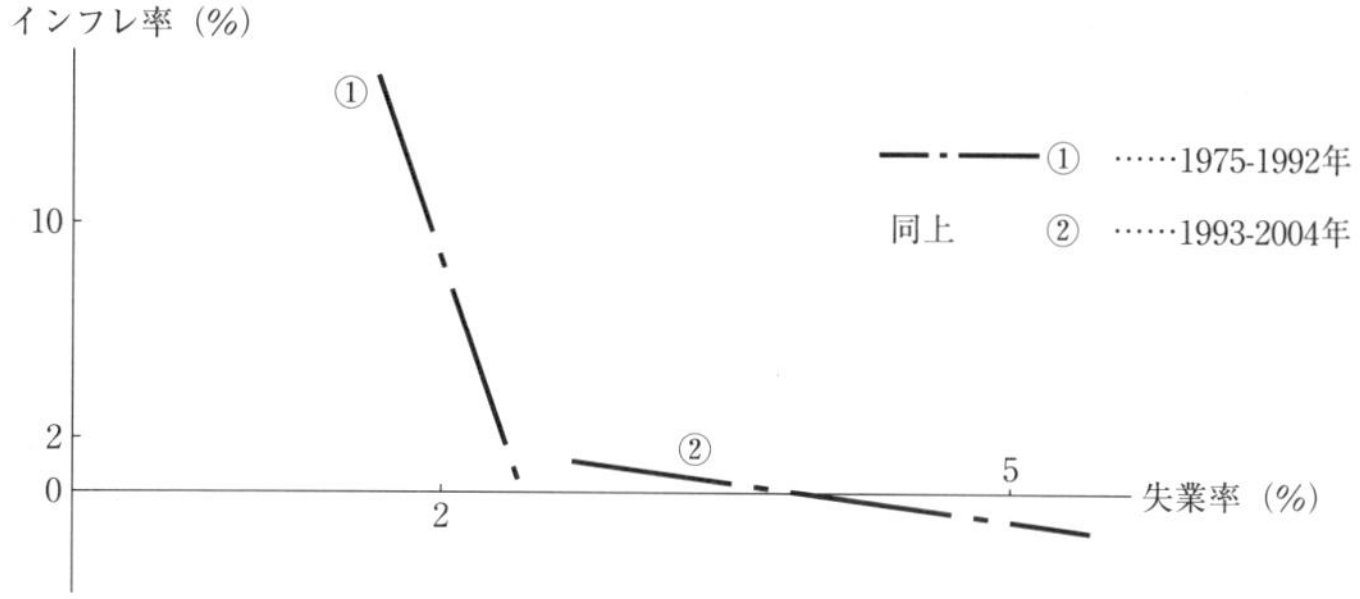

備　考：①および②はいずれも、提示された当該諸点を基にして笹原が作図したものである。

参考資料：伊藤隆敏「インフレ・ターゲティングの理論」、18頁、図1－3。

くてはならない。というのは、わたくしが概観した限りでは、どうしても「L字型」の曲線よりはむしろ双曲線状の、つまり本来型のフィリップス曲線に沿って各年次の当該値が分布しているようにみえるからである（図6－3はかような私見を図解したものである）。もっとも、こうした直観をかくと、早合点の弊をおかしたことになるかもしれない。というのは、同教授は「顕著でない」と断りながらも、「長期フィリップス曲線が多少、右へとシフト[120]」した、と明記されているからである。つまり、統計からえられた諸点は一九七五年から九二年にかけて逐次、右下方向にむけ低下しているけれども、正しくはこの間、垂直線に沿って真下へ落下しながら、垂直線自体が右方向へ平行移動したために、右下方向にむかっていたかのごとき様相を呈した、と解釈されたらしい。加えて一九九三年から二〇〇四年までの期間においては――わたくしの眼でみると、緩い傾斜ながら右下りの線にそっているようにみえるけれども、あえて――水平線の上下に分布していたと認定できれば、確かに「L字型」という推論は成りたちうるかもしれない。しかし、それはなんとも無理な推論であろう。なぜならば、正しくは所見の当否は実証分析によって吟味されるべきであるにもかかわらず、その妥当性が状況判断の基本前提になっているからである。こうした仕方では推論の有意性が疑わしくならざるをえない。アメリカの曲線の解釈にあたっても終始、垂直ないしはL字型の「長期フィリップス曲線」の存在が前提されていたことを想起してもらえれば、わたくしの疑義を納得していただけるであろう。こうした次第でわたくしは「L字型曲線」論が日米いずれの経済においても現実的基盤を有しない、と主張したい。なお、以上のような申し立てを理解していただくため、わが国の場合にかんしても参考までに、同教授の推論とおもわれるものを交えながら想定した概念図を図6－3として掲げておく。

念のために付言しておくが、わたくしは同教授が示唆をえられたと憶測されるフリードマンの「垂直な長期フィリップス曲線」にかんしてまでも、あえて論評する気はない。というのは、かれの場合は辺りを気にしつつも結局のところ、自らの学説は「長々期 long-long-run」(121)にかかわる信念であり、それゆえ「絶対に『証明』されないが、否定されもしない」(122)所見、つまり言うなれば伝統派特有の固定概念の最たる仮説であることを自認されているので、社会科学の領域を超えた信条の問題と解さざるをえないからである。ところが、同教授におかれては敢然として実証分析を試みられた。これは、そうした類の論説の域をこえようとされている現れとも受け取れる。そうであれば、この際は潔く「自然失業率」あるいは「長期フィリップス曲線」仮説を棄却して、実態を直視することこそが上策になるのではなかろうか。というのは――いささか不敬な指摘になるかもしれないけれども――同教授の実証結果を無心に拝見していると、ご所見と対立する論説の有意性さえ感じとれるからである。そうした点を具体的に述べれば、アメリカの図において旋回路が上下左右に浮動していたことからむしろ、フリードマン仮説で排除された、例えば実物的な需要や操業状態の変動の影響を垣間見れるし、わが国の場合にみられた本来のフィリップス曲線状の軌跡もインフレ問題の輻輳した実態を暗示している、とかんがえられる。それ故、インフレ目標政策論者が固執する伝統的、ないしはマネタリズム型貨幣政策ではなくて、その域を越えた施策こそが必須の検討課題になるであろう。

5　要　約

前節までの間にわたくしが本邦のインフレ目標政策論にかんして抱いた疑念をおおむね記述したけれども、論点が多岐にわたったため批判の要を把握しにくくしてしまったかもしれない。そこで、結びにあたって多少の補足をまじえながら基軸となる主張を取りまとめておく。

(i)　初めは岩田派見解中の、わが国の戦間期にかかわる部分にかんして私見を述べる。同派は勿論、第一次大戦以降の実物経済面の出来事にかんして若干は説明している。しかし主要な関心事は貨幣制度や金融事情であり、しかも自らの政策論と符合する点を求めることの性急さの余り、ややもすると推移の解釈が実態から乖離しかねなかったように思量される。例えば金融恐慌期の破綻銀行の経営悪化を「バブル」や「機関銀行」的融資行動でもっぱら説明されているけれども、その傍らで――というよりはもっと一般的事情として――輸出の減退などにともなって長期不況におちいったため実体経済が窮迫していたことなどが斟酌されなければならなかったであろう。

だが、それにもまして懸念をかんじる点はこの間における経済政策の解釈である。同派の主張に照せば、これをデフレ政策と認定したくなりそうであるけれども、事実は相違していた。というのは、主要国が金本位復帰を断行するなかにあってわが国が意固地になって金解禁をためらったのはこれによって、それなくしても下落気味の物価の低落をなんとか回避しようとしたためであり、したがってインフレ政策に準じたものが実行されたと認定できる。そのため、昭和期早々の経済的混乱からはむしろインフレ政策の危険性を感じとらなければならないはずである。

おなじような問題点は昭和初年の景気回復過程の解説にかんしても提起できる。同派は高橋是清蔵相を腐しながらも、同蔵相期の施策から自説の妥当性を抽出しようとした。しかし、当人の着目点は実際には同派と相違して、物価それ自体ではなくて有効需要問題であった。確かに需要増大策が物価上昇の因を撒いたことは否めない。だが、当人の意図したところはインフレの回避である。したがってかれの事績から教訓をえるとしたら、それはインフレの効能ではなくてその危惧でなければならないであろう。同派が評価してやまない石橋湛山でさえ想定されたような筋書通りの足跡をたどっておらず、事実はおおくの世人と同様、時流をよみきれなかったため当人の所見は彷徨した。しかしながら、結局のところ、インフレ目標政策論者が説くような伝統的思考から抜け出そうと努めた点は賢明であった、とわたくしは評価している。

(ii) 学説史にかんする箇所においても、誤解をひきおこすような論述が中核となっていることはまことに遺憾である。具体的な論及対象はJ・M・ケインズ、G・カッセルそしてI・フィッシャーであるが、同派はかれらを一括して自派の先駆者に祭上げようとしている。だが、これはなんとも強引すぎる、といわざるをえない。ケインズの足跡が貨幣数量説に象徴される伝統的景気観や政策論からの脱却であったことは紛れもない史実であったにもかかわらず、他の二者は終生、その立場を変えなかったのである。

ここでは解説を簡潔にするため、フィッシャーに限ってその論述内容を要約するが、当人は一九二九年恐慌を目の当たりにしても持論にしたがい楽観的な見通しを堂々、公表するほどであった。もっとも、時下の局面は大不況であることが明確になるにおよべば、さすがのかれも事態の重大さを訴えはじめ、ケインズの言動にたいしても共感の意を表明したけれども、旧来の所見を撤回したわけではない。例えば新大統領ローズベルトの施策の評価はしたものの、ケインズとは違い、セイ法則の否認にまですすんだわけでなくて、物価引上げくらいが関の山であった。

そうした意味では、ケインズは別として、現今のインフレ目標政策論者とは瓜ふたつということになりそうであるけれども、注意が必要である。というのは、例えばフィッシャーはインフレーションとリフレーションを明確に区分し、物価の引上げはあくまでも恐慌や不況に基づく低下分の回復の範囲にとどめるとして、伝統的経済学者らしい節度をまもろうとしたからである。以上のような二点を総括すれば、歴史の重視を標榜されたにもかかわらず、論述内容は反歴史的と結論せざるをえない。

(iii)　最後は、加藤教授によって提示された理論的、ならびに統計的根拠付けにかんしても一言させてもらう。同教授が敢えてＭ・フリードマンの垂直型長期フィリップス曲線論に抗しようと意気込まれたこと自体にたいしては敬意を惜しむ気はない。というのはかれの見解は余りにも高踏的で、現実軽視がはなはだしい、とおもわれるからである。こうした次第で、新説の垣間から実態直視の姿勢を拝見したいと願ったけれども、残念ながら願望はみたされなかった。なぜならば、折角の統計分析においてさえも、現実の数値群の解釈におよぶと、フリードマンの長期曲線、あるいは自説のＬ字型曲線を遮二無二、適用せしめようとすることで終わっている。そのため実施結果の解釈に無理をきたしたばかりか、伝統的固定観念の象徴でしかない「長期フィリップス曲線」と、現実の動向を反映する「短期フィリップス」の区分が危うくなるという弊を犯して論理体系を紛糾させたことは惜しまれる。

こうした帰趨は心情はともあれ、具体的な考究の場において、伝統的、ないしはマネタリスト的手法に拘束されたためであるように推察される。望むべくは先入観を持たずに現実を観察することであろう。というのは、開示された実態は同教授が拠り所とされた所見よりもむしろ、それと対峙する論説の有意性を顕示しているようにも見受けられたからである。そう映ったのはわたくしの幻想のためであろうか。

(1) 笹原昭五「インフレ目標政策論の史的位置――クルーグマン見解を対象にして」、一井昭・鳥居伸好編『現代日本資本主義』、中央大学経済研究所研究叢書 四二、二〇〇七年一月、第八章。
(2) わたくしは俗流の伝統的、ないしはマネタリズム型新自由主義と本来のそれとを峻別している。詳しくは下記の拙稿を参照してもらいたい。
笹原「もうひとつの新自由主義」、安田原三・相原直之・笹原編著『いまなぜ信金・信組か――協同組織金融機関の存在意義』、二〇〇七年一〇月、Ⅲ－四、
(3) 二〇〇三年度金融学会春季大会における福井俊彦日銀総裁(当時)の大会特別講演にたいする伊藤隆敏教授の質疑応答(下記の末尾に収録されている)はこの点についての参考資料になりうるであろう。
福井「金融政策運営の課題」、『金融経済研究』二〇号、二〇〇三年一〇月。
(4) 岩田規久男「金融政策を大転換せよ」、岩田編『まずデフレをとめよ』、二〇〇三年、第一章、二一－二二頁。文中の「第五章」は若田部昌澄「歴史に学ぶ　大恐慌と昭和恐慌の教えるもの」を指している。なお、〔 〕内の文言はわたくしの補記である。以下も同様。
(5) 岩田『日本経済にいま何が起きているか』二〇〇五年六月、二頁。
(6) 同前、四頁。
(7) 若田部、同前、一八五頁。
(8) 岩田「日本経済の未来は明るい」、岩田編、同書、終章、二〇三頁。
(9) 岩田「金融政策を大転換せよ」、岩田編、同書、二二－二三頁。
(10) 岩田、同前、二四頁。
(11) 野口旭・若田部「国際金本位制の足かせ」、岩田編著『昭和恐慌の研究』、二〇〇四年四月、第一章、四三頁。
(12) 野口・若田部、同前、四九頁。
(13) 岡田靖・安達誠司・岩田「昭和恐慌に見る政策レジームの大転換」、岩田編著、同書、一七二頁。
(14) 安達「昭和恐慌期における不良債権問題と金融システムの転換」、岩田編著、同書、第七章、二三三頁。
(15) 同前、二四〇頁。

(16) 岩田「金融政策を大転換せよ」、岩田編著、同書、二六頁。
(17) 安達・若田部「国際金本位制の足かせ」、岩田編、同書、二四八頁。
(18) 野口・若田部「国際金本位制の足かせ」、岩田編著、同書、三八－三九頁。
(19) 若田部「『失われた一三年』の経済政策論争」、岩田編著、同書、第二章、七〇頁。
(20) 同前、七〇頁、注一二。
(21) 同前、七一－七二頁。
(22) 同前、七二頁。
(23) 同前、八三－八四頁。
(24) 同前、九一頁。
(25) 同前、一一三頁。
(26) 同前、一〇六頁。
(27) 同前、一〇七頁。
(28) 同前、一一三頁、注八三。
(29) 同前、七四頁、注二二。
(30) 同前、一〇五頁。
(31) 同前、一一一頁、注八一。
(32) 伊藤隆敏「インフレ・ターゲティングの理論」、伊藤・林伴子『インフレ目標と金融政策』、二〇〇六年三月、第一章、三－四頁。
(33) 伊藤「日本におけるインフレ目標」、深尾光洋・吉川洋編『ゼロ金利と日本経済』二〇〇〇年一〇月、第三章、一〇六－一〇七頁。
(34) 伊藤「インフレ・ターゲティングの理論」、伊藤・林、同書、一三頁。
(35) 伊藤「日本におけるインフレ目標」、深尾・林、同書、一二一頁。
(36) 伊藤「インフレ・ターゲティングの理論」、伊藤・林、同書、一三頁。

(37) 伊藤『インフレ・ターゲティング』、二〇〇一年一一月、一〇二頁。
(38) 伊藤「インフレ・ターゲティングの理論」、伊藤・林、同書、五頁。
(39) 同前。
(40) 同前。
(41) 同前、六頁。
(42) 同前。
(43) 同前。
(44) 同前。
(45) 伊藤「日本におけるインフレ目標政策」、深尾・吉川、同書、八〇頁。
(46) 伊藤「インフレ・ターゲティングの理論」、伊藤・林、同書、七－八頁。
(47) 伊藤、同前、八頁。
(48) 同前、八－九頁。
(49) 同前、一五頁。
(50) 同前。
(51) 同前。
(52) 同前。
(53) 同前、一六頁。
(54) 同前、一六－一七頁。
(55) 同前、一五頁。
(56) 同前、一七および一八頁。
(57) 同前、一七頁。
(58) 同前。
(59) 同前。

(60)　同前。
(61)　同前。
(62)　同前。
(63)　同前、一七－一八頁。
(64)　日本銀行（調査局）「十五銀行の破綻原因及其整理」（昭和四年七月）、『日本金融史資料』昭和編、第二四巻、昭和四四年七月、四八〇頁。なお、（　）内の年月は当初の発表時を指す。以下も同様。
(65)　日本銀行、同書、四九三－四九四頁。なお、文中の「ストックボート」は同社が引き合いの急増に呼応して、受注ではなくて見込み生産をおこなった船舶である。
(66)　同前、四九四頁。
(67)　松方幸次郎の事歴や論説にかんしては左記の旧稿を参照してもらいたい。
笹原「松方幸次郎の通貨増発論とその経済的背景」、『中央大学九十周年記念論文集』〔経済学部〕、昭和五〇年八月。
(68)　石橋湛山についても左記の論稿をすでに公表している。本稿注の説明はその一部要約である。
笹原「石橋湛山のリフレーション政策論――形成過程と史的位置」、『経済学論纂』第三七巻第三・四合併号、一九九七年一月。
(69)　石橋「世界的大好景気来か大混乱来か」（大正一〇年三月）、『石橋湛山全集』Ⅳ、一八八－一八九頁。
(70)　石橋「金輸出解禁論の台頭」（大正一三年四月）、同書、Ⅴ、二一六頁。
(71)　石橋「不景気期の積極策」（大正一四年五月）、同書、Ⅴ、二〇二頁。
(72)　石橋「新平価を定め、金解禁を即行せよ」、（昭和三年一一月）、同書、Ⅵ、一五三－一五四頁。
(73)　石橋「不景気対策の検討」（昭和五年九月）、同書、Ⅶ、三五七および三五九頁。
(74)　石橋、同前、同書、Ⅶ、三六八頁。
(75)　石橋「金輸出再禁止の目的と其効果」（昭和七年一月）、同書、Ⅷ、三一九および三二一頁。
(76)　石橋「急務を要する低利償還延期」（昭和七年七月）、同書、Ⅷ、一五九頁。
(77)　石橋「高橋蔵相の公債政策」（昭和一〇年八月）、同書、Ⅸ、三九四頁。

(78) 石橋「日支事変の財政政策を論ず」(昭和一二年八月)、同書、X、一三二および一三八頁。
(79) 高橋是清の足跡や論述についてはすでに左記の別稿などを書いた。ここでの解説はそれらの一部要約である。
笹原「積極的景気政策論の理論的基礎——高橋是清の場合」、『中央大学経済研究所年報』、第一二号、一九八一年。
(80) 高橋是清「予算編成の方針と金再禁止の断行」(昭和七年一月)、上塚司編『高橋是清経済論』、昭和一一年五月、五二四－五二五頁。
(81) 高橋「国際経済情勢と我国の非常時対策」(昭和八年四月)、上塚、同書、五六三－五六四頁。ここに記載された論述はいわば〈豊富のなかの貧困〉説であるけれども、そうした主張はべつに、かれがはじめて言い出したわけではない。この点にかんしては左記の別稿を参照してほしい。
笹原「ラスキンからホブスンへ——一九世紀後期の有効需要論」、『経済学論纂』第三七巻第五・六合併号、一九九七年三月。

笹原「戦間期日本の緊縮政策論争——浜口首相見解と三土前蔵相の批判」、同誌、第四三巻第三－四合併号、二〇〇三年三月。
(82) 高橋、同前、五七六－五七七頁。
(83) 深井英五『回顧七十年』、昭和一六年一一月、二六九－二七〇頁。なお、深井にかんしてもすでに左記の論文を発表した。
笹原「金解禁をめぐる日銀見解——深井英五副総裁の場合」、『経済学論纂』第三二巻第一・二合併号、一九九一年三月。
(84) 深井、同書、二七一頁。
(85) 高橋「金再禁止断行は正貨維持のため」(昭和八年二月)、上塚、同書、六三六－六三七頁。
(86) 高橋「借金政策は永続せず」(昭和一〇年七月)、上塚、同書、二七五－二七六頁。
(87) 高橋、同上、上塚、同書、二七七－二七八頁。
(88) ケインズ、カッセルそしてフィッシャーの論説についても、すでにいくつかの公刊物で私見をかいてきたが、そのうちからカッセルとフィッシャーにかんする論文を二点だけ付記しておく。

笹原「カッセル再考——現代マネタリズムの批判のために」(一)・(二)、『経済学論纂』第三〇巻第四号・第三一巻第一・二合併号、一八八九年七月・一九九〇年三月。

笹原「一九二九年恐慌とフィッシャー——マネタリズムの批判的吟味をかねて」、同誌、第二三巻第三号、一九八二年五月。

(89) ケインズのあたらしい利子論、つまり流動性選好説にかんしては、学界においてさえも誤解がかなり伝播している。そこで、下記の論文を公刊したので、ついでに注記しておく。

笹原「流動性の落し穴論の史的吟味」、同誌、第四六巻第三・四合併号、二〇〇六年三月。

(90) G.Cassel, *The Downfall of the Gold Standard,* 1936. New impression 1966, Prefase, p. vii.

(91) I. Fisher, *The Purchasing Power of Money,* 1911, p. 70, etc.　金原賢次郎・高城仙次郎訳『貨幣の購買力』、九四頁など。なお参考までに訳書と該当頁を付記するが、ここで記載した文言は笹原の訳文である。以下も同様。

(92) 例えば、岩田教授は「デフレは貨幣的現象である」と、明記され(『まずデフレをとめよ』、四〇頁)、伊藤教授もつぎのように記述されている。「インフレやデフレを長期的にとらえると、これらは『貨幣的現象』と言うことができる。長期的に見れば、経済全体の需要に対して供給が過剰でも過小でもない水準で総生産が決まる。……経済全体に対して貨幣供給が過大であればインフレとなり、貨幣供給が過小であればデフレになるのである。その意味で究極的には、インフレやデフレは、貨幣的な現象と言える。」(伊藤『デフレから復活へ』、七五－七六頁)。

(93) Fisher, *The Purchasing Power of Money,* p. 337, etc.　同訳、四三三頁など。なお、計表本位制自体は別に当人の創案でなく、事実、同書でA・マーシャルなどの名を挙げている。

(94) Fisher, *Stabilizing the Dollar,* 1920 & 1925, p. 89.　文明協会訳『物価安定論』、一六〇頁。

(95) Ibid., p. 65.　同訳、一一五頁。なお、類似の言葉(survival of barbarism、邦訳では、同様に「野蛮時代の遺物」と訳している)は同書の他の頁(p. xxvi.　邦訳、三頁)でもみられるし、後年の本(*Money Illusion,* 1930)では同じ言葉がつかわれている。

(96) 同書においては、時節柄とはいえ、随所でインフレ問題に言及しているけれども、デフレという言葉はほとんど登場しない。

(97) Fisher, *The Stock Market Crash and After*, 1930, p. 95.
(98) Ibid., p. 95.
(99) Ibid., p. 190.
(100) Ibid., p. 269.
(101) Fisher, "The Debt–Deflation Theory of Great Depression's, *Econometrica*, Vol.1, No.4, Oct., 1933, p. 350.　大岩鑛訳「恐慌の構成主要素としての負債及び通貨収編」、同人編訳『リフレーションの基礎理論』補遺、二二一頁。
(102) Ibid., p. 341.　同訳書、二〇四頁。
(103) Ibid., p. 338.　同訳、一九八頁。
(104) Fisher, *After Reflation, What?*, 1933, p. 131.　同訳書、本文、一九一頁。なお本書にかんしては別の訳書（伊地知軍司訳『平価切下の次に来るもの』）も刊行されたが、注記を省略する。
(105) Ibid., pp. 38–39.　同訳、三二一―三三頁。
(106) Ibid., p. 64.　同訳、九六頁。
(107) 伊藤「インフレ・ターゲティングの理論」、伊藤・林、前掲書、九頁。
(108) 伊藤、同上、五頁。
(109) M. Friedman, 'Inflation and Unemployment', *Occasional Paper*, No. 51, 1977, The Institute of Economic Affairs, p.10.　なお、原典では全文がイタリック体である。保坂直達訳『インフレーションと失業』第Ⅰ講、昭和五三年四月、九頁。
(110) Ibid., p. 9.　同訳、八頁。
(111) Ibid., p. 12.　同訳、一三頁。
(112) 厳密にいえば、フリードマンの図の縦軸は「名目賃金変化率」であるけれども、それが物価変動に照応していると考えられれば、伊藤教授の図と対照可能になる。
(113) Friedman, ibid., p. 13.　邦訳、一五頁。
(114) Friedman, 'Unemployment versus Inflation? An Evaluation of the Phillips Curve : with a British Commentary by

D. E.W. Laidler', *Occational Paper*, No. 44, 1975, p.21.　同訳、第Ⅱ講、六一頁。

(115) 'Inflation and Unemployment', p.15.　邦訳、一七頁。

(116) 同前。

(117) Friedman, 'Unemployment versus Inflation?', p. 29.　同訳、七二頁。

(118) Ibid., p. 29.　邦訳、七二－七三頁。

(119) Ibid., p. 28.　邦訳、七一－七二頁。

(120) 注（63）で取り上げた叙述のなかにこの文言が綴られている。

(121) Friedman, 'Inflation and Unemployment', p. 24.　同訳、二八頁。

(122) Ibid., p. 7.　同訳、五頁。

第七章　中国とハンガリーの政治
——グローバル化における「近代化」——

渡辺俊彦

はじめに

歴史は、いくつもの転換の節目において、選び直せないにしても解釈し直したり、あるいは別の道があったとされてきた。それは必然と偶然がおりなす不可逆の選択を毀誉褒貶することだけに終らず、その選択の奥行きの深さを明らかにする結果をもつことにもなった。ここにポストモダニズムなどの議論を思い起こせば、それは二〇世紀資本主義という近代の現実を背景にして、マルクスと対決しつつもう一つの「近代」を描くことによって、反近代の傾向性を強めたことが指摘される。今にしてみれば、それもまた、ミシェル・フーコーの「反近代・非近代の論理」などを通して近代の認識を逆説的に深めるものでもあった。突き詰めていえば、それらは、これら近代を掘り崩す二一世紀的現実においては、むしろマルクスの思想と接合して、国家の形態や機能の変化を機軸にした「近代の再建」を構想する位置につきうるものとも考えられる。現代を近代後期やポストモダンとする社会認識は、こうしたポストモダニズム論を近代の歴史的変動の認識に内容化して、それを相対化するが、逆説的になおそこに近代の歴史的認識を一貫させることによって、「近代の再建」を含意するということができる。

本章では、グローバル化の現状を帝国主義の時代と近代の危機、あるいは「近代の再編」の時代を示すものととらえ、そのもとに中国の「市場化」の政治がハンガリーの政治と対比して検討される。そこに一貫する問題意識は次のように明快である。資本主義は成長の限界点に達しており、中国の目下のまさに「大躍進」が、近代が経験してきたこの「資本主義」の「最終過程」へのまれにみる強行軍であるとすれば、その結果中国になにが起きるのかという疑問である。中国の改革開放が清末から民国期前後の事情に、そしてハンガリーの体制転換が一八四八年革命に敗北した後のハプスブルグ支配下の二重帝国期ハンガリーの状況に似ているとも考えられるが、同時にそれはまた「近代の再編」期の事情であり、さらには「社会主義的蓄積」のうえに金融資本主義を展開するという未知の分野を進むことでもあった。これらの観点から、中国「市場化」はどのようにとらえられるのか、またそれは国家にどのような変質を迫るのだろうか。

両国の事例を楽観的に先進的資本主義国家への不均等発展の個別の事例とみるにしても、そのためには、それらが行き着く先のグローバル化した国家が近代の価値の体系に積極的位置をもつことが欠かせない。しかし、グローバル化は可能性と否定性などからなる多様な現実ながら、理念と現実とが乖離した実態において、分配の不公正を支える帝国化の政治を背景にしていく限り、それは近代の衰退—再編を加速する姿を大きくするのである。

検討の大まかな流れとしては、まずその後の両国の歴史を分けることになった天安門事件や五六年革命を通して、両者の転換の出発点の状況を探り、ついでその背景にある両国の「市場化」の事情を明らかにすることによって政治権力の正当性を問い、さらにナショナリズムの現状から政権の現実をとらえるつもりである。ハンガリーの体制転換の事情もまた中国の転換との比較によってその特質がより明確になると期待できる。

1　検討の理論的前提――「近代の再編」と「市場化」

グローバル化の牽引役は、アメリカの政治的、経済的、軍事的存在であった。その理論としての新自由主義の出自は、七〇年代ベトナム戦争後のアメリカ経済の破綻の打開の方策として、ニューディール体制の攻撃を媒介にしたディクシー資本主義とシカゴ派経済学の合流に求められうる。(1) その観点にたてば、グローバル化は、レーガン政権において、一方では産軍結合体制のもとにベトナム戦争後も「同時多発戦略」と名付けられた軍事介入主義を進め、他方では新自由主義＝市場原理主義によってアメリカ経済のために新たな市場を拡大していったことと、表裏一体の姿をあらわにする。アメリカは、一九七〇年代から続いた成長率の下落のもとに財政赤字、国際収支の悪化、ドル危機などからなる構造危機に見舞われ、八〇年代以降、規制緩和、金融市場の自由化を中心に、その打開の措置を講じていった。いわゆる「ＩＴ革命」、金融技術・商品の開発が追い風になって、低成長下に生み出された過剰資本の輸出が後押しされ、それは九〇年代の「アメリカの復活」につながったのである。

他方、「成長の限界」が指摘され、ポストモダニズムの議論が盛んになってきたのもやはり七〇年代に入ってからのことであった。「アメリカの復活」をよそに、資本主義の限界と「近代の終焉」が、あるいは構造主義により「別の近代」が語られ、それは「近代の再編」に一括される多様な議論と資本主義の「あり方」とが双方向的に影響を及ぼしあう時代の状況でもあったといえる。当時の思想状況を、資本主義の権力としての国家を対極にして俯瞰すれば、「近代の再編」論議とは、マルクス主義からポストモダニズムまで含めて、それら資本主義を発展的に解体する思惟、あるいはそこから離間していく思惟が、資本主義の危機において、結局は、市民社会のもとに資本主義を包摂するところに収斂する思想群であるととらえられるのであり、新自由主義はその動向に対する粗暴な反動といえよう。

二〇〇七、八年のアメリカのサブプライムローンの問題や原油高騰に続き、さらに農産物価格の世界的高騰、そしてミャンマーや中国で起きた巨大な自然災害は、現代世界の行く手を何か異常な事態が立ちふさいでいる感を人々に与えてきた。これらの事態は、自然災害も含めて―その被害の拡大に目を向ければ―、資本主義経済の中心的装置である株式や金融市場において、アメリカの、そして先進国のデリバティブ市場の拡大による異常な肥大化がインフレ政策の限界に位置する資産インフレ、資源インフレを引き起こした結果、出現してきた現象であるのだろう。それは、金融市場の変化と拡大の進行によって、すなわち金融市場の実体経済からの分離とそれによる支配が、さらに金融市場それ自体が投機的ゼロ・サムゲームとしての投機に支配される状況へと移行することによって、本来の金融機能が甚大な被害を受けたことを示している。ここに資本主義の限界が、あるいは「近代の再編」のための根拠が、この限りで、明瞭に視認できたといえる。

さて、市場経済へと転換した東アジアの中国と中欧のハンガリーの経験は、天安門事件の武力鎮圧による共産党体制の維持とそれに対する東・中欧の体制転換による議会主義政治への移行という顕著な対称性のなかに包含される。さらに、そのプロセスで、中国の共産党体制は、ソビエトや東・中欧の体制崩壊の衝撃のもとに、一党体制の危機の打開を改革・開放政策に求めるという「創意と実践」を示したのであり、両者の間に横たわっている「異質性」は現実の過程で弾力化されて現れたもので、その実は「市場化」における本質の共通性と現実の多様性から成るといえる。

そこには、社会主義の改革を模索していた中国の指導部が研究と経験の交流を一時期東・中欧に求め、なかでもハンガリーの改革に関心をよせ集中的に研究した事実や体制崩壊後の危機意識のもとで行われた、ソビエト、東独、ポーランドなどの崩壊原因の追及の結果が少なからずかかわっている。

そして、その後の事態は目まぐるしく急転していった。それは、最近では二〇〇七年のAPECアジア太平洋閣僚経済会議において、胡錦濤主席がWTOの一員としての中国の立場から、世界に市場開放や非関税障壁の撤廃を訴える状況や、また中国内においてハイエクやフリードマンらの新自由主義的経済学が主流をなし、「新左派」によってその是正が要求されるという現状に現れている。しかし、さらに「市場化」のひずみが深刻化し、資源インフレに揺れるグローバル化の動向に浸透してくるとき、それは限界点に達し、新たな打開策を求めることにならざるをえない。東・中欧とのかかわりが、模索期の改革開放の理論の「復活」とともに再度蘇ってくる場合もあるのかもしれない。

中国も、そしてハンガリーも「国際金融資本」の圧倒的な力を前にして、あるいは「近代の再編」にかかわり必然化するといえるグローバル化の国際的ネットワークのなかに政策的に「近代ブルジョア国家」を樹立することになった。それは一八、一九世紀型の近代ブルジョア国家の誕生では決してなくて、「社会主義的蓄積」を背景にして、一挙に金融資本主義段階に進んだ国家、すなわち、「社会主義市場経済」のもとに金融資本主義を積極的に政策化した国家であった。しかし、他方の現実として、国内外市場における多国籍企業の圧倒的な支配のはざまを「市場化国家」の限定的生産力を基盤にした国民生産が埋めていくという構造があるのであり、その解釈いかんはグローバル化論を分ける観点を提起するものであった。国内において資本の原始的蓄積も含めて、産業資本主義、金融資本主義の課題を同一過程において開発独裁型に進行させた事例はすでに枚挙にいとまがないが、それを待ち受けるものが国際的にも、国内的にも資本主義の「限界状況」であるとしたら、そこにはどのような対応が出現するのだろうか。

他方、近代化論にその問題を移せば、そこには不可逆な発展が「成長の限界」に、近代の価値が崩壊する現実に、すなわちポストモダン的状況に直面して、近代の再編論一般、あるいは反近代論や「非近代」論が再編の観点から再登場してくるとも考えられよう。ここに資本主義の限界への対応理論と近代の再編論としての反近代や「非近代」の理論との交錯が指摘されてこよう(2)。この観点のもとに、本論では「市場化」とは、社会主義権力による資本主義化の推進という概念の矛盾を抱えた政策の体系であり、他方近代化とは、それは少なくとも「反近代・非近代」の思想と併存しつつ、資本主義がもつ先進性を社会化してなる観念と規定され、したがって、「近代の再編」とは、社会を圧倒する資本主義という一方的状況を近代の思想の側からさらにより高次のレベルで社会化していく社会的営為と定義することができる。資本主義と近代化とがもともとそれぞれの場を異にし、緊張関係を内在させた概念であり、その二重化・相補的関係は政治的支配の介在によって可能になってきたが、今後「近代の再編」は資本主義を規定していく実体的概念においてとらえられることにもなるだろう。

ともかくも、外資導入による「強蓄積」で近代の限界へと跳躍していくという認識のもとで、両国を理解すれば、どのようなことが言えるのだろうか。そこでは、国家はその過程を管理するものとして、一定の存在理由をもつと同時に、「市場化」が生み出す「ひずみ」によってそれを（資本主義化を）偏向化・狭隘化し社会の契機を復活せしめるという矛盾に逢着することになるだろう。そして、体制転換以前に、あるいは転換早々に「市場化」の過程を通して欧米資本の支配下に入ったといえるハンガリーでは、このプロセスを外資が主導したといえることから、国家施策は限定されざるを得なかったが、中国では、改革開放から「市場化」への過程に党国家が「主体的に」介入したことにおいて、党国家の施策は「市場化」の「質的転換」を決定する政治判断を意味していた。

この経緯から出てくる問題は、国家の権威主義化であり、さらに、資本の本性から「中国の帝国主義化」が指摘され、それはどのような形態のもとに進むのか、かつての列強の帝国主義と異なるのかなどの問題へと発展するだろう(3)。二〇〇一年当時、中国の四大国有銀行の貸付残高に占める不良債権の比率は二五・四%と推測されており、その処理はなされていないと思えるが、さらにアメリカのサブプライムローンの破綻に際して、中国の政府系ファンドは、五〇〇億ドル（約五三〇〇億円）をアメリカの金融大手モルガン・スタンレーに出資したと一般報道された。あるいはまた最近（二〇〇八年）アメリカの生保会社アリコ株取得のニュースが流れたりしている。この背後に中国資本の海外展開を図ってきた国家の現状の危機を克服しようとする明確な判断が存在している。すでに中国資本のアフリカ諸国やアセアン諸国への進出は新植民地主義と批判を招くにいたっている。他方、ハンガリーの資本にしてもまた国境を越えて、ルーマニア、ウクライナ、あるいはスロバキアなどに移動している。もしもグローバル化の現実が金融恐慌を深刻化させていくならば、それは世界市場の狭隘化を引き起こし、中国の、そしてハンガリーの国内状況の緊迫化につながらざるをえない。さらに活発化する中国の資源外交、投資活動などを包括して、すでにそこに帝国主義的動向を指摘することができるのである。

以下、「近代の再編」の観点を背景に据えていくが、それは、中国やハンガリーがグローバル化の時代に国民経済を、あるいは近代ブルジョア国家を建設するのであるならば、それは特殊な近代化、つまり「近代化」であるととらえたことによる。またそこには、社会、経済、政治にかかわる問題だけではなく、そうした問題の現代的発現に影響を及ぼすものとして、文明的要因があるとすれば、「近代化」とその再編はさらに広い論域を包含するものになっていく。

すなわち、中国のグローバルな展開が、または世界市場へのドラスチックな参入が開発経済型独裁、社会的歪み、環境破壊、そしてナショナリズムや対外緊張等のまさに近代発展期の特徴の急激な出現を不可避なものにすることは容易に理解できるが、さらに及んでくるラディカルなモダンの衰退、あるいはポストモダンの影響はおそらくグローバル化のネットワークを通して及んでこようが、それを党国家はどのように受け止めるのであろうか。ともかくも、中国資本主義の展開過程には、近代発展期の矛盾とともに、同時に近代の成熟・衰退への現象として、多様な現実の複合のなかで国家社会の変質が姿を現してくることになるだろう。

現実を思惟の領域からとらえ直して論じることは、現実の個別性の壁を超えることを可能にする。この問題は、例えばアントニオ・ネグリによって「帝国」に対する対抗契機として社会的アクチュアルな主体や行為を対置した論理的認識の世界が提起されているが、[4] 本章でも、その一定の評価のもとにさらに近代を歴史的な縦の現実とする視点から、[5] 中国をグローバル化の多様な矛盾の統一体としてとらえ検討していくことを意味する。

中国も、無論ハンガリーも社会主義の「近代」を否定して、グローバル化のもとで「市場化」を進めてきたのであり、その複雑な政治的事情から、その主な内容をなす「近代化」は、内部において本来の近代化と、そしてグローバル化と、あるいは現状のポストモダン的性格と一面接合しつつも、矛盾した関係を強めざるをえない。その意味を込めて近代化ではなく「近代化」としている。他方、社会、大衆の立場からは、それは社会主義の理念的現実的装置としての国家の空疎性を経験した国民が、さらにグローバル化した市場化国家のもとで産業・金融資本主義を一挙に体験することであり、大衆は国家施策の矛盾の社会的転嫁の結果として何重もの重荷を背負うことになるのである。

2　天安門事件とハンガリー五六年革命、中国「市場化」の正当性の追求

(1)　天安門事件とハンガリー五六年革命

二つの事件は、ともにその後の「市場化」の推移と内容に決定的な影響を与えたものであり、対比されれば、それぞれの特質を明らかにする基本的要因になるものと考えられる。

中国とハンガリーの国家関係は社会主義中国が樹立された直後の一九五〇年、北京にハンガリー大使館が設置されたことに始まるが、しかしそれは、決して順調に進展することはなかった。両国関係は当初は追い風になった冷戦構造に組み込まれて出発し、やがて中ソ対立から文革の激化のもとで事実上の断絶に追い込まれていった。

両国の関係正常化は、脱文革のプロセスがハンガリーにおける社会主義の改革と交錯した結果であった。最初に研究者たちの交流が始まるが、それは一九七八年以降始まる中国の危機状況からの脱出の模索のプロセスで、ハンガリーで進展していた改革が、すなわちハンガリーが六八年以来進めてきた「新経済メカニズム」が中国の経済学者や社会学者の注目を集めたことによる。毛沢東の文革からの脱却の道を求めて、中国は社会主義に市場的要素を取り込もうとしたハンガリーの経験に関心を寄せたのである。

一九八九年の天安門事件を中国「市場化」の政治の多様な可能性と限界を集中的に表すものとすれば、ハンガリーにおいては、八九年の「体制転換」が政治的、理念的にそれより三〇年も前の五六年革命に系譜性をもつことから、後者の五六年革命もそこに包含される。天安門事件は文革体制からの脱却を求めた学生市民による民衆の行動であったし、五六年革命はスターリン死後のソ連東欧体制の一環としてのハンガリー・ラーコシ体制に対する市民による民主的な社会主義体制を求めた全国的規模の蜂起であった。両者は社会主義の閉塞した状況に対する民衆蜂起を「党―政府」が実力を行使して鎮圧したところに共通性をもっていたが、冷戦体制下の五六年革命とその雪解け崩壊過程の天安門事件で大きく異なっている。それは、中国においては党―政府がいぜんとして大衆との対決関係の表面化を愛国主義、ナショナリズムの展開によって回避しつつ、結果的に大衆の政治化を進めざるをえないというジレンマに苦しむことを必然化することになった。四川大地震の後、〇八年六月に貴州省甕安県で大規模な騒乱が起きたが、ほぼ全国的に末端権力組織と農民大衆との間で衝突が断続的に起きている。

ハンガリーの「新経済メカニズム」においては、そこで導入された企業自主権の拡大が単純に生産そのものに限定され、成長投資は国家の経済管理機関の決定に依拠したために、ハンガリー企業は利潤の最大化を目指す資本経営の主体として成長することが出来なかった[(6)]。しかし、それは社会主義の改革の措置として五六年革命の理念を限定的ながら引き継ぎ、その二〇年の経験を通して「近代化」の社会的、政治的基礎を一程度用意するものとなった。他方中国では一九七八年の共産党第一一期三中全会から、脱文革の民主化の動向を潜在させた大衆行動の急展開と権力とが激突した天安門事件に至るまでの、およそ一〇年が市場化の模索の期間であったが、そこには民衆視点からの改革開放の姿勢が包摂されていた時期であった。七八年以降、ハンガリーの経験との交流と交叉を経て両者は分化し、ハンガリーがラウンドテーブルにおける転換の交渉へと進んだのに対して、中国は、天安門事件の弾圧を経て、一九九二年の鄧小平のゴーサイン、つまり「南巡講話」で行った政治主導の改革開放によって弾みをつけられ、共産党第一四回大会において「社会主義市場経済」が決定されるのである。同年一〇月の第一四回大会は、民衆的改革開放を清算し、政府主導の改革開放への転換点を意味するものとなった。

以上の国際環境の時代的相違と事態の異なる推移は、そしてまた五六年革命と天安門事件に現われた民衆と権力党との緊張関係はそれぞれの国情のもとに打ち出されてきた、「市場化」の政策に包摂されていったのである。それは五六年革命の圧殺から「新経済メカニズム」を経てラウンドテーブルによる体制転換に至るハンガリーと、「北京の春」から天安門事件の武力鎮圧を経て「社会主義市場経済」に至る中国との交錯と乖離によって示されているが、「新経済メカニズム」と「社会主義市場経済」は、いずれも社会主義と市場との関係の取り交わし方を表すが、前者は社会主義の市場機能による修正だが、後者は市場化の社会主義的正当化に論点があった。

そして、「近代化」にかかわって、中国は「新経済メカニズム」に関心を示しただけではなく、他方党の政治的弱体化についてもハンガリーの経験を反面教師とすることになった。シャンボーによれば、党中央は、東独、チェコ、ポーランドの崩壊などには経済の停滞に主因を求め、ハンガリーには党の政治的弱体化を指摘していた[7]。天安門事件を経た市場化のプロセスにおいて、社会主義の改革から党の主導下の市場化への、一気呵成の転換の措置の背景にそれを見て取ることができる。

ここでの問題への関心は、ハンガリーと、そして中国の市場化が近代後期の、もしくはポストモダンのグローバル化に組み込まれたという観点から、そこになにが見えてくるのかにも向かうことになる。それぞれの市場化の特質が、「国際金融資本の支配」に対する国民経済の可能性という観点ばかりではなく、いずれにしても「近代の再編」を必至とするグローバル化のもとで、さらにグローバル化をも方向づけるものとする観点からもとらえられるならば、そこには中国の改革開放やハンガリー市民革命の新たな意義が浮かび上がってくるといえる。

(2)　中国「市場化」の正当性の追求

「市場化」の正当性は共産党支配の正当性に重なっている。脱文革の改革開放は、「市場化」の施策として、計画経済の請負制化、「農村土地承包法」による農地の実質私有制、そして国有制の株式化による民営化の過程であり、共産党がそれによって、支配の正当性を勝ちうる過程であった。天安門事件までの民衆視点の改革開放はたしかに支持を得ていたが、その後の状況は根底から変化を示してきた。

脱文革から改革開放の方向を決定した七八年の一一期三中全会から天安門事件に至るまではまさに百家争鳴の時期であり、そこでは「社会主義初級段階」の規定のもとに一気に言論の枠が広げられた。それは民国初期の、いわば中国近代の出発点に位置する陳独秀らの新文化運動や「五・四運動」の再評価を通して、階級闘争や閉鎖的な「自力更生」の壁を愛国・民主と近代化で掘り崩し、開放への準備をなすものであった。

たとえば、党の機関紙『人民日報』のある論説は、社会主義の改革開放に、清末期の、西欧の新知識を求めて澎湃として起こった封建から近代への胎動を対置して、「社会主義初級段階」の課題がなお近代国民国家の建設にあるとの認識を示していた。

「新知識と歴史的使命感を身につけた一群の知識分子は、つとめて表面の政治問題を回避して、さらに広範な文化的背景のなかに失敗の根源を追求した。…しかし問題の困難性は彼らの啓蒙的武器—民主と科学がまぎれもなく中国を侵略し中国存亡の危機をもたらす西欧に来源するものであることにあった。彼らの前に一つの尖鋭な矛盾が現れた。つまり、侵略に反対し、救亡に奮起しなければならないだけでなく、西欧の文化を用いて自己の固有の文化を批判していかなければならなかった。(8)」

清末期の啓蒙運動の評価替えと自らをそこに同置する態度は、やがて本格化する「敵手」帝国主義の資本の導入に道を開き、さらにその基盤を党や国家を超えて近代の個人に求める姿勢を含意するものでもあった。執筆者の雷頤は、さらに続いて国家と人民の関係を論じて、人民と国家は互いに対立する資格をもち、国家は人民に対して責務と権利を、人民は国家に対して義務と権利をもつと主張して、まさに近代の人権に基礎をおく個人主義を啓蒙していったのである。

「五・四運動」の再評価もまた、中国近代の課題を社会主義初級段階論に盛りこむことによって資本主義化の正当性を確保する意図をもっていた。中国の現状は、発展した社会主義的公有制が必要とする生産の社会化の水準に達しておらず、商品経済と国内市場が未発展であり、上部構造面において社会主義の民主政治が必要とする一連の経済文化条件が不十分な段階にあると主張していた。その十分な条件を満たすためには、少なくとも一〇〇年以上の期間が

必要であると述べ、近代市民革命による近代国家の建設に中国の状況をなぞらえたのである。(9)

一一期三中全会から天安門事件までは、党中央の意思が改革開放を通して、中国の「近代国家」の建設を、社会主義的蓄積を中国資本主義のいわば「原始蓄積過程」として、推し進めるということにあったといえるのであり、まだその動向がもつ大衆民主主義的性質に対する楽観的観点が党中央を支配していたのである。

一九八九年六月四日、天安門前広場に集まった学生、市民らの広く民主化を求める行動は、公認された近代国家建設の評価が必然的にともなう政治の民主主義化を要求することによって、連帯した大衆運動へと発展した。しかし、すでに述べたように、それは大規模な大衆行動、急進化する政治的主張によって共産党支配を揺るがすものと判断され、一瞬の逡巡を経て、反革命暴動として人民解放軍の出動によって鎮圧されるに至った。事件はそれが民主化運動であっただけに、政治改革が大衆的基盤をもつ歴史的な市民的意思であることを示すことによって以降党を掣肘する要因となったが、他方ではそれは党による改革開放の政治的支配の方向を強めることになった。

事件の意味は、中国近代以来の国民的課題を党が改革開放に読み直し、その過程を排他的に独占していく決意を示し、大衆的市民的主体を否定したことにあった。言い直せば、党指導部は天安門事件を経て初級段階論のもつブルジョア的課題を、党の権威的指導のもとで、さらにグローバル化に適応する市場経済を一挙に建設することへと収斂させていったのである。それは、「社会主義市場経済」の事実をもって、党の改革開放政策が市場化にともなう政治の民主化の課題と緊張関係にたつことを示すことでもあった。改革開放は、こうして陳独秀や五・四運動の再評価を通して中国の近代国家建設を自らに擬することによって一つの歴史的思想的背景をもつに至るが、しかしこの急展開する正当性の模索はその裏面で権力政治の支配の原理を貫くことでもあった。

中国では、一九七八年党一一期三中全会以来、改革開放政策のもとで特別ゾーンの設置や優遇税制のもとで外資系企業の誘致が進められるとともに、権限の地方行政組織への移譲が進められた。それは一方では資本の逃避や多様な腐敗を含む資本の動態を生み出すことになるが、全体としては資本の蓄積を進展させ政権への求心力を高めてきたとみられる[10]。すでにふれた鄧小平の「南巡講和」は天安門以降の権力政治の総決算でもあり、その政治的保障のもとに、第一四回党大会は、「社会主義市場経済体制」の構築を公式に確認し、改革開放の進展に画期をもたらした。以来、請負制から株式制の導入への弾みが強まり、九九年の一五期四中全会で国有企業の再編を二〇一〇年までに完成すると決定する状況を迎えている。第一四回党大会が採択した社会主義市場経済の建設は、天安門事件を踏まえて出された改革開放のもっとも重要な結論となった。以降、九九年の第一五期四中全会における「決定」が株式制を公有制の主要な実現形態としたことにより、国有企業の民営化や外資の直接投資が進展することになった。さらに、「共和国物権法」や「共和国企業税法」の制定によって私有制の承認や外資企業の定着が進展し、社会主義の名のもとに中国資本主義体制は前進していった。

では、「社会主義市場経済」とは、出発点においてどのように理解されてきたのだろうか。それは、現在の新自由主義的経済体制を念頭におくとある種の感慨に襲われるが、中国の今後にかかわってなお意味をもつ議論でもあるだろう。それは、後述する新左派による「ポストモダニズム」、「ポストコロニアリズム」の観点に蘇ってくるか、あるいは混迷を深める世界経済のなかで、中国の現状打開の一つの道が国家の権威主義化であるとすれば、もう一つの道として「社会主義市場経済」への回帰がそのままではないにしても考えられるからである。

黄柵森は社会主義市場経済について、次のように整理した[11]。一、資本主義では利潤が目的であるが、そこで追求される経済的効果と利益は社会的効果と利益である。二、経済主体は公有企業を主体として、個人と私有企業からなる。三、社会主義国家は、公有制を主体として、相対的に整った計画と政策をもっており、市場に対する調整力は大きい。

四、全体的には、労働に応じた分配を主とし、搾取を抑制し、両極分化を防ぎ、共同富裕を追求する。

林子力は生産物の社会化、労働の社会化、財産権の社会化が進展して初めて生産あるいは経済の社会化が完成するとしたが、まさにそれらは市場による商品経済の発展、資本主義の発展によって実現されると理解するのである。次のような論点にそれをみることができる。

すなわち、労働の社会化とはその商品化であり、それは社会発展の巨大な力となったが、しかし「なおそれは労働の徹底的解放ではなく、閉鎖的財産権の支配を受けている。…財産権が社会化されると、所有者はもはや自己の財産権を直接支配したり使用することはない。これは財産権の排他性を排除し、支配と使用、あるいは経営と所有権の分離を実現する。こうした分離が拡大深化すると、財産は無論所有者に帰するが、すべて社会のために支配・使用し、人々は才能に応じて財産に対する支配・使用権を獲得する。」(12)

社会主義市場経済論は、このように市場化へのまさに慎重な恐る恐るの足取りであったが、それはまた「市場化」の正当性の理論的根拠を一つずつ固めるものでもあった。そのため中国の「近代化」一般の事情は一面では党権力に資本主義の権力というブルジョア的性格を与えるものであり、市場化の現実的展開の事情は、党権力に一定の正当性を提供することにもなった。しかし、ここでつぎのことも指摘しなければならない。このプロセスの開始に当たり、すでに党指導部はハイエクやフリードマンの理論に注目し、アメリカの新自由主義経済学の導入の意思を固めていた。(13)それはグローバル化の時代に資本の蓄積と発展という近代化の課題を国家主導で推し進め、そこに出現する否定的結果を国家の権威化によって克服することを示していた。したがって、社会主義の大義は名目と化し、かつてのハンガリーの改革の調査・研究の時点で社会主義におかれた軸足は資本主義に移しかえられていったのである。すなわち、八五年九月に世界銀行によって協賛され、ジェームズ・トービンやヤーノシュ・コルナイらを招いて開かれた巴山輪会議等を通して、ハンガリーにおいて官僚メカニズムと市場メカニズムが「大きな摩擦を抱えながら共存した」ことによる改革の不十分性、「ソフトな予算制約」等に関心をもった段階を踏み台にして[14]、政策的構造的転換に向かって、資本のための市場化に向って国家による条件整備の段階へと進んでいったのである。

党国家体制の存在理由は、グローバル化における中国の「市場化」にあるが、他方それは近代後期の、あるいはポストモダンの国際状況に中国の資本主義発展を追求する「近代化」であると指摘されよう。

3　ハンガリーの体制転換――盗みとられた「市民革命」

ハンガリーの体制転換は、それが一九八九年の円卓会議―ラウンドテーブルの協議によって成し遂げられたことによって「東欧的性格」を示すことになった。それはソ連体制を超えたハンガリー的展開といえるカーダール体制や「新経済メカニズム」、そしてそれらが生み出した副次的市民経済などのもとで可能になった一定の「政治的成熟」を背景にしていた。しかしそれはまた、民主化の理念と現実の乖離を「近代化」と近代後期やポストモダンの現実との乖離においても示すことになった「市民革命」であった。ポーランド、東独、チェコスロバキア、ブルガリアもこの時期同様にラウンドテーブルにより体制転換を実現するが、ハンガリーでは、「絞りこまれた」三者による協議という形態をとり、そのうちの一者を民主反対派が構成したことにその特徴と事態の急転が認められる。ハンガリーには当時ポーランドの「連帯」のような中心的市民組織がなく、反対諸派はなお統合を模索する状況にあった[15]。ならばなぜ、そしてどのような力のもとで、民主反対派への統合が一挙に進んだのであろうか。そこに浮かんでくるものは、民主反対派や党内改革派に対して行われた外からの力による、とくにアメリカの工作であり、それはハンガリー体制転換を左右する決定的な要因になったと考えられる。

ハンガリー市民革命は、九会派に分かれていた市民組織をラウンドテーブルにおける民主反対派へとまとめることから始まり、続いて民主反対派と、党改革派が実権を握るに至った社会主義労働者党との予備的協議を経て、三者による協議、すなわち大連合を果たした民主反対派、労働者党、および党から距離をおいた労働組合などの市民諸団体の代表による円卓形式の協議によって推進された。ラウンドテーブルは二つの部会からなり、それぞれに六専門委員会を設け、第一部に政治体制の民主主義的転換を、第二部には社会経済制度の転換を課した。ラウンドテーブルの全体会議は、第一部の憲法修正、選挙、政府組織、大統領に関する法規の制定を法による支配に欠かせない最初の課題と位置づけ、専門委員会における一党制の解体や政治的プルラリズムに基づく民主主義国家の樹立に関する審議の結果を確認していった(16)。

第二部の経済体制をめぐる問題では、社会主義労働者党改革派と資本の自由な活動を主張する自由民主連合の間の意見の対立は鮮明にならざるを得なかったものの、否定できない特質として協議全体を彩るコーポラティヴ・ゲーム的な推移が指摘されねばならない(17)。しかし、そのなかにあって、体制転換の性格にかかわり、ハンガリー政治に重要な意味を持つことになる対立点として所有制の問題が議論されている。たとえば、六月二四日のプレナリで労働者党(改革派)のパール・イバーニは、世界経済に対応できる市場経済の創造のためには現行の国有制を廃止して、所有者としての市民の権利を保障する新たな公有制を追求すべきだと主張し、「多様な所有形態が共存する構造に基づいて活動する市場が企業の自由、企業活動、そして所有者の長期的利益を確実にする(18)」と党改革派の立場から意見を述べている。これに対して、自由民主連合のイヴァーン・ペトウーは、国有、協同所有のもとで恐るべき規模の補助金が根拠なく支払われており、私有財産はこれら損失を負担することによって侵害されていると現行体制を非難し、経済問題を取り上げなければならないが、しかし、そのために不可欠な政治的保障体制が成立するまではいかなる合意も保障できないとして、また選挙前に経済問題に手を出せば、危機的な現状の責任を負わされるという理由で、民主反対派は積極的になれないと主張したのである。[19]この対立は、そして政治的妥協と後者の意見にそった処理はその後のプロセスで「ねじれ現象」を起こしていく背景の遠因にもなっていった。

ともかくも主たる審議に限れば、六月一三―九月一八日のわずか三ヶ月余りの間に、猛スピードで参加者延べ一、三〇四人による二三八回の委員会等の開催、三、四三九ページの議事録、二〇万ページにおよぶコピーが物語る集中討議を経て、[20]新国家の骨格を構成する六つの法案（憲法修正、憲法法廷、政党、国会議員選挙、刑法修正、訴追手続き修正法案）およびその他の、たとえば政治的差別や職場での差別を認めないなど、さらに複数政党制は一党制より国民のコストを軽減するなどが合意された。[21]そして、合意された法案は直ちに「国会」に上程され、新国家の誕生へと進んでいった。

しかし、このことには一つの重大な疑問が提起されることになった。なぜ新国会を成立させる前に、つまり民意を問わないで、憲法改正案などの重要法案の作成を急いだのか、それは当時の政治情勢から理解できるとしても、これら法案をすでに実体を失っていた国会にかけて成立させたことは明らかに行き過ぎであった。[22]ここには、先のイヴァーンのいう経済体制の問題を後回しにして国家体制の確立を急ぐべきだとした主張がかかわってこよう。新権力体制の樹立が何よりも優先するという姿勢が協議を一貫したのである。革命である限り、それは止むをえない措置とも思えるが、他方で法案化の手順において明らかに周到さを欠いていたのであり、ここにハンガリー体制転換における第三の力の存在がおぼろげながらその姿を現わしてくる。それは、まさにハンガリー革命の本質にかかわる問題として、体制転換と民意の乖離がハンガリー固有の資本主義化（「近代化」）とグローバル化の縫合のうえに構造化されるということを意味していた。

たとえば、この諸法案を「旧国会」が承認するという問題について、労働者党改革派のイムレ・ポジュガイは転換への経緯から異議を申し立てるべき立場にあったが、しかし彼はラウンドテーブルが直面する事態の緊急性を前にした正当な措置だと主張している[23]。また、彼がブッシュ・シニア・アメリカ大統領のブダペスト訪問に際して会談したり、大統領選を意識していたことなどによるとみられる「全面降服」、いうならば新生ハンガリー社会党の原則的立場として綱領化された社会主義の民主主義化からの大幅な後退の姿勢は、ハンガリー「市民革命」の実体を暗示する重大な意味を持つものといえよう。また大統領を国民投票で選ぶのか、それを議会選挙の前か後にかの問題はラウンドテーブルの合意の市民的本質を問う問題でもあった。議会選挙前の国民投票となると、ラウンドテーブルの実現に役割を果たしたポジュガイの当選が予想されていたからである。このようにして、民主化―反労働者党の流れを反社会主義の方向に加速する政治主義が前面化することによって、市民主義の後退もまた余儀なくされたのであった。

こうした性急な、そして党略的な体制転換の行動には、国際通貨基金ＩＭＦや世界銀行からの借款が当時一七〇億ドルに膨れ上がるという財政の破たん状況やアメリカ等の政治工作の党内外への浸透が決定的な要因として存在しており[24]、それがラウンドテーブルのコーポラティヴな姿勢の背景をなしていた。他方、転換主体の三者それぞれが政治認識と情勢判断について世論の支持への確信を持てず、民意を積極的にとらえていくという姿勢が欠けていたといえよう。結局、自由民主連合と青年民主同盟が大統領選出の国会選挙前実施に反対して、その問題の可否を国民投票に問うことになったが、大宣伝にもかかわらず投票率は五八％にとどまり、体制転換の主役たる民主反対派は六、一〇一票差の薄氷を踏む勝利を得たのである[25]。この選挙結果は、民主反対派ばかりでなくラウンドテーブルそれ自体の、権力体制の樹立を急ぐという態度に対して、世論がそれをどのように受け止めたかについて推測できる結果でもあった。

さらに民意の動向であるが、体制転換、あるいは市場化に留保の態度、あるいは政治を忌避する世論が大きな比率を占めていたことにも驚かされる。ハンガリー科学アカデミー政治学研究所は、転換後の九三年にウェールズ人とハンガリー人の社会参加を調査比較した。それによるとウェールズ人の社会的積極性に比べて、ハンガリー人の消極的態度が顕著に認められる(26)。社会主義独裁における空疎な官製動員に加えて、一党制による権力体制が必然的に恩恵の享受者と受動的大衆や権利の被剥脱者を鮮明にしてきたのであり、その状況が社会参加の委縮や政治を忌避する傾向を強めたと考えられる。しかし、国民世論はそれらのことばかりでなく、他の多様な社会問題等をめぐる何重もの、そしていくつもの同心円の交錯を経て形作られるものであるからには、国民投票が五八％の低投票率であったことは、ともかくも転換時の興奮から現実に立ち返り、権力闘争に批判的な、あるいは無関心な態度をとっていたことを物語っている。そのうえ、すでに転換の勝者と敗者への分化が進む状況において、社会主義の国民福祉体制が社会的・政治的遺産として、世論形成に絡んでくるのであり、この低投票率はハンガリー人の体制転換への判断留保の態度を示すものでもあったといえる。労働者党を解党して新たに組織されたハンガリー社会党は、やがて民主反対派から成長するラディカルな部分、つまりハンガリー市民党の民族右派的、ポピュリズム的態度に対抗して市場化の旗手の座を争うことになるが(27)、世論は生活不安のなかで現実に立ち返っていたのである(28)。

ここに民主反対派の政治目標を対置し、さらに確かめておく必要が出てこよう。党独裁体制のもとで、民主反対派はまさに世論の先端にあったのであり、それがラウンドテーブルにおける課題化・法制化の作業の方向性と異なっているのであれば、そこにはなんらかの事情、あるいは政治的必然性が指摘されてしかるべきであるからである。

民主反対派は統一会派をなしていたわけではないが、体制転換を前にして、その言論誌と目される『サミズダト』

に「われわれは何を望むのか」と題して、改革の目標として一二項目を掲げている（注を参照されたい）[29]。それらは、要するに政治的、経済的、社会的、そして歴史認識の民主主義化を要求しており、その核心には複数政党制による議会制を導入して、一党独裁をやめること、社会主義指令経済への競争の導入が据えられている。したがって、要求していることは、グローバル化した資本主義ハンガリーではなくて―そこには当時の時代状況からの限界性があったが―、社会主義体制のより発展した民主主義的改革であって、ＩＭＦ―世界銀行の「ショック療法」ではなかった。

民主反対諸派は、反革命とされた五六年革命の評価替えと革命に殉じたナジ・イムレの名誉回復要求において足並みを揃え、政権の放棄から体制転換へと労働者党を追い詰めたことから、五六年革命に遡る実践的、思想的系譜に自らの正統性による正当性を見出していた。平行して、五六年革命における全ハンガリー労働者評議会は、各地の労働者評議会の要求を包括して革命綱領を掲げるが、それは政治的要求として労働者の政治的権利の拡大やソ連軍の撤退と、経済的要求として労働者管理や国家の指令性経済の改革等を主たる内容とするものであった[30]。『サミズダト』の主張は、五六年革命の労働者支援や福祉の思想を媒介にして世論の喚起を図り、そこに運動の基礎を求めることを明確にしていたのである。

ハンガリー体制転換の民主主義の要求にはこうした改革の動向が流れ込んでいたのであり、他方の現実は徹底した市場化の推進であった。ここに次のように結論を出すことが可能になるだろう。ハンガリー体制転換においては、漸進的改革を望む市民意識と資本の自由な活動を望む内外資本主義の意志の併存・対立があり、そこにＩＭＦ等を通して流れ込んだ資金ばかりでなく、転換に際して急遽組まれたアメリカをはじめとする西側先進国による巨額な借款の供与、さらにカーダール政権内部に及んだアメリカのＣＩＡの工作が影響力を及ぼす状況で、後者の意志がラウンドテーブルを主導し転換を強行したのであると[31]。

ハンガリー体制転換はこうして、いわば「盗みとられた革命」ともいうべき複雑な事情を抱えながら、複数政党体制を成立させることによってブルジョア国家の条件を整えることになったが、翻弄される世論と体制転換による市場化との段差、意識と現実のズレのもとで、以降、主として社会党と中道右派の市民党が福祉への期待に訴えることによって政権を争い、市場化を推進して支持を失い、そして選挙で敗北するというプロセスを交互に繰り返していった。それは、一九九〇年第一回選挙によって成立したアンタル連立政権は別として、第二回ホルン社会党連立政権、第三回フィデス・ハンガリー市民党政権、そして第四回社会党メッジェシ連立政権、その崩壊、そして後継および二期目に入ったジュルチャーニ社会党連立政権に至る歴代政府を一貫する「ねじれ現象」として現れ、その動向のキャスティング・ボートを新自由主義にたつ自由民主連合が連立して政権に加わることによって一貫して握ってきた（二〇〇八年現二期目ジュルチャーニ社会党政権は発足早々、自由民主連合の離脱のため単独与党）。現社会党が国民福祉を掲げて政権を握り、市場化施策を強行して、同じく国民福祉を掲げるフィデスに敗北する。フィデスもまた同様のプロセスをたどったのである。ここに、先に指摘したグローバル化やEU化とハンガリーとの矛盾、すなわちハンガリーの「近代化」が生み出す民意と政権の乖離の意味が見出されよう。ハンガリーは、国際金融資本、アメリカの工作など、中国とは異なる事情で内部に浸透した帝国主義的な政治的勢力が権力の編成と経済政策に影響を与えたために、急速な市場化を余儀なくされていった。そのことが市民生活に多大な困難を生み出し、世論の政府離れを引き起こしていったのである。

このプロセスで、ナショナリズム、あるいはポピュリズム的大衆動員を行ったのはかつて与党、現最大野党の中道右派、フィデス―ハンガリー市民党であり、ここでは政治的左派の論調が民族派に重なるという中国の状況とは異なり（後述）、中道右派がナショナリズムに呼応するという、いわば一般的特徴が現われている。しかし、そこに一貫する新自由主義的市場化に向けて五六年革命以来の伝統に基づく世論を動員していく矛盾は、与党の社会党にもフィデスにとっても、外国資本と国民経済の矛盾のもとに外資に屈服すること、すなわち近代の再編状況に「近代化」を推進することを意味している。そこに政権の正当性を追求する政治姿勢は、中国の共産党政権が「保身」のためにナショナリズムを擁護していくのと同じ事情によるが、さらに新たな正当化の政治論を必要にしているということができる。なぜならば、市場化による経済発展が、そして市民生活の向上という公約が生活の困難化に終わるという現実への不満は、相対的に成熟した政治意識が存在し、それが議会主義政治において実現されるハンガリーでは、単純にナショナリズムの高揚では抑制しきれないからである。したがって、ハンガリー体制転換と中国の改革・開放は、交錯分化の過程をたどるが、それぞれの市場化には「近代化」に由来する同型異質なるものがあるのであり、それを政治の場で示すものが、中国では党と世論・ナショナリズムとの緊張した関係であり、ハンガリーでは一定の政治的成熟を背景にした「ねじれ現象」であるということができる。しかし、「ねじれ現象」もまた「民主化」の非民主的政治現象に違いなく、アンドラーシュは転換後の一〇年を振り返って感慨を込めて、今日のハンガリーは「初めて真の民主主義を経験した」と述べているが[32]、それは当時も現在もおよそ実態とほど遠いといわざるをえない。

4　外国直接投資と中国の発展戦略

(1)　中国の発展戦略

まずハンガリーをみておきたい。人口一〇〇〇万人余りのハンガリーと一三億を超える中国の経済規模の違いは大きいが、市場化のプロセスは、民主化を求める民衆の革命的行動の爆発を経験していること、外資の導入、優遇税制、特別ゾーンの設置などの施策を共通にしている。しかし政治的プロセスにおいては、すでにふれたように、一方の「新経済メカニズム」による社会主義の改革の行きづまりを経て、ラウンドテーブルの「協議」によって資本主義国家を樹立したのに対して、他方の天安門事件を乗り越えた共産党による、権威主義体制下の「市場化」の進展という大きな相違点が指摘される。すなわち、ハンガリーの複数政党制を導入したブルジョア的議会主義に対して、中国は共産党支配体制を「市場化」の推進力とする道を歩んできた。

そこで、全体の市場化、資本主義化の状況を対比的に概観し、ついで外資系企業の進出状況と政府の対応に注目することによる政治比較、グローバル化との関連で持つ可能性など、市場化の一般性と特質をとらえていくことにしよう。

ハンガリーでは、八九年以降ドイツ、フランス、アメリカ等の資本進出による国営企業の買収が進み、その動向は国際空港としてハンガリー人の誇りであったフェリヘジ空港の管理運営権がイギリスのBAA社に売却されるに至ったことに象徴的に示されている。現在残っているものは、もはやハンガリーには、しかし赤字続きの国有鉄道（MAV）のみという状態になっている。他方、ハンガリーの市場化の経済は、一人あたりのGDPは転換直後の深刻な後退を克服して年間四・五～五％前後の成長を続け、転換後一〇年で崩壊した経済を立て直し、二〇〇六年には転換時に比べて一三〇％を超えるGDPを達成した。(33) それはこうした国営企業の売却による外資導入によって牽引されたものであった。

ハンガリーの外資導入額は一九九二年から九九年までで、計一九二億七六〇〇万ドルに達し、このストック額は東・中欧五カ国では人口約三八〇〇万人のポーランドに続いて二位に位置した。(34) その理由として、ハンガリーの低い法人税、外資への優遇税制、内外企業に共通する研究・開発やインフラ整備への補助金、そして関税免除ゾーンの制度によって、外資企業は法人税二〇％が一〇年間免除されるうえ、一〇年を超えても場合によってはそこに補助金がつくなどして、一八％の税率になるという好条件があげられよう。[35] さらにそれは二〇〇四年に一六％に引き下げられているうえに、そこに、ハンガリーの占める中欧の位置の優位性や安く優れた労働力の存在が加わるのである。

かくして、ハンガリーがチェコ、ポーランドらとともに得たものは「EUの工場」としての位置であるが、しかし近年急速に進んだ賃金の上昇が―〇八年平均月収一七三九ユーロ（約二九万円）、体制転換以来六倍近くの高騰―労働集約型経済の限界性を指し示すにいたっている。したがって、それは直接投資の一進一退の状況を引き起こすことになった。フィリップ社、IBM、ヒューレット・パッカード社などの外資企業の中国への撤退や閉鎖（二〇〇四年）に続いたが、二〇〇八年になって、ダイムラーベンツのヨーロッパ工場がケチケメートに建設が決まり、EIT（ヨーロッパテクノロジー研究所）がブタペストを将来の本社候補としたこと、[36] さらにインドのアポロタイヤが一億ユーロの資本投資を行いタイヤ工場の候補地をほぼハンガリーに決定したことなどが伝えられている。[37]

しかし、状況がどうであれ、外資系企業やそれらとの競争にさらされた国内企業は人員削減を進めざるをえず、[38] そのため、政府の公務員削減と重なって、失業率が七％台から八％台（二〇〇七年四月）を前後する状況になり、さらに財政赤字はGDP比一〇％を超える状況に陥った。しかしながら、ハンガリー政府はEUの一員として、またユーロ導入をひかえ、財政赤字三％以内という厳しい要求に手足を縛られた状態で、国民経済の浮揚と雇用の確保をはからねばならず、そのためハンガリーに適合的な国民経済の建設という転換時の観点は封じられ、そのことは外資導入一辺倒の状況を出現させることになった。そこに必然化する投資環境の一層の整備、優遇税制の維持や労働賃金の抑制に加えて、さらにEU基準の達成のためには、新自由主義的な小さい政府が要求されるのであり、それに対して、他方で選挙対策ながら国民福祉の充実を掲げるジュルチャーニ政府は、その間にあってジレンマに陥らざるをえず、その経済政策はそうした経済構造による成長の実態を反映して、限定的な裁量域しか持ちえていない状況にある。[39] ここには、そして最近のＩＭＦに緊急支援を要請するという状況には、転換をとりまくグローバルな、とくに政治的事情が大きく影を落としているといわねばならない。

そして、この手づまりのなかで、行き場を失ったハンガリー資本がルーマニアやウクライナ、あるいはスロバキアなどに移動していることは、近代化がグローバル化のなかで進められる「近代化」であることにより、中国の動向とともに、「市場化」国家の特質として注目されよう。

他方、中国の外国資本の導入状況は、一九七九年の中外合資企業法の制定から二〇〇〇年までに五〇〇〇億ドル、うち直接投資は三五〇〇億ドル弱で、さらに二〇〇六年までの外資の導入総額は六二〇〇億ドルを超えるに至っており、[40] すでに二〇〇二年にアメリカを抜いて世界第一位の直接投資の受け入れ国になっている。外国貿易高も七八〜二〇〇五年で七〇倍、世界の貿易高の七・七％を占めるに至った。[41]

その結果、中国は一定の政治的安定のもとに年率一〇％を超える経済成長を続け、現在では「世界の工場」として、規模の経済のもつ有利さを背景に自らも資本の国外投資を行いつつ、二〇〇七年には資本活動の法整備の不可欠の一環として、すでにふれた「共和国物権法」の制定に続いて「共和国企業所得税法」を改定した。中国における資本の所有関係と活動はこれらによって法制的に新たに定礎されることになった。九一年の「外国企業法」[42] が外資企業一般に企業税を三〇％としつつ経済特区などの優遇措置として一五％を適用してきたことからみて、一般外国企業税が新たに三〇％から二〇％に引き下げられたことは、さらに優遇措置を特区等の外に拡大することをともなうが、他方では特区等の優遇策の将来的な見直しを含意するものともいえる。[43]

中国が「世界貿易機関」、ＷＴＯに加盟したのは二〇〇一年の一二月であった。その結果、中国は先進国並みの市場開放を約束し、それに沿って関税引き下げ、非関税障壁の撤廃、貿易権の自由化、最恵国待遇の供与等を進めることが義務付けられた。先の〇七年九月のＡＰＥＣ首脳会議において、胡錦濤主席は世界経済の均衡した発展、開放された貿易体制の建設を呼びかけ、中国の平均関税が加盟時の一五・三％から九・九％に下がり、さらにアセアン、チリ、パキスタンと自由貿易協定を結び、オーストラリア、ニュージーランド、シンガポールと交渉中、インドや韓国と研究中であると強調した。[44] その背景には、二〇〇六年に始まる第一一期五カ年計画において明確化された「走出去（海外進出）」戦略、すなわち中国企業の対外直接投資と多国籍企業経営を押し出していく国家戦略があった。国内市場の限界性、資源開発・利権獲得、過剰生産や貯蓄過剰経済などがそれを不可避にしていると指摘されている。[45]

それは、改革・開放の外部条件たるグローバル化した近代の（変動・再編期にもかかわらず）、自由な貿易体制こそ中国の不変不動の条件であり、さらに中国と先進国との関係が中国の経済発展によって中国とアセアン諸国、そしてアフリカ諸国との関係によって支えられるという二重三重の構造も出現するに至っていることを示している。したがって、中国の対外戦略は、グローバル化した世界経済の重層構造に不可欠の位置をもつことによって、先進国企業が中国に対してもった関係を中国とアフリカやＡＳＥＡＮ諸国との間で再現し、さらに先進国の産業に安価な労働力を背景に対抗することであった。中国にとってＷＴＯ加盟はそのことを可能にすることを意味していた。

中国をＷＴＯ加盟へと推し進めたものは、「市場化」、あるいはグローバル化のなかの近代化、すなわち「近代化」であった。その背後には、中国市場の開放がさらに外国直接投資を誘引すると同時に、中国もまた中国の「規模の経済」や巨大な労働力が生み出す安価な中国商品の市場や原料を求めて国外展開することを不可欠としていた。外国直接投資は一般に技術移転、経済成長、ＧＤＰの増大をもたらすとされ、それは七八年来の改革・開放の経験が証明するところでもあったが、しかし他方ではＷＴＯルールや知的財産権の保護のもとに先進国多国籍企業の技術や権利は固く保護されており、限定的な移転しか可能にならない構造のもとにおかれてきた。貿易権の自由化、内国待遇、最恵国待遇のもとで、しかも優遇税制のもとで、外資企業は特権的地位を享受し、中国市場においてシェアを拡大している。他方、その維持と保障のためにも、先進国への輸出を含めて、中国の国外市場の拡大が急がれ、そこに二重三重化された、支配と従属を接合した奇形的な経済発展が生み出されているのである。

それは「もの」の貿易ばかりでなく、サービス領域の市場化を通しても格差拡大による社会的歪みに通行手形を与えることであり、金融、保険、旅行、医療、教育、電気・通信など国民経済の基本領域は、先進国資本の進出をすでに受けており、それは社会の階層化、格差化による社会的歪みの問題をさらに深刻化させている。すでに二〇〇五年に金融では一二〇億ドル（全投資額の二〇％）の直接投資がなされているのであり、それは政治、経済ばかりでなく、直接国民生活全般、文化を外国資本の活動にさらすことを意味している。(46)

他方、市場化に不可欠とされる外国資本がその実逃避していることや迂回投資の事実も見逃せない。資本逃避はたとえ預金が低利率であっても、通貨交換の抑制や不十分な交換制度のもとでは起こりにくいとされるが、実際には企業は内外への送金や債務返済の時期を操作してできるだけ長く利率の高い外国口座に資金をとどめようとしたり、また非合法に無認可の外部投資による支出にかかわって過大な支払い請求をしたり、さらに輸入価格の偽造や密輸によって資本の逃避が起こっているという。(47)「人民元の切り上げが取り沙汰された一九九七—九年の頃五三〇億ドルから九〇〇億ドルの資本逃避が起きた。低い額をとっても、それはこの期の全受け入れ投資額の三〇％に上る」という指摘もあり、事実とすれば大きな驚きである。(48)もっと大きな数値もあがっているが、ともかくかなりの資本逃避の現実があるとして、他方の香港等を経由する迂回投資も投資額の水増し問題を引き起こしている。これは、中国の統計の背後にある資本蓄積の動態であり、外資は現実的宥和的な対応を受けており、同時に取締る方法もないことを示している。

こうした不安定な要素を抱えながら、中国は、グローバル化を先進国が管理するWTOルールに準拠して市場的発展を追求し、同時に国外市場を求めるという意味で、いうならば「従属的後発型帝国主義」的な市場拡大に拍車をかけることになった。外資系企業は共和国物権法や企業所得税法によって保護され、もはや中国市場経済に欠かすことができない要素と化したのであるが、その輸出額は中国の輸出額の半分以上、外国部品を用いる契約下の国内中国企業も加えれば、中国の全輸出額の七〇％近くに達するという指摘さえある(49)。

(2)　FDIによる「市場化」国家の限界

外国直接投資—FDIの評価の問題は、党—国家の本質にかかわる問題として、さらに大衆ナショナリズムともかかわるゆえ欠かせない検討対象である。

すでに述べるところだが、一般的にこれまで、FDI外国直接投資が対象国、国内企業や産業に発展的影響をもつことは繰り返し強調されてきた。その際、特筆されてきたことは、FDIによって国内企業が生産技術、組織管理技術を獲得し、国際市場への参入を果たすことである。無論、それは外資系資本が優遇税制の恩恵を受け、労働力や資源を買いたたき、市場に圧倒的な地位を確立する本質的に帝国主義的施策を貫徹させていった結果の副次的一面であるのだが、中国のように規模の経済と内陸西部において、豊富な余剰労働力を抱えている場合には、FDIによる利潤追求が経済に果たす牽引的役割は相対的に大きいといえる。外資導入のもつ発展と収奪の矛盾は、市場化の成果として誇るGDPの増大と、そしてGDPに占める外資の生産比率とが相関的に上昇傾向をもって現われていることに、それは示されている。

ＦＤＩがもたらす国内的矛盾は、党の「社会主義市場経済」や「先富論」によって受け止められて、社会主義のために資本主義を建設するものとして正当化されてきたが、しかし、この資本の蓄積過程で、ＧＤＰの増大等の裏面で、沿海発展部と西部、都市と農村、新たな富裕階級と貧困大衆との格差が生み出されてきたことは、これらＦＤＩのもつ矛盾や「近代化」の矛盾が社会的弱者である一般民衆、農民に転化され、さらに、環境汚染、健康医療の問題をひき起こすに至ったことを示している。また、行政主導の「市場化」は開放政策を劇的に進展させたが、やがて党中央は、中央、地方を問わず、党と政府機関を蝕む腐敗の蔓延に苦しむことになった。市場化にともなって出現した汚職は、「中国的な」資本蓄積の不可避の過程であるともいえるが、しかし社会を不均等に二分する格差化はインフレの昂進とともに、最低賃金の引き上げの行政的対応を引き出してきたが、この事情は外資導入を牽引役とする資本主義の発展方式の限界性を物語っている。

第一六回党大会で、さらに一七回大会で「安定と調和ある発展」が強調されたことは、そこに出現した格差が社会にもたらす歪みの大きさを物語っており、さらに二〇〇八年六月、オリンピックを控え、四川大地震の後、国務院は地方政府に対して「法による行政を強める決定」を公布した。(50) それは、行政が介在する「中国的な」資本の蓄積過程にともなう腐敗を一掃して、公平等量の近代的行政を目指すことを宣言するものであった。『人民日報』の「本報評論員」はその意義を次のように強調している。

「市県両政府は…政府活動の第一線にあって国家の法律・法規と政策の執行者となる。実際の活動において、人民大衆の具体的利益にかかわる行政活動の大部分は市県政府が担当し、各種の社会矛盾と問題の大部分は基層に発生し、市県政府が処理し解決しなければならない。市県政府が法による行政を適切に行うかどうかは、政府の法による行政の全体水準と法治政府を建設する進展度を決定する。(51)」

しかし、近代的行政を強調することは、これまで政治と行政の、つまり党と国家の一体化によって効率的に推進されてきた党主導の「市場化」が壁にぶつかっていることを意味し、それは法治の問題を超えて、党主導それ自体の正当性にまで及んでくる性質のものである。たとえば、国家による保護を必要とする国内産業の現状[52]や、沿海発展地域と内陸地域の格差の拡大が重大な問題となっており、そのこと自体とそのプロセスで起きた腐敗は、党―国家体制に必然的に内在する問題であり、したがって、行政の近代化の意義はその一党体制それ自体を問題にしなければならないことになる。国務院決定は地方政府の近代化を求めることによって党の「正当性」を高めようとしているが、それは自らの権力構造と基礎にメスを入れることであり、さらに自家撞着、自己矛盾を深めることになる。

かくして、党としては党指導を超然化して本質から目をそらし、「近代化」を進めることに活路を求めていかざるをえない。一七回大会を前にして行われた胡錦涛主席の教育に関する講話はその問題に関連している。そこでは、「人間的知は経済社会発展を推進する戦略的資源となり、教育の基礎性、先導性、全極性において突出している」と述べ、「科学興国、人知強国化」が提起された[53]。教育重視は先進国国家戦略と同様、国際競争に勝ち抜く観点のもとにおかれているが、他方科学・人知重要のとらえ方は中国近代伝統の観念に根をもつものでもあり、それは体―用的把握から体そのものの用化、すなわち教育や社会科学の生産力化[54]、転じて党指導体制そのものの生産力化―党指導の必然化・神聖化を見据えているととらえられる。またこの講話の学習運動が呼びかけられ、徳育が強調されたことは、この方向のなかで学習運動の意味を鮮明に浮き上がらせる。たとえば中央政治局常務委員の李長春は胡錦濤講和の精神を「立徳樹人を根本にして、育人を本に徳育を第一にする思考」として、それをもって「大学生の思想政治教育工作の新たな局面」を切り開こうと述べている[55]。そこには、党の指導と思想のもとに知識人の隊列を整えることによって、党の指導力を維持しようとする意図がうかがわれる。

二〇〇七年一〇月の一七回党大会で胡錦濤主席の「科学的発展観」が党規約に明記されたが、「人治の科学化」もまた権威的支配を強める現状を「科学化」によって安定させる超然化を他方で意味するものであり、それは党中央が現状に対処する有効な手段を失っていることを物語っている。無論、それによって発展路線が安定するはずもなく、「市場化」・「近代化」の政治的関係が変わらない限り、そこに必然的に生み出される問題は深刻化していかざるをえない。

たしかに、現実的施策において、国有企業の株式制による売却問題について、賛成する主流の新自由主義派と反対する左派、あるいは新左派との対立を党がバランスをとるという状況は、問題の軟着陸的解決を待つことであるにしろ、こうした社会的格差化の動向に対処する党の意志と能力の欠如を示している。

こうして、「近代化」の措置としての、改革開放は中国に経済発展をもたらす一方で、他方で社会的問題を拡大し深刻化することになった。反体制的言論は弾圧され、断続的に開発の波のなかで農民の暴動や退役軍人の反政府デモが伝わってくる現状で、政府は権威主義的な力の支配を科学と人知によって超然化し、そこに近代行政を定着させようとしているととらえることができる。

他方、ハンガリーにおいては、進展したグローバル化が、外資をバネにした国民経済の発展か、それとも外資による支配なのかは、国民生活の物質的条件が発展したこと、雇用が改善されたこと、生産や管理の先端技術が一程度移転されたという観点にたてば、前者の経済発展を語ることができるが、同時に他方の事実として、国営企業において蓄積された国内資本がほとんど買いたたかれ、外資による国民経済の支配、そしてハンガリーの政治的従属の実体が浮かんでくる。

グローバル化した近代の没落期に近代を樹立するという国家戦略の限定的な正当性は、このように両国において深刻に動揺している。すなわち、グローバル化の時代に国民経済を建設する「近代化」の戦略は、政治の側からの経済戦略としては一定の可能性をもちうるともいえようが、その全体性においては、国民と党との緊張した関係に加えて、グローバルなレベルにおける近代の再編期との発展段階の齟齬がやがて行く手に壁となって現れてくるだろう。

デューク大学の中国人研究者である Liu Kang は、モダニティーの複数性（アラブ・モダニティー、アフリカン・モダニティ、そして東アジア・モダニティー）を語り、西欧近代を一定の歴史的経緯を通した合理化として相対化し、中国の近代はもう一つの近代であって、それは革命の伝統を中心に据えたものととらえている。[56] このような西欧の近代を相対化する観点には明らかに新自由主義的グローバル化の「限界」の認識が大きいウエートを占めていて、さらにそこにポスト近代の観点を付け加えていけば、別の中国が見えてくるはずだが、このようにモダニティーの類型化から議論するならば、それは以上のような現実はとらえることができず、伝統と文化のもとにただ現状を容認することになるだけと指摘されるだろう。

以上の論議から次のようにまとめておこう。一六回党大会に続いて一七回大会も強調した「調和社会」の実現は、外資依存一本やりから内需拡大の国内産業重視への方向是正を必要にするが、しかしそのための内外政治・経済の本質的転換は忌避されて、政治的対応により国内不満を緩和することを策定するものであった。先に中国を「従属後発型帝国主義国家」と呼んだが、それはここに指摘したように国内外資本の利益、およびそのもとで「原始蓄積」を強行する中国には、外国市場を拡大することが不可欠で、それはＷＴＯルールに基づいた、そして現実的に分割された世界市場に参入することによって果たされるのである。それは、「近代化」の矛盾が「市場化」のプロセスで拡大し激化していく姿でもあるだろう。したがって、中国に出現した社会的歪みが市場化の矛盾の社会現象である限り、その緩和や解消は市場化の方式の根本的転換による以外にない。そこに浮上するものは、グローバル化し、なお自立した国民経済と社会の建設であり、そして、そのためには、本章の観点からいえば、「近代化」が中国における「近代の再編」に質的に転化していかなければならないということになるだろう。

5　中国の階層変動と国家的基礎の変化

改革開放による「市場化」の進展は、中国資本主義の発展戦略と実体において、「近代化」という特質をもち、経済構造の変化とともに中国社会に急激な階層変動を引き起こしていった。すでに九二年時点で、林子力は国民資産の所有状況について、「国有資産約二兆元に対して、個人貯蓄が一兆元を超え、それに私営企業、民間株式会社、個体経営および農民経営が保有する資産の総計は国有財産に接近し、さらに郷鎮企業や非国有の多元経営財産を加えれば、すでに明らかに国有財産をしのぐ」と述べている。それは「社会主義市場経済」の推進を決定した九二年の一四回大会を前にした時点のことであった。(57) 二〇〇一年時点で、外資系企業だけで国有企業の生産額を上回り、すでに民営部門の生産額増大の動向は決定的なものになっていた。(58)

グローバル化にそった蓄積の強行は、重点地域の産業開発に対する公共投資を優先した結果、社会の階層変動と地域格差を急激に引き起こしていった。国家権力の社会的基礎は、社会主義時代は一枚岩の人民に求められてきたが、それは「市場化」によって解体され、多様な階層化が生じてきた。そこには、国家の権力的基礎の変化、すなわち人民の国家の変質という問題が現れてくる。中国の現実は少なくても国家基礎の変動状況を物語っており、その動向は深く広く社会に浸透し国家の本質を先ずは資本の国家に変えている。しかし、この先にどのような変化が起きるのかについては、まだ予断を許さないというべきであろう。

張翼は、中国社会科学院が行った「二〇〇六年中国社会状況調査」に依拠して、有産階級と無産階級という分類のもとに人事権や業務能力、および専門技術をもつ管理者層、監督者層、そして技術専門家を新中間層に区分して、中国の階級・階層化の状況を推計している。[59] それによれば、七・五億人の労働人口は、雇用主階層三八六万人、小雇用主階層一九七三万人、新中産階級五八二〇万人、労働者階級二・三億人、農民階級三・五億人、およびその他の自営業者八六三三万人に分類される。またそれぞれの月別収入が全体に占める割合は、雇用主階級一五・九四％、新中産階級一六・五九％、労働者階級三五・六七％、自営業階級一三・八九％、農民階級一七・九一％になるという。

それは社会主義によって蓄積された資本を外国資本のもとに従属させ、それを一挙に金融資本に発展させるという、先進諸国が一〇〇年以上要したプロセスを十数年で越えようとした結果であった。「走資派」を排除するとした文革の非現実性の認定と脱文革の行程の秩序化に政権の正当性があるとしても、「市場化」がもたらした階層化の現実は今後の中国の政治に大きな影響を及ぼしていくだろう。

九二年の一四回党大会時点で民営化された株式制企業の登場や、個体戸・私営企業および外資系企業らの非国有企業の発展は、経済の主役が国有企業から郷鎮企業へさらに民営企業や外資系企業へと移る趨勢のもとで、[60] 社会の階層化の進展を意味するものであった。それは中国の市場化の矛盾（「近代化」）の政治的エネルギーが新たな内容をもって蓄積されることを意味している。

二〇〇二年八月、「農村土地承包法」が制定され、農村の土地は村集団が所有権をもち、農家は土地の使用者という形になったが、その使用権は賃貸期間の確定、相続権や譲渡権の認定によって財産化された。この制度の問題点はいくつか指摘され、そしてそれらは現実のものとなってきている。一見して、土地の統合的運用や産業・商業用地への転用の場合、あるいは国家的土地開発などで、農民の財産権が確立されたからには、農民にとってより有利な状況が考えられるが、実際には国家から地方へと貫徹する権力構造のもとにあって、改革と法治のもとに多くの農民が犠牲になってきた(61)。

地方幹部、村幹部の腐敗だけでは、格差や農民の窮乏化は起きない。生産請負制以来、曖昧な二重土地所有権、農産物の割り当て購入制度などの国家政策は地域幹部の裁量無くして機能しなかった。国家の農業政策に対する農民の不満がある限り、地方幹部の腐敗は起きるのであり、社会的・経済的不平等を温床とする幹部腐敗は「市場化」中心の政策が生み出したといえる。

表7―1の所得格差については、都市部間でも最高の上海や北京に対して貴州は半分に満たないが、農村部の最低になる貴州の一七二一・五五元は一〇分の一ほどにしかならない。二〇〇八年の大卒の初任給は一五〇〇～二〇〇〇元である。また、表7―2のように都市や県の内部においても、格差は広がっている。

汪暉によれば、第一に地域間で西部と中部の東部に対する収入格差が一九九四年までに急激に拡大した。第二に金融・保険等の収入が従来の高収入業種の電力・ガス・水道を超え、農・林・牧畜・魚業の二・四倍に達した。第三に三資企業（合弁・合作・独資）の外資企業や郷鎮企業の職員の収入は二〇〇〇年時点で党政府機関や科学研究機関などの職員の収入の二倍から三倍、あるいはそれ以上に上昇した。第四に企業内部で格差が拡大し、たとえば外資企業の中間管理職の収入は一般職員の一〇倍前後となった。第五に新貧困層が出現した。彼らは都市内の流動的非都市貧困人口などであるが、一九九四年で人口の八％、一億人に当たるという(62)。

陸学芸も二〇〇一年に行われた中国社会科学院の組織的調査の成果をまとめ、深川市社会が一〇の階層に分化していると報告している(63)。

また重慶市の調査だが、勤務先別の社会的序列として、計画経済下の時代では国家機関―国有企業・国有事業体―

表7－1　都市部と農村部の所得格差　(単位元)

都市部の収入（月）	総収入	可処分収入	農村部収入
全国平均	10128.51	9421.61	4039.60
北京	17116.46	15637.84	6170.33
上海	18501.66	16682.82	7066.33
貴州	7518.72	7322.05	1721.55
寧夏	7748.53	7217.87	2320.05
新疆	7518.72	7322.05	2244.93

出所：中国国家統計局編『中国統計年鑑』2005年より作成。

表7－2　4県市家庭月収入　(単位元)

1999年	深　川	合　肥	漢　川	鎮　寧
高収入家庭	6305	887	321	366
中高収入家庭	2170	523	156	104
中等収入家庭	1394	374	109	63
中低収入家庭	879	267	77	42
低収入家庭	445	141	44	－

出所：陸学芸『当代中国社会階層研究報告』2002年。

集団企業―臨時工・個体企業があげられるのに対して、市場経済化のもとでは国家機関―外資系企業・国有事業体―個体企業―私営企業―国有企業―集団企業・農民工、その他という順になる。(64)

以前の観念的な区分は、このように、個体企業や私営企業の著しい発展状況と国有企業の衰退によって、「実体」をもった階層変動を示すものに変わっている。上層階層に国家関係者、企業関係者が位置づけられる意味は、国家の産業政策が彼らを中心にして進められていることと、またいずれの調査においても国家幹部が第一位あるいは上位を占めていることの意味は、「市場化」の進展のプロセスが、国家による経済への介入によって、換言すれば政治と経済の結合が多様な形態で「市場化」をリードすることによって進展してきたことに求められる。

中国では、党の高級幹部の子弟が父母の政治的影響力が生み出す特権を利用して、社会的経済的富裕層を形成し、早くから太子党として世に知られてきた。そうした行為は当然世論の批判を浴びてきたが、それは党国家に構造化され、一定の意味をもってきたのであり、したがって腐敗や汚職の処罰は開放政策に現れた国家の権力関係に是正を迫るものにならざるをえない。中・東欧、そしてロシアにおいても、民営化のプロセスで政府や旧支配層による国家資産の合法的・非合法的横領や汚職が頻発し、新興の企業家として新たな富裕層の一角を形成したように、政治権力による経済の壟断の必然的結果でありながら、それは他面ではいわば「市場化」における資本蓄積の一角を占めるものとみなすこともできる。

こうした状況は市場経済のなかで経営合理性を身につけた私営企業（個体戸と集団経営）からなる新たな中間層や、あるいは外資との合弁事業における中級管理者層の出現によって緩和・是正されることになるともいえるが、しかしかれらは、国家・党中級以上の幹部、国有企業の中堅以上の勤務者とともに、改革開放の政治の受益者であり、そこから分化・自律していくためにはまだ時間がかかるというべきであろう(65)。

かくして、国家の課題が「社会主義市場経済」の建設とされ、「市場化」による資本主義経済の進展によって新たな社会階層が形成されていく現状は、もはや言うまでもなく共産党権力の課題が人民の名において中国に資本主義経済を基盤とする強国を作り上げることにあることを示している。それは改革開放が内部に持つグローバル化との矛盾を政治的に処理しつつ、しかしその矛盾をますます深めるのであって、それとともに、国家の権威主義化をさらに引き起こしていかざるをえない。それは中国が中国資本主義化の、すなわち中国「近代化」の「陥穽」に陥ることでもある。問題はこの「陥穽」が何を生み出してくるかにあるのだが。

6　中国のナショナリズムの可能性

(1)　中国ナショナリズムの本質

ナショナリズムは広い意味では、エスニシティの自覚、つまり民族の意識化、他者との交渉における民族の政治的状況を指し[66]、それは典型的には近代国家における国民の心情において出現する。一般的には、ナショナリズムは、近代国家の普遍性と可能性を複数政党制が担うことにおいて安定化するが、一党制のもとでは、それは党国家との間に必然的に生じてくる段差のもとで近代国家の理念の実現を争うものとなり、そこに一定の緊張を生み出すものにならざるをえない。

二〇〇八年に起きた「チベット騒乱」、オリンピック開催、そして四川大地震も、ナショナリズムとの関連においても重い意味を持ってこよう。ナショナリズムが歴史的近代の産物である限り、それは近代国家や、近代なるものにかかわって普遍的な人権の観念に基づく人間の平等意識のもとに常に地域主義を超えた同朋意識を発展させていくからである。

四川大地震に至る一連の事件を、状況としてある種の「社会的動乱」や、社会的覚醒の契機としてとらえるならば、それらは日常性が支える地域主義、閉鎖性を掘り崩し、その日常性の場に近代なるものを注ぎ込むものとなる。それは、大衆と国家の間にあって地域主義を守護し、近代とのかかわり方を支配してきた党の地方幹部や慣習の力を削ぎ、大衆と国家との直接の関係を出現させることになったといえる。その結果、国家と大衆との関係が直接化するが、それは他方で党権力が人権、平等、多様性などの大衆の近代性と直接対峙することを意味するのである。

以下、中国におけるナショナリズムの発現状況に、ナショナリズムの政治的意味と可能生を探ってみよう。中国のナショナリズムは、一九九六年に日中間で起きた尖閣諸島の領有権問題やそれに続いた『中国はノーといえる』に起きた共感の渦、一九九九年のベオグラードにおける中国大使館空爆事件に対する反米抗議の大衆運動、そして二〇〇五年の日本の歴史教科書の問題や小泉首相の靖国参拝に関して、中国で起きた大規模な反日運動などにおいて激しく現れてきた。

他方、このように大衆ナショナリズムの高揚した状況のなかで、党が掌握し党路線にそって登場してくるナショナリズムに注目しなければならない。マルクス主義の体制イデオロギーが形骸化するとともに、「社会主義市場経済」は、主流の場を占めるに至った新自由主義的経済学や新自由主義の思想のもとにおかれ、それをナショナリズムで支えるという状況が出現してきているからである。

一九九六年の一四期六中全会が党幹部らの腐敗に反対して「社会主義精神文明建設決議」を採択し、愛国主義を掲げたことは、党がナショナリズムを公認することを意味したが、それは同時に大衆ナショナリズムとの間に緊張関係を生み出すことにもなった。なぜならば、忠誠・帰属の対象を政権を超えて中国、あるいは民族に求めるのがナショナリズムの本性であり、それはまずは政権との緊張関係に、そして「近代化」、さらには「近代の再編」に応じた関係にも入りうるものであるからである。天安門事件後の政治的動揺を抑えるために、党中央によって「愛国主義教育運動」が展開され、「愛国主義実施要項」が作成されるという経緯は、党側もまたそのことを危惧していたといえよう。

さらに中国の思想状況に目を向ければ、九〇年代に登場した「国学熱」の背景に「人民日報」や「光明日報」などの政府系メディアがあったことはよく知られており、それは「文化的保守主義」として、イデオロギーの主流がある種の調整に動き出したことの表現であったと指摘されている[67]。国学の文化は体制イデオロギーに包摂され、あるいはその補完的機能を期待されていた。しかし、権力からのもくろみは政治主義が先行するかぎり、真の文化運動になりえないし、また、愛国主義が反日感情を高めたという一般的見解に対して、王雪萍は中国の歴史教科書の記述を系統的に調べた結果、反日感情は「愛国主義運動」よりも、戦前と戦後の日本像が分断されたまま教えられてきたことがかかわっていると推測している[68]。ナショナリズムの可能性は、いずれにしても政府の思惑を超えていったのである。

大衆ナショナリズムは、党路線にたって中国の歴史的過去・現在をみる観点から、現状から過去と党路線をとらえることまでの広い幅に広がり、党の用心深い誘導のもとに後者への傾斜性を強めてきたと理解できる。そして、そのプロセスは、党の「市場化」路線を軸に、意識的部分を大別して、新自由主義的推進派（新自由主義にたつリベラル派、または右派）、一定の批判を内在させた民族的推進派、および批判を内在させた社会的推進派（左派）への分化を招くことになった。それぞれは大衆ナショナリズムに接合していることから、党の掌握対象となるが、その状況にあって他方で、各派それぞれの政治的位置を可能ならしめるものは、党に対する姿勢よりもそれら自身の大衆ナショナリズムとの関係であるに違いない。

以下三者それぞれの特質を党との関係でとらえておこう。Yingjie Guo によれば、一九二〇年代から七〇年代までの中国のリベラリストは、プラグマティストや社会民主主義者から、すなわちデューイやラスキから発想を得ていたうえに、フランス革命に好意を寄せたが、現在のリベラル派は、ハイエク、バーリンあるいはポパーに依拠し、イギリス革命やアメリカ独立戦争を選好すると指摘する。旧リベラリズムの合理主義、科学主義、社会主義などの西欧的価値は中国を奴隷の道に導くとして、現代のリベラル派は否定する自由、経済的な自由、私有財産権、そして自由主義との結合を重視すると主張している[69]。この選好には脱文革から開放への観点がかかわっているが、それはリベラリズムの影響を文革期にまで遡及させ、そこにいかなる集団的志向も潜在的脅威とみなす自由主義の論理のかかわりを見出だそうとする。しかし、党の正当性がそれよりも民国初期の啓蒙運動との「接合」にも求められていることから、党にとって、それは抑制しつつ肯定するという政治判断を伴った問題とみなされるといえる。なぜならば、リベラリズムが存在領域を拡大する状況は、それに対する党の危機意識に発する違和感を、つまり個人の自由の尊重と市場化の不徹底という批判に対する党の違和感を、他方で民国初期の新文化運動等とそれらの系譜性を掲げることによって緩和して進展してきたからである。ともかくも、リベラリズムの論点は、中国は資本主義国家ではなく、経済の大部分は国家になお管理されており、植民地でもなく封建主義が依然として支配的であるとして、市場化の進展をさらに主張するところにおかれている。

ナショナリスト、すなわち民族派の共通観念は、共産党支配体制を秩序と安定の不可欠の条件として、中国の歴史的経験と民族の文化を西欧文化の無制限な浸透から守る価値的態度に見ることができるが、そのもとに民族派は、民主化、人権問題、政治改革等は中国を西欧化して、中国に新植民地主義を持ち込むものと批判する。たとえば中国の著名な政治学者である王滬寧は、冷戦後、それまでの「硬権力」としての軍事力や自然資源、およびその他の物質的力量の保持に対して、「軟権力」としての「文化覇権」が相対的に重要性を増していると述べ、西欧諸国による民主主義や人権等の押付けは政治的ヘゲモニーを獲得するための「軟権力」であるとして警戒の念を表明している。[70]

他方、現状から中国の伝統文化の摂取方法を反省して、さらに積極的に西欧文化との融合を主張する論説は多数ある。朱文華は、中国人の己を責めて人を責めない態度、近代西欧文化の摂取は中国の民族感情と民族の自信を損なったと述べ、「実事求是」にたった民族の反省によって愛国主義と民族の自信を回復すべきと主張する。[71] 趙建民は、日本による西欧文化の吸収と中国の対応を冷静に比較して次のように述べている。中国の文化的伝統は人倫思想を核心に、人文の精神、尊卑有別の隷属観念、謙譲の処世態度、利よりも義を重んじる価値観、大同の思想と満足の文化心理に富んでいる。そのため、西欧近代文化の吸収過程で新鮮な血液を摂取することが出来なかった。しかし、「日本は全方位的、多角的に西欧文化を吸収し日本の文化的伝統の中に新鮮な血液を注入し、集団機構、集団観念、競争精神と進取の精神を形成していった」として、外国文化と伝統文化の関係を処理する際の参考にすべきと述べている[72]。この論調はかつて資本の原始蓄積過程にあった清末期の戊戌変法における康有為らの主張に相通じるものがあるといえるが、こうした論調は『人民日報』記者 Ma Licheng によって繰り返され、彼は大衆ナショナリズムの激しい批判にさらされた結果、退職に追い込まれていった[73]。

大衆ナショナリズムは、中国資本主義と外国資本との矛盾のもとに必然化される「従属型」の帝国主義化を大国化として支持していくことになるが、しかし他方で、こうした矛盾の構造にある政府の対外姿勢に反発し政府批判の傾向を強めていく。そして、さらに中国が「近代の再編」の問題にグローバル化を通して直面するならば、中国資本主義は困難な状況に逢着し、大衆ナショナリズムは反政府へと立場を変えていくだろう。

Mobo Changfan Gao は現代中国のナショナリズムを反帝国主義、台湾統一に加えて、ポストモダン、ポストコロニアニズムの観念を含むとして、ネオナショナリズムととらえたが、それは中国の現実に傾斜対応した観念であり、主としてポストコロニアニズムに呼応して帝国主義的近代を超えるという意味で使われている[74]。この見解には途上国の立場から帝国主義的近代を超克するという中国の立場は読み取れるが、さらにそれは社会主義時代の、そして植民地化を経験した諸国による反帝国主義的連帯とは異なるグローバル化への対応、すなわち帝国主義的展開による中国資本主義とグローバル化との矛盾、つまり「近代化」の限界性の超克、あるいは拡大発展する中国の「強蓄積」による先進国への対抗の契機を先行させた把握に思える。ここにも「近代化」の矛盾を背景にした大衆ナショナリズムの一面的把握の問題を指摘しなければならない。趙建民らの文化比較の観点を、こうしたナショナリズムの現象面で捕捉したとしても、そこには日本の西欧化に対する無批判な融和姿勢と政府に屈従する姿勢が少なからず指摘されるのであり、それは背景にある「市場化」の深刻な矛盾とそこから出現してくる大衆ナショナリズムの根深さと可能性を見逃してしまうだろう。

新左派と目される左大培や韓徳強による新自由主義批判やWTO加入反対の主張は、中国的な市場化や国益の擁護を根拠にして展開されており、それはナショナリズム、民族派の論拠に重なってくる。その背景には、市場化路線の抑制的、漸進的展開の主張から「市場化」が生み出した社会的歪みの是正要求に至るまで、市場化にかかわって社会主義の遺産がもつ意味を応分に評価すべきという態度が指摘される。Mobo によれば、左派も同じく、ポストモダン、ポストコロニアニズムにたつゆえに新左派であり、彼らは転換期の中国に民主主義と平等の制度を導入するためには国家の強力な干渉が必要であると主張するとともに、グローバルな資本主義を中国への西欧の進軍とみなし、植民地主義の再現と批判する。(75) そこには、「中国のポストモダン論」として、グローバル化による「市場化」を批判して、しかも民主主義と平等の守護者として党国家体制を肯定するという態度が指摘できるが、すでに深刻な格差状況の階層化した社会をよそに、国際的な資源獲得行動を展開する中国を直視すれば、それは空虚なアナクロニズムと化した国家観と言わざるをえず、党のグローバル化路線に反対しても影響力は持ちえないだろう。それがポストモダン論として、あるいは「近代化」の内容にかかわって説得力を持つためには、自らの政治的保守の殻を破って政治的民主主義の拡大と実現に向かって行動することが不可欠であるといえる。

以上の三者の関係は、中国の特徴といえるもので、そこには民族派と新左派とがネオ・リベラル派を批判し、リベラル派が両者に反論するという関係が現れてくるが、いずれも党―政府と、大衆との間で活動することによって緩衝機能を果たしている。しかし、危機の深刻化とともに政権の権威化がさらに強まれば、世論との関係でかれらの真実が試されるばかりでなく、新たな近代の変動の現実のなかで分解して、今後の中国の行方が党・政府を包囲する大衆ナショナリズムの動向によって左右されることになるといえる。すでに述べたように、大衆ナショナリズムは排外主義的形態をとるが、内部に反政府的傾向を常に潜在させることによって、共産党支配に対する脅威を現実のものにするからである。

他方、党と政府の新たな対応措置は、「調和社会の建設」や科学的社会観の提起になるが、それらは政府批判に対して超然的姿勢をとることによって、大衆ナショナリズムと党政府の緊張の緩和効果を期待するものであるばかりでなく、また格差の是正を掲げて、世論の分化や党と世論の乖離を抑制しつつ、他方では国家の客観化を通してその権威主義化を推し進める決意を表明したものとみることができる。

(2)　大衆ナショナリズムの状況

一九九六年、日本の著名作家らがからむ民族派が尖閣諸島の魚釣島（中国名釣魚島）に上陸して急造の灯台を設置した。台湾や香港ではそれに端を発して抗議デモが激化していった。中国では当局が反日デモを抑制したため、大衆の反日感情は各紙誌の論説や出版物ばかりでなく、インターネットを通して現れることになった。

この問題を論じた多数の出版物のなかで、李希光ら『妖魔化中国的背后』（『中国を邪悪視する背後』）（一九九六年）と、そして最大の反響を呼んだ宋強ら『中国可以説不』（『中国はノーといえる』）（一九九六年）は、いずれも複数の執筆者によるが、管見の限りそれらは対照的な姿勢で、前者は対米配慮の政府的姿勢に、後者はそれを超えた大衆ナショナリズムの激化へと、九〇年代中国ナショナリズムをリードした著作であると考えられる[76]。いずれにおいても著者たちの見解は必ずしも一致しているわけではないが、前者はアメリカの対中国観の改善の努力についても述べており、反米感情や排外姿勢の一定の緩和の効果を持ったが、後者において、宋強は一〇〇年以上もの間中国が国家としての自信を失ってきたと告発すると同時に、アメリカ、日本に敵意と嫌悪感を示すことによって国民に警鐘を打ち鳴らそうとした。しかし他方で、かれらが自信を喪失した中国の現状の原因を国内の問題にも求めたからには、党と政府にとって、かれらはすでに危険な存在になりつつあった。また当然ながら、民族主義の民主主義との発展的関係のためには経済的発展ばかりでなく、中国国家に対する強い市民意識の覚醒が必要であるとの主張もまた為されたのである。(77)

宋強らは尖閣諸島（釣魚島）の帰属問題について、先の『説不』で釣魚島は台湾に所属する周辺諸島であって、戦後台湾の中国返還と同時に中国に返還されたものと主張したが(78)、さらに続編『中国は依然としてノーといえる』を著し、中国はなぜ日本に対して宥和的なのか、日本はアメリカより不正でないというのかと問いかけ、中国人にとって、日本を封じ込める課題はすでに始まっている。敵意をもって日本を憎むことは必ずしも悪いことではないとして、一層強硬な対日政策を要求し、さらに大衆の反日抗議を政府が抑圧したことについて非難した。政府は前著についてはは迎合の後批判に転じ、後著については直ちに出版禁止の措置をとった。その理由は『説不』が党政府の外交政策を気ままに批判し党政府の政策を妨害したこととされた(79)。それは日本批判と表裏をなす党批判を党が警戒していることを示している。

こうして、ナショナリズムの高揚を政権の安定化に結びつけることの矛盾する二面性が現実のものとなって現われてきた。政権の基礎を愛国主義によって強化しようとするもくろみは、当初から矛盾をはらむ諸刃の剣であった。

他方、イギリスのヒューズは『説不』について次のように述べている。

『説不』は、「明らかに、反米に焦点を合わせないで、しだいに深刻化する独立性と発展との、国民的自負と自彊策との、体と用との、伝統と近代化との乖離という中国の政治思想を一世紀以上もの間悩ませてきた問題から脱却しようとしている。…結局、彼らは失敗し、数年間の愛国教育が作り上げた大衆の市場に歓迎される粗野な排外的テーマに逃げ出している。[80]」

ヒューズの見解を本章の論理に引き込めば、「伝統と近代化との乖離」に続いて、「市場化」が「近代化」にならざるをえない事情が指摘されなければならず、そこに登場した大衆ナショナリズムが排外姿勢のもとに発展し、さらに多様な可能性を胚胎しているという、まったく別の見解になってくる。かれら大衆の基盤は新たな意味をもつに至った大衆ナショナリズムにこそあるのであって、彼らの可能性は「愛国教育」のなかにありながら、「愛国教育」の限界を超えていくところに見出されなければならない。

中国におけるイデオロギー状況は、改革開放の党―政府路線をどのような立場で支持するかによって区別される左派、ナショナリストの民族派、および新自由主義派が相互に行う批判や支持融合の関係のなかに出現しており、かれらは自らを取り囲む世論やナショナリズムを背景に党―政府に迎合し、あるいは批判の傾向を強めたりしてきた。

一九九九年のベオグラードにおける中国大使館爆撃事件、二〇〇〇年の高行建のノーベル文学賞受賞への反響、あるいは二〇〇一年の九・一一テロ、さらに二〇〇五年に日本の教科書検定問題や小泉首相の靖国参拝をめぐって起きた反日抗議などに関して、政府および三者はそれぞれの対応を示すことによって、自らの立場を明らかにしてきた。大使館爆撃事件も左派と民族派は強硬な論調で抗議を繰り返したが、リベラル派は誤爆と受け止め、パリに亡命した反体制派の高行建の受賞を『人民日報』は批判し、左派と民族派も高行建の受賞は彼の反体制活動によって実現したとみて、選定の政治的意図を指摘し非難した。[81] さらに九・一一テロに対しては、政府はテロ行為にクールで型通りの非難を行い犠牲者に哀悼の念を表明するが、インターネット上で七〇％以上がテロを支持するという「世論の状況」があったという。[82]

このうち、中国大使館爆撃事件に対する反米抗議デモと二〇〇五年の反日デモは、とくに党―政府と大衆ナショナリズムとの緊張した関係を出現させた。

その背景として前者については、反米感情を激化させたさらに次のような事情があった。

一九九六年の日米安保共同宣言は日本の「軍事的関与」が台湾海峡を含めて拡大されたことを意味するものであった。米中間、そして日中間にさらに困難な問題が発生していった。一九九七年アメリカのペンタゴンは二〇一五年までに国際的戦略環境を形成する圧倒的な力の構築を表明し、さらに一九九九年一月、アメリカ国家安全特別委員会が多数の中国人のアメリカ旅行者が軍事的高度技術を不法に中国に持ち出したとして告発したのである。[83] それらが絡みあって、中国の大衆にアメリカによる直接の圧力行使を実感せしめたのであった。

ベオグラードの事件はこのような反米感情が高まる状況のなかで起きた。指導部の対応はこれまで通り秩序を保つことにあったが、事件の処理は政治局の当時副主席胡錦涛に委ねられた。[84] しかし、胡錦涛にしても「近代化」の政治構造にあるかぎり、テレビを通して、一方で大衆の愛国の行動を認めつつ、他方では法の内部にとどまるべきことを訴えるしかなかった。政府はアメリカに公式の抗議を行い、国連に安全保障理事会の緊急の開催を要求することによって事態の鎮静化をはかったのである。

二〇〇五年には反日デモが中国全土に拡大した。それはインターネットを通して組織され広範な大衆運動として展開されるというまさに情報化時代の特徴を示していた。直接の原因は、旧日本軍による残虐行為を隠した歴史教科書検定や小泉首相の靖国参拝問題が日本の国連安全保障理事会常任理事国への立候補と結びついて危機感をあおり、反日感情を爆発させたのである。そこには、棚上げとされていた懸案の尖閣諸島に民間人が設置した灯台を政府が直接所有管理すると発表したこと、および東シナ海の海洋権益中間線付近で（中国側で）中国がガス田開発に着手、日本が中止要求を出したことなどが絡んでいた(85)。

また、大衆ナショナリズムの背景には、いまや「世界の工場」といわれるほどの華々しい経済発展を誇る大国意識や強国化の心情が存在している。しかし、先のナショナリズムが激化した諸事例はこうした大国意識だけでは起きてこないし、また抑制もできない。そこには、それを醸成し媒介する屈折した事情として、「近代化」の一角を構成し、それを「近代化」たらしめるものだが、現在の経済的発展に、アメリカや日本の企業の強さに対する中国企業の劣勢とさらに中国近代の西欧による反植民地化や日中戦争の経験、毛沢東時代の激しい敵対的対外関係が連なっていると指摘されている(86)。不買運動は日本企業が「本腰を入れたところでは必ず起こる」といわれ(87)、その背後に、一九九六年以来強化されている日米安保ガイドラインがあるのである。大衆ナショナリズムも、党―政府路線にかかわる思想各派もそれぞれの存在理由をこうした中国の現状と近代の歴史的経験に規定されている。

結びにかえて――グローバル化における「近代化」

グローバル化と資本主義的近代化一般との関係において、「近代の再編」の動向が現状のグローバル化の帝国主義的本質のもとで必然的に生み出されていくと考えている。それは中国においては、「市場化」に党と国家の正当性の基礎が求められるが、やがてそれが格差や階層化、あるいは全般的リセションに陥るに及んで顕在化せざるをえない。

中国とハンガリーの「市場化」は、それぞれの過去に社会主義の「近代」を持つがゆえに、清末民国期と社会主義的蓄積を、あるいは一八四八年革命以来、カーダール社会主義体制における蓄積をいわば「原始蓄積」として、それを産業資本主義をこえて、金融資本主義的に展開することでもあった。しかし、また同様にいくつかの節目において、その後の推移を分けるそれぞれの「必然」の選択もなされてきた。ハンガリーで、欧米諸国による、特にアメリカの影響下のもとで「市場化」が推進され、複数政党制による議院内閣制が敷かれたのに対して、中国では、その「市場化」の政治性と党国家体制とが相互に不可欠な関係を結ぶことによって、党国家主導体制が貫かれてきた。

ハンガリーにおいては民主化体制のもとに政権交代を繰り返すことによって、社会党とフィデスが社会政策を掲げつつラディカルな市場化を進めるという「ねじれ現象」を生み出したが、後者の中国では、こうした政治体制の問題にかかわって、さらに「市場化」の課題の特殊性のもとに、金融資本主義段階に一挙に駆け上がることによって、中国資本の国外展開が進み、それはすでに帝国主義的形態をとるに至っている。アフリカ諸国、東南アジアばかりではなく、たとえば、サブプライムローンの破綻に際して、アメリカの金融大手「モルガン・スタンレー」や「ブラックストーン」、あるいは「アリコ」に中国の政府系ファンドが出資して損失を出す状況が出現した。これらのことから、中国の「資本主義化」は、グローバル化した金融市場が資産インフレや資源インフレを引き起こす時代に、あるいはその時代だからこそ、「強国化」の目的のもとに金融市場に参入する帝国主義段階にまで駆け上がり、政権の存在理由を確保していくことを特徴的に浮かび上らせるのである。しかし、中国の「帝国主義化」は、依然内部にグローバル化やポストモダンと中国資本主義化との矛盾、すなわち、「近代化」の矛盾を抱えているのであって、そこからの脱却を求めて出現する国家施策でもあった。それはグローバル化やポストモダンそれ自体の問題、それらと自己の「市場化」との矛盾のもとに出現したのであり、採らるべき資本主義の社会的包摂の方向を否定するものであった。

他方、崩壊状況にあったハンガリー経済にとって、対外債務は経済再建の方向を縛るものとなった。ハンガリー体制転換はまさに「コーポラティブ・ゲーム」のもとに「国家の手による国家の解体」であったのであり、そのため必然的に転換の目的の矮小化を伴なわざるをえなかった。ジュルチャーニの社会党現政権の「政府プログラム」によれば、ハンガリーの国家としての展望は、社会的、経済的、政治的発展を実現することによって、「ヨーロッパで成功した共和国」になることに求められている。ＥＵ加盟はそのための不可欠の条件とされてきたが、しかし他方ではそれは危機的状態は脱したといわれるが、債務に加えて、ＥＵ加盟国としての権利と義務下のもとに再度ＩＭＦに緊急支援を要請する事態に陥っている。

近代後期の、あるいはポストモダン期の「市場化」、資本蓄積は、このようにともに国際金融資本の支配のもとに従属したうえ、激烈な国民収奪を不可避にすることによって、国家を慢性的に政治不安の状況に突き落とすことになった。体制の生み出す政治的危機は、現実的には「中国の特色をもつ社会主義」や「政府プログラム」などにおいて、それぞれに適合的な国民経済と民主主義を建設することによって克服されなければならないのであり、中国においては、巨大な版図、多様な少数民族、人口増、あるいは食糧、資源の制約のもとにある現実は、国家の権威主義化ではなく、「法治」による政治的民主主義の実現を社会の自覚的成長が支えることによってしか克服できないことを示している。

中国では近年、積極的な対外関係の拡大策が実施に移されている。しかし、アフリカにおける中国の資源確保の行動へのアフリカ人の反発や、二〇〇八年三月に起きたラサにおけるチベット民衆行動、そしてオリンピックの華やかさの裏面に潜む危うさは、帝国主義的対応の問題が、中国の「近代化」という次元において克服されていかなければならないことを示している。

（1）原田太津夫・尹春志訳、ヤン・ネーデルフェーン・ピーテルス『グローバル化か帝国か』法政大学出版局、二〇〇七年、二七二頁。

（2）渡辺俊彦「ミシェル・フーコーにおける『反近代』論の思想構造—フーコーとマルクスとのあいだ—」『中央大学論集』第八号、二〇〇七年、および渡辺俊彦「フーコーにおける非近代という『近代』—フーコーとグローバル化—」加藤哲郎、國廣敏文編『グローバル化時代の政治学』法律文化社、二〇〇八年。

（3）関志雄「WTO加盟で金融開国を迫られる中国—危機は回避できるか—」『中国21』vol.一六号、風媒社、二〇〇三年五月。

（4）小原耕一、吉沢明訳　アントニオ・ネグリ『《帝国》をめぐる五つの講義』青土社、二〇〇四年。

（5）田口富久治「グローバリゼーション・《帝国》・マルチチュード」『聖学院大学総合研究所紀要』三六号、および「ネグリ＝ハート《帝国》と《マルチチュード》再論」前掲加藤哲郎、國廣敏文編『グローバル化時代の政治学』。

（6）盛田常夫訳、コルナイ・ヤーノシュ『反均衡と不足の経済学』日本評論社、一九八三年。

（7）David Shambaugh "China's Communist Party Atrophy and Adaptation" Woodrow Wilson Center Press 2008, pp. 50-51.

（8）雷頤「略論"五・四的愛国精神」人民日報、一九八五年五月八日。

（9）趙国良、劉洗汎、王一珠、葛宇編『社会主義初級段階理論、資料选編』四頁。

（10）David Zweig "Internationalizing China" Cornell University 2002, pp. 48-49.

（11）黄柵森「関于建立社会主義市場経済的哲学問題」『哲学研究』一九九三年第七期。

（12）林子力「通向現代市場経済之路」『中国著名経済学家、改革論』北京出版社、一九九二年。

（13）関志雄『中国を動かす経済学者たち』東洋経済新報社、二〇〇七年。

（14）盛田常夫訳、コルナイ・ヤーノシュ『コルナイ・ヤーノシュ自伝』日本評論社、二〇〇六年、三三〇－三三一頁。

（15）Arató András 'Civil Társadalom Lengyerországban és Magyarországon', "Politikaitudományi szemle", 2 száma MTI, 1992.

（16）'Plenary Session of the National Roundtable Talks June 21st, 1989' in András Bozóki ed. "The Roundtable Talks of

1989" CEU Press 2002, p. 322.

(17) Ibid., p. 322.

(18) Ibid., p. 322.

(19) Ibid., p. 324.

(20) Ibid., p. 335.

(21) 'Agreement Concluding the Political Reconciliation Talks September 18 th, 1989' in András Bozóki ed. "The Roundtable Talks of 1989" András Bozóki, ibid., pp.359–62.

(22) Sten Berglund ,Others "The Handbook of Political Change in Eastern Europe" Edward Elgar, 1998.

(23) 'Plenary Session of the National Roundtable Talks June 21st, 1989' András Bozóki, ibid., p. 316.

(24) Statisztikai Havi Közlemények 94/8, Központi Statisztikai Hivatal, 88 o.,　渡辺俊彦「民族政治の権威主義的転回――ハンガリー、フィデス連立政権の隘路」『政策科学』八巻三号、立命館大学、二〇〇一年。

(25) András Bozóki, ibid., p. 380.

(26) Agnes Utasi "Wales–Hungarian Comparison on Civilisational Consumption" MTA Institute for Political Science of The Hungarian Academy of Science 1993, p. 68, 93.

(27) 渡辺俊彦「ハンガリー社会党の政治と体制転換」『中央大学社会科学研究所年報』第一号、一九九七年。

(28) 渡辺俊彦同論文。

(29) Csizmadia Ervin "A Magyar Demokratiks Ellenzék, Monográfia〔1968–1988〕, T-Twins Kiadó, 1995　要点だけだが、次の一二項目である。一　国民の権利を政治的複数主義により保障すること、二　民主的議会主義の確立、三　憲法に基づく国民生活、国営企業の擁護、四　労働時間、賃金の改善、生産性の賃金への反映、五　労働者保護、貧困者・弱者保護、六　中小企業支援、国営、協同組合、および民営領域間の公正な競争、七　原発の安全管理、自然保護、八　一九四五年の不当な措置による政治的、道徳的および物質的損害の回復、五六年革命と犠牲者追悼の法制化、九　少数民族の保護、一〇　教会と教派自治の回復、一一　マルクス・レーニン主義の国家イデオロギー的性格の廃止、一二　不利な国際条約の見直し等。

(30) 南塚信吾監訳、A・アンダーソン『ハンガリー一九五六』現代思想新社、二〇〇六年、一二一頁。五六年革命は、五六年一〇月二三日、ブダペストにおける学生、市民、労働者の反政府デモは状況のなかで自然発生的に全国的に「労働者評議会」を中心とする組織的抵抗へと発展し、ソ連軍の武力弾圧に抗して革命綱領を掲げて戦い抜くことによって革命の名実を満たした。五六年革命はスターリン体制のハンガリー版であったラーコシやゲレー体制がモスクワの指令のもとに進めた社会主義化政策─工場における生産の管理・支配の強化や農業の集団化の強行、秘密警察による弾圧、言論活動の封殺に対する、学生、市民、労働者そして農民の不満が爆発したものであった。

(31) 渡辺俊彦「ハンガリー社会党の政治と体制転換」『中央大学社会科学年報』第一号、一九九六年。

(32) András Bozóki, ibid., 'Introduction'.

(33) 渡辺俊彦「ハンガリーの苦悩と可能性─ジュルチャーニ政権の課題」『経済学論纂』中央大学、第四六巻第三・四合併号、二〇〇六年。

(34) Peter Meusburger, Heik Jons ed. "Transformations in Hungary–Essays in Economy and Society" Physica-Verlag, 2001, p. 130.

(35) Ibid., p. 133.

(36) http://www.budapestsun.com/(august 13. 2008)

(37) http://www.népszava.hu/(2008. 08. 14)

(38) "Népszava" 2004, szeptember 27.

(39) "Ledületben As Ország! A Köztársasag Kormányának Programja, A Szabad És Igazságos Magyarországért 2004-2006（『活き活きとした国家、共和国政府のプログラム二〇〇四～二〇〇六年、自由で安全なハンガリーのために』）

(40) "China and Global Political Economy" pp. 109-10.

(41) Ibid.

(42) 九一年外国企業税法。

(43) 『人民日報』二〇〇七年三月二〇日。

(44) 『人民日報』 二〇〇七年九月七日。

(45) 高橋五郎「中国経済の走出去（海外進出）の生成と展開」高橋五郎編『海外進出する中国経済』日本評論社、二〇〇八年。
(46) "China and Global Political Economy" p. 110.
(47) Ibid., p. 110.
(48) Ibid., p. 110-111.
(49) Ibid., p. 113.
(50)「国務院関于加強市県政府依法行政的決定」人民日報、二〇〇八年六月一九日。
(51) 本報評論員「實建設法治政府的基礎」人民日報、二〇〇八年六月一九日、しかし、その後一〇日も経たないうちに貴州省甕安県で、公安幹部がかかわる「犯罪」が原因となり、大規模な騒乱が起きた。
(52) 唱新は、技術経営の集約度、規模の経済性、最小必要資本量の高い電子・通信、自動車などの産業では、外資系企業が顕著な優位性を持っていることを示し、またケース・スタディとして、カラーフィルム産業でコダックや富士フィルムに圧倒されている状況、飲料産業ではコカ・コーラの圧倒的なシェアを、他方カラーテレビ産業における中国企業の国際競争力を備えた一大輸出優位産業への成長を紹介している。唱新『グローバリゼーションと中国経済』新評論、二〇〇二年、二九－四二頁。
(53) 胡錦涛「全国優秀教師代表座談会における講和」人民日報、二〇〇七年九月一日。
(54) 潘叔明「論社会科学転化為直接生産力的条件和規制」哲学研究、一九九〇年第一期。
(55) 李長春「大学生の思想政治教育工作の新たな局面を不断に切り開こう」人民日報、二〇〇七年九月七日。
(56) Liu Kang, op.cit., p. 27.
(57) 林子力　前掲論文。
(58) "China and Global Political Economy" p. 110.
(59) 薛進軍、荒山裕行、園田正編『中国の不平等』日本評論社、二〇〇八年。
(60) 唱新『グローバリゼーションと中国経済』新評論、二〇〇二年、二八頁。
(61) 挑洋「中国の土地所有制度と問題点」愛知大学現代中国学会編『中国21』vol.二六号、風媒社、二〇〇七年。

(62) 村田雄二郎・砂山幸雄・小野寺史郎訳、汪暉『思想空間としての現代中国』岩波書店、二〇〇六年、一一〇－一一一頁。

(63) 陸学芸『当代中国社会階層研究報告』社会科学文献出版社、二〇〇二年。
それによると、一　国家および社会管理者層（一%）、二　企業経営者（九・三%）、三　民営企業家（四・四%）、四　技術者（一九・九%）、五　事務職員（一三・二%）、六　個人工商業者（七・三%）、七　商業従事者（一七・二%）、八　産業労働者（七・二%）、九　農業労働者階層（〇%）、十　失業者・半失業者階層（一〇・五%）であり、さらにそれを上層、中上層、中中層、中下層、低層の五つの社会的地位等級に区分している。

(64) 兪萍「重慶市の階層ヒエラルヒーと社会移動」園田茂人編著『現代中国の階層変動』中央大学出版部、二〇〇一年。

(65) 呂大樂「白領の形成とそのアイデンティティー」園田茂人前掲書。

(66) Sandra F. Joireman 'Ethnicity and Nationalism' "Nationalism and Political Identity" Continuum, 2003.

(67) 雷頤「中国大陸九十年代の『国学熱』の背景と意義」『中国21』創刊号、風媒社、一九九七年七月。

(68) 王雪萍「中国の教科書から見る分断した日本像と日中関係」『東亜』二〇〇六年四月号。

(69) Yingjie Guo 'Barking up the wrong tree' Leong H. Liew and Shaoguang wang op. cit.

(70) 王滬寧「文化拡張与文化主権：対主権観念的挑戦」『复旦学報』一九九四年第三期。

(71) 朱文華「試論近代中国的〝民族反省〟思潮」『复旦学報』一九九三年第三期。

(72) 趙建民「中国学者対于日本吸収欧州近代文化的研究」『复旦学報』一九九四年第五期。

(73) Christopher R. Hughes, op.cit., p. 149.

(74) Mobo Changfan Gao 'Neo-Nationalism and New-Left' Leong H. Liew and Shaoguang wang op. cit.

(75) Mobo Changfan Gao, ibid.

(76) 李希光、劉康等『妖魔化中国的背后』北京、中国社会科学出版社一九九六年、および宋強、張蔵蔵、喬辺等『中国可以説不』中華工商聯合出版社一九九六年。

(77) Doug 'The Nexus between nationalism, democracy and national integration' Leong H. Liew and Shaoguang wang "Nationalism, democracy and National Integration in China" RoutledgeCurzon, 2004.

(78) 宋強、前掲書一七八頁。

(79) Peter Hays Gries, Stanley Rosen, "State and Society in 21st-century china" RoutledgeCurzon, 2004, pp. 184-85.
(80) Peter Hays Gries, Stanley Rosen, ibid., pp. 184-85.
(81) Doug, op.cit.
一九九九年五月八日、ＮＡＴＯ機による中国大使館爆撃事件では、三人の大使館員が死亡し、二〇人以上が負傷した。これをきっかけに中国のほとんどの都市で反米デモが吹き荒れた。北京では、アメリカ大使館に石や卵が投げ込まれ、アメリカ大使は海兵隊に警護され館内に閉じ込められるという有様だった。学生たちは激しい反米スローガンを叫びアメリカ国旗を焼いた。南京でも同様の状況であった。
(82) Ibid.
(83) Christopher R. Hughes, op.cit., p. 83.
(84) Ibid.
(85) 一般報道によるが、大規模な反日デモが中国全土で繰り広げられ、四月一六日を頂点に、上海日本領事館、日本レストラン、商店が標的にされた。
中国当局は、一面ではこれを愛国的行動として許容の態度で示し、他面では抑圧姿勢で臨んだ。外交部は尖閣諸島に対する主張を繰り返す一方、他方では珠海の大騒ぎを批判し、デモ参加者には厳しい処罰を下したのである。約四二人がデモ参加の廉で逮捕され、携帯電話から情報源を調査されたうえ、デモ参加を禁止された。日本側も事態の収拾策を求めて、町村外相が訪中するが、李肇星外相は謝罪の言葉は口にせず、台湾との関係や歴史認識の問題で逆に日本を非難するなど、厳しい対日姿勢を崩すことはなかった。
(86) Liu Kang 'Is there an alternative to (capitalist) globalization?,' "Globalization and Cultural Trends in China", University of Hawaii Press, 2004.
(87) 朝日新聞　二〇〇五年四月一一日。

執筆者紹介（執筆順）

鶴《つる》 田《た》 満《みつ》 彦《ひこ》 中央大学名誉教授

一《いち》 井《い》 昭《あきら》 中央大学経済学部教授

中《なか》 谷《たに》 義《よし》 和《かず》 立命館大学名誉教授

日《ひ》 高《だか》 克《かっ》 平《ぺい》 中央大学商学部教授

徳《とく》 重《しげ》 昌《まさ》 志《ゆき》 中央大学商学部教授

笹《ささ》 原《はら》 昭《しょう》 五《ご》 中央大学名誉教授

渡《わた》 辺《なべ》 俊《とし》 彦《ひこ》 中央大学経済学部教授

現代資本主義と国民国家の変容

中央大学社会科学研究所研究叢書21

2009年3月5日　発行

編著者　一　井　　昭

渡　辺　俊　彦

発行者　中央大学出版部

代表者　玉　造　竹　彦

〒192-0393　東京都八王子市東中野742-1

発行所　中央大学出版部

電話 042(674)2351　FAX 042(674)2354

電算印刷㈱

ISBN978-4-8057-1322-8

中央大学社会科学研究所研究叢書

1 中央大学社会科学研究所編
自主管理の構造分析
―ユーゴスラヴィアの事例研究―
A 5 判328頁・品切

80年代のユーゴの事例を通して，これまで解析のメスが入らなかった農業・大学・地域社会にも踏み込んだ最新の国際的な学際的事例研究である。

---

2 中央大学社会科学研究所編
現代国家の理論と現実
A 5 判464頁・品切

激動のさなかにある現代国家について，理論的・思想史的フレームワークを拡大して，既存の狭い領域を超える意欲的で大胆な問題提起を含む共同研究の集大成。

---

3 中央大学社会科学研究所編
地域社会の構造と変容
―多摩地域の総合研究―
A 5 判462頁・定価5145円

経済・社会・政治・行財政・文化等の各分野の専門研究者が協力し合い，多摩地域の複合的な諸相を総合的に捉え，その特性に根差した学問を展開。

---

4 中央大学社会科学研究所編
革命思想の系譜学
―宗教・政治・モラリティ―
A 5 判380頁・定価3990円

18世紀のルソーから現代のサルトルまで，西欧とロシアの革命思想を宗教・政治・モラリティに焦点をあてて雄弁に語る。

---

5 高柳先男編著
ヨーロッパ統合と日欧関係
―国際共同研究Ⅰ―
A 5 判504頁・定価5250円

EU 統合にともなう欧州諸国の政治・経済・社会面での構造変動が日欧関係へもたらす影響を，各国研究者の共同研究により学際的な視点から総合的に解明。

---

6 高柳先男編著
ヨーロッパ新秩序と民族問題
―国際共同研究Ⅱ―
A 5 判496頁・定価5250円

冷戦の終了とEU統合にともなう欧州諸国の新秩序形成の動きを，民族問題に焦点をあて各国研究者の共同研究により学際的な視点から総合的に解明。